石家庄统计年鉴

SHIJIAZHUANG STATISTICAL YEARBOOK

石家庄市统计局
国家统计局石家庄调查队 编

2021

中国统计出版社
ChinaStatistics Press

图书在版编目（CIP）数据

石家庄统计年鉴 . 2021 = Shijiazhuang Statistical Yearbook 2021 / 石家庄市统计局 , 国家统计局石家庄调查队编 . -- 北京 : 中国统计出版社 , 2022.2

ISBN 978-7-5037-9781-1

Ⅰ . ①石… Ⅱ . ①石… ②国… Ⅲ . ①统计资料 – 石家庄 – 2021 – 年鉴 Ⅳ . ① C832.221-54

中国版本图书馆 CIP 数据核字 (2022) 第 020815 号

石家庄统计年鉴—2021

作　　者 / 石家庄市统计局　国家统计局石家庄调查队
责任编辑 / 钟钰
装帧设计 / 张旭蕊
出版发行 / 中国统计出版社有限公司
地　　址 / 北京市丰台区西三环南路甲 6 号
邮政编码 / 100073
电　　话 / 邮购（010）63376909　书店（010）68783171
网　　址 / http://www.zgtjcbs.com
印　　刷 / 河北文曲印刷有限公司
经　　销 / 新华书店
开　　本 / 890mm × 1240mm　1/16
字　　数 / 703 千字
印　　张 / 26.5　彩页 0.5
版　　别 / 2022 年 2 月第 1 版
版　　次 / 2022 年 2 月第 1 次印刷
定　　价 / 300.00 元

本书附同版本 CD-ROM 一张，光盘内容以书面文字为准。

如有印装差错，由本社发行部调换。

《石家庄统计年鉴—2021》

编 辑 部

编辑说明

一、《石家庄统计年鉴—2021》是一部大型统计信息资料工具书，是《石家庄统计年鉴》创刊出版以来的第25卷。本书系统收录了石家庄市2020年经济、社会各方面的统计数据，以及1995年来分县（市、区）主要统计数据，是一部全面反映石家庄经济和社会发展情况的资料性年刊。随着国家统计方法制度的改革，本刊在栏目设置、指标口径和范围上做了相应的调整，但尽量在版本内容、指标体系等方面与前几年保持连贯性。

二、本年鉴内容包括：综合、就业和工资、固定资产投资及建筑业、能源消费、财政金融、价格、居民生活、城市公用设施、农业、工业交通邮政、贸易外经、教育科技文化、体育卫生民政和附录等14部分内容。

三、本年鉴中使用的度量衡单位均采用国际统一标准计量单位。

四、本年鉴按照行政区划标准划分，因2013年辛集市被河北省政府列为省直管市，能源、价格、居民生活、城市公用设施、交通、教育、文化、体育、民政等数据均不含辛集市。

五、2014年石家庄进行了区划调整，本年鉴中市区范围均为新调整口径。

六、因国家统计局劳动工资改革，暂无法提供分国有、集体、其他，分机关、事业及分县（市、区）的从业人员、工资总额和平均工资等劳动工资年报数据。

《石家庄统计年鉴》多年来承蒙社会各界的厚爱，对此我们深表感谢，欢迎广大读者继续使用《石家庄统计年鉴》，同时欢迎对我们的编辑内容及版式提出宝贵意见，以利于我们进一步提高《石家庄统计年鉴》的编辑水平，更好地为社会各界服务。

《石家庄统计年鉴》编辑部

2022年2月

目 录

五、财政　金融

六、价格

七、居民生活

八、城市公用设施

九、农业

十、工业　交通　邮政

十一、贸易　外经

十二、教育　科技　文化

十三、体育　卫生　民政

附录　分县（市、区）主要经济指标历史数据

石家庄市 2020 年
国民经济和社会发展统计公报

石 家 庄 市 统 计 局
国家统计局石家庄调查队

2021 年 3 月 12 日

2020 年，在市委、市政府的坚强领导下，各级各部门以习近平新时代中国特色社会主义思想为指导，深入学习贯彻党的十九大和十九届二中、三中、四中、五中全会精神，全面落实中央和省、市各项决策部署，统筹推进疫情防控和经济社会发展，扎实做好稳增长、促改革、调结构、治污染、惠民生、防风险各项工作，全市经济稳中向好、稳中有进，人民生活持续改善，社会事业全面进步，经济社会保持平稳健康发展，高质量发展迈出坚实步伐。

一、综合

初步核算，全年全市生产总值 5935.1 亿元，比上年增长 3.9%。其中，第一产业增加值 498.6 亿元，增长 3.5%；第二产业增加值 1745.5 亿元，增长 3.1%；第三产业增加值 3691.0 亿元，增长 4.3%。第一产业增加值占生产总值比重为 8.4%；第二产业增加值比重为 29.4%；第三产业增加值比重为 62.2%。

全年民营经济增加值 3435.4 亿元，比上年增长 3.4%，占生产总值的比重为 57.9%。

全年居民消费价格比上年上涨 2.3%。其中，食品烟酒价格上涨 7.0%，衣着下降 0.3%，居住上涨 0.8%，生活用品及服务下降 0.3%，交通和通信下降 2.9%，教育文化和娱乐上涨 1.6%，医疗保健上涨 2.8%，其他用品和服务上涨 1.9%。全年工业生产者出厂价格比上年下降 2.0%，工业生产者购进价格比上年下降 2.9%。

全年城镇新增就业 12.8 万人，失业人员再就业 4.5 万人，困难人员实现再就业 1.9 万人。年末城镇登记失业率为 3.8%，比上年提高 0.5 个百分点。

二、农业

全年粮食播种面积 66.5 万公顷，比上年增加 0.14 万公顷，增长 0.2%。粮食总产量 430.8 万吨，同比增长 2.6%。其中，夏粮产量 196.6 万吨，下降 0.4%；秋粮产量 234.2 万吨，增长 5.2%。

全年蔬菜播种面积 6.4 万公顷，同比增长 3.9%；总产量 483.2 万吨，同比增长 2.4%。其中，食用菌（干鲜混合）产量 18.2 万吨，增长 9.9%。

全年肉类总产量 47.9 万吨（猪牛羊禽），比上年增长 0.6%。其中，猪肉产量 28.5 万吨，增长 0.2%；牛肉产量 7.6 万吨，增长 1.2%；羊肉产量 1.5 万吨，增长 2.7%；禽肉产量 10.2 万吨，增长 1.0%。年末生猪存栏 196.2 万头，增长 13.7%;生猪出栏 350.5 万头，下降 1.2%。禽蛋产量 69.8 万吨，增长 3.3%。生牛奶产量 76.7 万吨，增长 12.9%。

表 1　2020 年主要农产品产量及其增长速度

产品名称	单位	2020 年	比上年增长（%）
粮食	万吨	430.8	2.6
油料	万吨	9.6	1.2
蔬菜	万吨	483.2	2.4
园林水果	万吨	172.7	–7.2
肉类总产量（猪牛羊禽）	万吨	47.9	0.6
# 猪肉	万吨	28.5	0.2
禽蛋	万吨	69.8	3.3
生牛奶	万吨	76.7	12.9
水产品	万吨	1.7	0.2

三、工业和建筑业

全年规模以上工业增加值同比增长 1.7%。从经济类型看，国有企业增长 3.6%，集体企业下降 50.3%，股份制企业增长 0.5%，外商及港澳台商企业增长 10.4%。从三大门类看，采矿业增加值增长 11.6%，制造业增长 1.9%，电力、热力、燃气及水生产和供应业下降 0.1%。

图 1　2016–2020 年规模以上工业增加值增速（%）

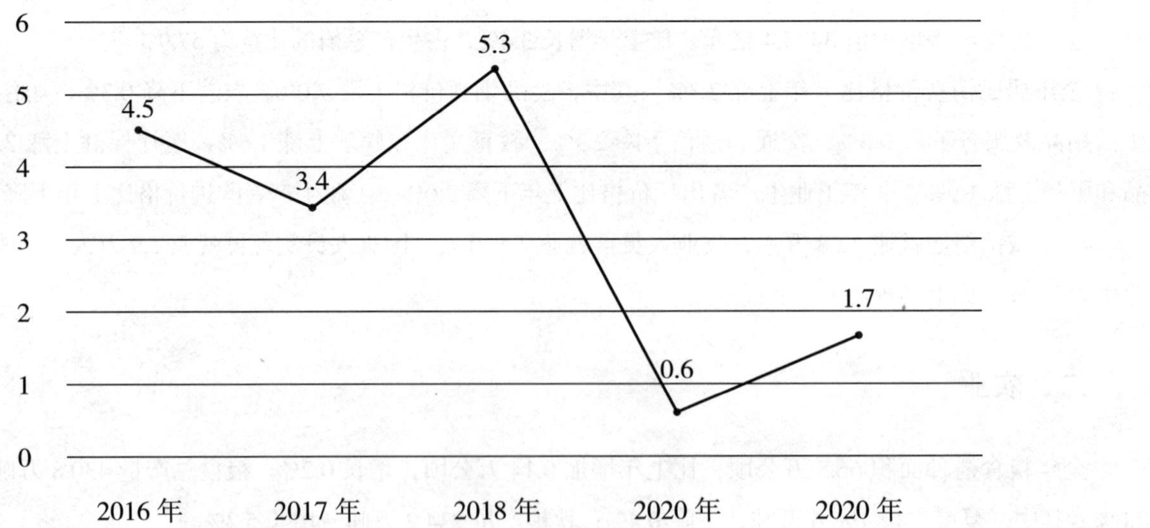

分行业看，装备制造业增加值下降 6.3%，纺织服装业下降 23.3%，食品工业增长 4.5%，钢铁工业增长 7.6%，建材工业增长 4.5%，医药工业增长 19.1%，石化工业下降 3.1%。六大高耗能行业增加值增长 0.1%。规上工业高新技术产业增加值增长 10.4%。

表 2　2020 年主要工业产品产量及增长速度

产品名称	单　位	产　量	比上年增长（%）
焦炭	万吨	238.2	–3.1
发电量	亿千瓦时	416.0	–6.1
乳制品	吨	821017.4	–0.9
饮料酒	千升	357434	–1.9
饮料	吨	630541	–13.8
水泥	吨	17674954.2	12.5
生铁	吨	11610094	5.4
粗钢	吨	12741473	3.2
钢材	吨	13589917.1	7.8
卷烟	万支	2255436	1.4
纱	吨	178248	–22.4
布	万米	49253	–13.7
服装	万件	2989	–10.6
人造板	立方米	270845	–13.3
化学药品原药	吨	110925.9	11
中成药	吨	12760.5	10.5
化学纤维	吨	152177.7	–5
改装汽车	辆	3540	–70.7
交流电动机	千瓦	2091756	–8.5
房间空气调节器	台	3647416	–17.9
程控交换机	线	482300	26.3
集成电路	万块	4529.8	940.1
机制纸及纸板（外购原纸加工除外）	吨	324717.4	7.2
平板玻璃	重量箱	11445714	1.1
医疗仪器设备及器械	台	2557	75.6

全年规模以上工业利润 292.6 亿元，比上年下降 6.5 %。规模以上工业企业营业收入利润率 7.5%。

资质等级以上建筑业企业房屋施工面积 7034.7 万平方米，下降 3.4%；房屋竣工面积 1188.7 万平方米，下降 11.7%。

四、固定资产投资

全年全社会固定资产投资比上年下降 20.1%。其中，固定资产投资（不含农户）下降 19.9%。

在固定资产投资（不含农户）中，第一产业投资比上年下降 13.3%，第二产业投资下降 24.5%，第三产业投资下降 18.2%。城市基础设施投资下降 28.5%，占固定资产投资的比重为 25.4%。民间固定资产投资下降 18.1%，占固定资产投资的比重为 70.6%。工业技改投资下降 33.1%，占工业投资的比重为 59.4%。高新技术产业投资比上年下降 30.7%，占固定资产投资的比重为 6.6%。六大高耗能行业投资比上年下降 9.8%，占固定资产投资的比重为 11.0%。

表 3　2020 年分行业固定资产投资（不含农户）增长速度

行　业	比上年增长 (%)
农、林、牧、渔业	–18.1
采矿业	41.1
制造业	1.9
电力、热力、燃气及水的生产和供应业	–6.8
建筑业	–97.6
批发和零售业	–60.6
交通运输、仓储和邮政业	–14.9
住宿和餐饮业	–49.3
信息传输、软件和信息技术服务业	–15.8
金融业	–51.2
房地产业	0.1
租赁和商务服务业	–53.5
科学研究和技术服务业	–48.5
水利、环境和公共设施管理业	–38.9
居民服务、修理和其他服务业	–43.8
教育	–15.4
卫生和社会工作	81.4
文化、体育和娱乐业	–6.8
公共管理、社会保障和社会组织	–11.2

在固定资产投资（不含农户）项目中，总投资额亿元以上项目完成投资下降 34.9%，占固定资产投资的比重 51.2%。

房地产开发投资同比增长 3.3%。其中，商品住宅投资增长 10.4%; 办公楼投资下降 26.7%；商业营业用房投资下降 10.8%。房屋新开工面积 1336.4 万平方米，同比下降 7.0%，其中住宅新开工面积下降 10.7%。商品房销售面积 578.9 万平方米，下降 18.5%，其中住宅销售面积下降 10.3%。商品房销售额下降 12.7%，其中住宅销售额下降 3.2%。

五、国内贸易

全年社会消费品零售总额 2279.6 亿元，比上年下降 3.4%。按经营地分，城镇消费品零售额 1980.1 亿元，下降 1.8%；乡村消费品零售额 299.4 亿元，下降 12.6%。

在限额以上批发和零售企业（单位）商品零售额中，粮油食品类增长 4.4%；饮料类下降 2.3%；烟酒类增长 35.9%；服装鞋帽针纺织品类下降 12.0%；化妆品类下降 14.4%；金银珠宝类下降 7.3%；日用品类增长 1.2%；家用电器及音像器材类下降 18.7%；中西药品类下降 8.2%；建筑及装潢材料类下降 62.1%；石油及制品类下降 27.7%；汽车类下降 8.9%。

六、对外经济

全年进出口总值 1341.1 亿元，比上年增长 14.0%。其中，出口总值 785.6 亿元，增长 19.9%；进口总值 555.5 亿元，增长 6.7%。

全年实际利用外资 18.3 亿美元，比上年增长 13.1%。其中，外商直接投资 18.1 亿美元，增长 12.7%。

全年新设外资企业 60 家，新增合同外资 8.3 亿美元，比上年增长 22.6%。

图 2　2016-2020 年实际利用外资（亿美元）

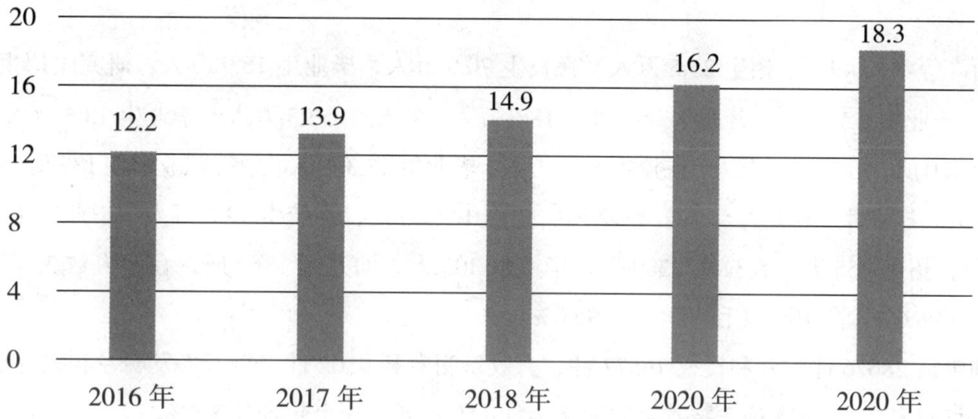

七、交通、邮电和旅游

全年公路货物运输总量为 5.1 亿吨，比上年增长 0.3%。公路货物运输周转量为 1967.2 亿吨公里，增长 1.2%。公路旅客运输总量为 0.1 亿人次，下降 64.1%。公路旅客运输周转量为 7.8 亿人公里，下降 64.4%。

年末民用汽车（包括三轮汽车和低速货车）保有量 287.8 万辆，比上年末增长 4.6%。其中私人汽车保有量 258.5 万辆，增长 4.4%。民用轿车保有量 250.3 万辆，增长 4.8%。其中私人轿车 235.8 万辆，增长 4.7%。

年末市区公共汽车营运线路 246 条，比上年增加 1 条；营运线路长度 4277 公里，增加 71 公里；营运车辆 4153 辆。

全年邮政行业业务总量 244.4 亿元，同比增长 51.9%。邮政函件业务 0.1 亿件，同比下降 29.6%; 包裹业务 0.006 亿件，同比增长 19.9%。快递业务量 109629.4 万件，同比增长 66.8%；快递业务收入 87.6 亿元，同比增长 32.0%。

全年电信业务总量 993.0 亿元，比上年增长 24.0%。年末互联网宽带用户 416.7 万户，增长 6.0%。移动电话用户 1368.0 万户，下降 2.5%；固定电话用户 107.3 万户，下降 12.9%。

全年接待国际游客 0.88 万人次，比上年下降 96.2%；国际旅游创汇收入 339.5 万美元，下降 96.4%。接待国内游客 6229.34 万人次，下降 49.3%；国内旅游收入 683.9 亿元，下降 53.5%。全年旅游总收入 684.2 亿元，下降 53.7%。

八、财政、金融

全年一般公共预算收入 605.0 亿元，增长 11.0%。

全年一般公共预算支出 1068.0 亿元，比上年增长 8.3%。其中，一般公共服务支出 113.8 亿元，增长 11.1%；公共安全支出 54.9 亿元，增长 0.6%；教育支出 205.3 亿元，增长 1.9%；科学技术支出 14.2 亿元，增长 16.6%；社会保障和就业支出 126.7 亿元，增长 18.8%；医疗卫生与计划生育支出 92.2 亿元，增长 7.5%；节能环保支出 60.5 亿元，下降 17.3%；城乡社区事务支出 120.7 亿元，增长 26.8%。

年末金融机构（人民币）各项存款余额 15917.8 亿元，比年初增加 1400.5 亿元。其中，住户存款余额 8321.8 亿元，增加 1080.0 亿元。金融机构（人民币）各项贷款余额 12781.8 亿元，增加 1663.7 亿元。

九、教育、科学技术和文化体育

年末普通高等学校 49 所，招生 25.5 万人，在校生 70.9 万人，毕业生 18.9 万人。研究生招生 0.7 万人，在校生 1.9 万人，毕业生 0.5 万人。普通本专科招生 18.6 万人，在校生 53.3 万人，毕业生 13.6 万人。

普通中学 400 所，招生 19.6 万人，在校生 54.0 万人，毕业生 17.3 万人。中等职业学校 137 所，招生 8.8 万人，在校生 23.7 万人，毕业生 7.0 万人。小学 1392 所，招生 16.5 万人，在校生 92.6 万人，毕业生 13.3 万人。特殊教育学校 23 所，招生 355 人，在校生 2399 人，毕业生 305 人。幼儿园 1862 所，在园人数 32.4 万人。九年义务教育巩固率为 98.6%，高中阶段毛入学率为 95.0%。

全年专利申请 28676 件，专利授权 19577 件，有效发明专利 9302 件，每万人发明专利拥有量 8.95 件。

全年共签订技术合同 6024 项，技术合同成交金额 115 亿元，比上年增长 8.5%。

年末共有产品检测实验室 410 个，市级及以上检测中心 54 个，产品、体系和服务认证机构 10 个，强制性产品认证企业 309 个。法定计量技术机构 16 个，强制检定计量器具 74.0 万台（件）。制定、修订市级地方标准 36 项。

年末共有艺术表演团体 20 个，艺术表演场馆 13 个，文化馆 23 个，博物馆 13 个，公共图书馆 24 个，广播电视台 18 个。广播节目综合人口覆盖率 100%，电视节目综合人口覆盖率 100%。

全年在省级以上比赛中获得金牌 316 枚，银 289 枚，铜牌 276 枚。

十、卫生和社会服务

年末共有医疗卫生机构（含诊所）8369 个。其中，医院 306 个，疾病预防控制中心（防疫站）23 个，妇幼保健院（所、站）24 个，社区卫生服务中心（站）229 个，村卫生室 3963 个，乡镇卫生院 217 个。年末卫生机构实有床位 64426 张。其中，医院拥有床位 53757 张，乡镇卫生院 7958 张。全市拥有卫生技术人员 9.1 万人。其中，执业医师 3.5 万人，注册护士 3.7 万人。

年末各类提供住宿的收留抚养类机构 250 个，床位 3.8 万张。其中，养老服务机构 242 个，床位 3.8 万张；各类社区服务机构 4977 个。其中，社区服务中心 227 个，社区服务站 819 个。

十一、资源和环境

全年完成造林面积 7.66 万公顷。其中，人工造林 1.7 万公顷。森林覆盖率为 42.2%。

全年市区二级以上优良天气 205 天。

全市规模以上工业新能源发电量 12.9 亿千瓦时，比上年增长 29.07%。其中，太阳能发电量 4.2 亿千瓦时，增长 2.97%；生物质发电量 4.4 亿千瓦时，增长 4.25%；垃圾焚烧发电量 4.3 亿千瓦时，增长 149.34%。

十二、居民消费收入和社会保障

全年居民人均可支配收入 30955 元，比上年增长 5.5%。按常住地分，城镇居民人均可支配收入 40247 元，增长 4.4%；农村居民人均可支配收入 16947 元，增长 6.9%。

年末城乡居民参加养老保险人数 379.5 万人，比上年末增加 4.1 万人。城镇职工参加养老保险人数 269.4 万人，比上年末增加 11.2 万人。其中在岗职工参保人数为 205.8 万人，离退休人员参保人数为 63.6 万人。参加基本医疗保险人数 905.0 万人，比上年末增加 10.8 万人。其中参加城镇职工基本医疗保险人数 178.3 万人，比上年末增加 14.1 万人；参加城乡居民基本医疗保险人数 726.6 万人，比上年末减少 3.3 万人。

参加失业保险的人数 126.4 万人，增加 32.4 万人。参加工伤保险的人数 192.6 万人，增加 19.3 万人。其中参加工伤保险农民工 76.3 万人，增加 15.8 万人。参加生育保险人数为 178.3 万人，增加 16.5 万人。

注释：

1. 本公报 2020 年数据为快报数据。

2. 全市生产总值、三次产业增加值、民营经济增加值绝对值按现行价格计算，增长速度按不变价格计算。

3. 按照我国地区生产总值统一核算和数据发布制度规定，地区生产总值核算包括初步核算和最终核实两个步骤。最终核实数据确定后，初步核算数据不再使用。经最终核实，2019 年，全市生产总值现价总量为 5809.9 亿元，按不变价格计算，比上年增长 6.7%。

4.2020 年全年，民营经济统计口径调整为除国有控股、港澳台商控股和外商控股以外的多种所有制经济，具体包括五类经济单位：民营企业（企业控股情况中除国有控股、港澳台商控股、外商控股之外的企业）、民间非营利组织（社会组织）、个体经营户和农村承包经营户、新型农业经营主体、其他民营组织。

5. 本公报中石家庄市指标数据除地区生产总值、进出口总值、电信等指标数据含辛集市，其余数据均不含辛集市；部分指标因口径变化，与上年公报数据不衔接。

6. 由于单位换算、四舍五入等原因产生的计算误差，均未作机械调整。

7. 物价、进出口、实际利用外资、新设外资企业、交通、邮电、旅游、财政、金融、教育、科技、文化、体育、卫生、社会服务、资源、环境、居民消费和社会保障等指标均为相关部门提供数据。

一 综 合

资料来源：市民政局、市统计局

行政区划

1—1 （2020 年）

县（市、区）	镇政府（个）	乡政府（个）	民族乡（个）	街道办事处（个）	居民委员会（个）	村民委员会（个）
石家庄市	**132**	**81**	**3**	**60**	**867**	**4283**
长 安 区	4	0	0	12	169	1
桥 西 区	0	0	0	17	137	15
新 华 区	0	0	0	15	103	13
裕 华 区	2	0	0	11	126	22
井陉矿区	2	1	0	2	41	0
藁 城 区	13	0	1	0	74	177
鹿 泉 区	9	3	0	0	22	208
栾 城 区	5	3	0	0	11	181
高 新 区	0	0	0	0	0	0
循环化工园区	0	0	0	0	0	0
井 陉 县	10	7	0	0	6	321
正 定 县	5	3	0	2	44	154
行 唐 县	4	11	0	0	14	322
灵 寿 县	6	9	0	0	5	279
高 邑 县	5	0	0	0	5	107
深 泽 县	4	2	0	0	4	125
赞 皇 县	4	7	0	0	11	211
无 极 县	6	4	1	0	4	213
平 山 县	12	11	0	0	22	717
元 氏 县	8	7	0	0	4	208
赵 县	8	3	0	0	10	281
晋 州 市	9	1	0	0	13	224
新 乐 市	8	2	1	1	18	160
辛 集 市	8	7	0	0	24	344

常住人口

1—2　　（2020 年）　　计量单位：万人

县（市、区）	年末常住人口	年末城镇人口
石家庄市	**1124.15**	**788.88**
长 安 区	105.81	105.81
桥 西 区	97.83	97.83
新 华 区	80.33	80.33
裕 华 区	77.26	77.26
井陉矿区	7.71	6.76
藁 城 区	74.23	42.79
鹿 泉 区	58.93	44.01
栾 城 区	37.93	25.89
高 新 区	30.53	30.53
循环化工园区	5.62	4.83
井 陉 县	25.06	13.25
正 定 县	55.03	35.64
行 唐 县	37.72	13.52
灵 寿 县	30.97	14.25
高 邑 县	17.86	10.06
深 泽 县	21.62	9.44
赞 皇 县	23.85	8.18
无 极 县	45.23	18.65
平 山 县	42.40	22.02
元 氏 县	39.33	18.86
赵　　县	50.65	20.10
晋 州 市	50.88	23.85
新 乐 市	47.93	28.19
辛 集 市	59.44	36.81

地区生产总值

1—3 （2020 年） 计量单位：万元、%

指标名称	绝对值	发展速度（以上年为 100）
地区生产总值	**59331681**	**103.9**
农、林、牧、渔业	5306414	104.0
工业	15126005	102.6
建筑业	3051586	105.2
批发和零售业	4860260	100.7
交通运输、仓储和邮政业	5510536	98.9
住宿和餐饮业	707096	84.9
信息传输、软件和信息技术服务业	1767920	121.5
金融业	6898089	108.2
房地产业	3485018	101.8
租赁和商务服务业	1119347	98.4
科学研究和技术服务业	1885800	107.1
水利、环境和公共设施管理业	344083	117.3
居民服务、修理和其他服务业	622514	98.9
教育	2732895	111.3
卫生和社会工作	1877473	98.8
文化、体育和娱乐业	323909	98.6
公共管理、社会保障和社会组织	3712737	106.1
第一产业	4986231	103.5
第二产业	18130998	103.1
第三产业	36214453	104.3

注：以上行业是根据《国民经济行业分类》（GB/T4754—2017）划分的，三次产业划分执行新规定，即第一产业是指农、林、牧、渔业（不含农、林、牧、渔服务业）；第二产业是指采矿业（不含开采辅助活动），制造业（不含金属制品、机械和设备修理业），电力、燃气及水生产和供应业，建筑业；第三产业即服务业，是指除第一产业、第二产业以外的其他行业。

分县（市、区）地区生产总值

1—4　　（2020 年）　　计量单位：万元、%

县（市、区）	地区生产总值	发展速度（以上年为 100）	第一产业		第二产业	
			绝对值	发展速度（以上年为 100）	绝对值	发展速度（以上年为 100）
石家庄市	**59331681**	**103.9**	**4986231**	**103.5**	**18130998**	**103.1**
长 安 区	5770066	104.1	5963	83.1	861584	101.8
桥 西 区	7343512	102.3	795	80.3	687308	102.5
新 华 区	4582066	103.8	3943	94.7	399668	94.7
裕 华 区	3962245	103.9	760	111.4	409974	106.6
井陉矿区	530848	102.7	4348	93.7	309116	103.0
藁 城 区	4626776	103.8	487632	99.6	2418805	102.5
鹿 泉 区	3079654	105.9	194623	102.8	1137039	108.9
栾 城 区	1717518	102.9	154342	100.7	693785	99.0
高 新 区	3335106	105.2	2335	73.0	1586106	107.2
循环化工园区	1096443	87.5	13162	114.3	965568	85.4
井 陉 县	968130	103.3	113942	106.5	316901	106.0
正 定 县	2958853	106.2	420645	100.5	733614	109.5
行 唐 县	1198859	105.8	394817	107.7	194484	106.4
灵 寿 县	1075786	104.7	309414	102.4	177772	100.8
高 邑 县	682286	104.6	151105	108.1	192527	104.1
深 泽 县	723572	105.0	157748	101.8	224202	111.8
赞 皇 县	783892	105.6	208214	104.0	226248	110.3
无 极 县	1281246	100.7	321502	104.7	364019	95.6
平 山 县	2427523	106.5	184441	109.9	1422427	107.6
元 氏 县	1609240	105.1	220521	102.5	455286	110.4
赵　　县	1425974	103.6	274192	110.2	361777	99.8
晋 州 市	1627682	103.9	413696	100.8	420326	103.2
新 乐 市	1486775	106.0	369412	102.2	397981	111.6
辛 集 市	4245012	103.9	578281	102.9	2662856	104.5

分县（市、区）地区生产总值

1—4 续表　　　　（2020 年）　　　　计量单位：万元、%

县（市、区）	第三产业		人均地区生产总值（元）	
	绝对值	发展速度（以上年为 100）	绝对值	发展速度（以上年为 100）
石家庄市	**36214453**	**104.3**	**52992**	**103.1**
长安区	4902520	104.5	–	–
桥西区	6655409	102.3	–	–
新华区	4178455	104.7	–	–
裕华区	3551511	103.6	–	–
井陉矿区	217384	102.4	–	–
藁城区	1720339	106.2	–	–
鹿泉区	1747992	104.4	–	–
栾城区	869391	106.7	–	–
高新区	1746665	103.4	–	–
循环化工园区	117713	112.4	–	–
井陉县	537287	101.3	38198	105.5
正定县	1804595	106.3	54112	104.8
行唐县	609558	104.5	31678	106.6
灵寿县	588600	107.0	34630	105.4
高邑县	338655	103.5	38127	105.1
深泽县	341622	102.0	33741	106.5
赞皇县	349429	103.3	32554	106.8
无极县	595725	102.3	28200	101.7
平山县	820655	104.1	57199	106.7
元氏县	933433	103.2	40802	105.7
赵县	790004	103.3	28012	104.7
晋州市	793660	105.8	31915	104.4
新乐市	719382	104.9	30997	106.2
辛集市	1003875	102.7	71309	104.4

注：人均 GDP 按常住平均人口计算。

二 就业和工资

资料来源：市统计局

全市城镇非私营单位从业人员和工资总额

2—1　　（2020 年）　　计量单位：人

指标名称	年末单位从业人员	# 女性	1. 在岗职工	2. 劳务派遣人员	3. 其他从业人员
总　计	**1050391**	**458458**	**908159**	**72436**	**69796**
按国民经济行业分组					
（一）农、林、牧、渔业	901	179	571	327	3
（二）采矿业	499	103	499	0	0
（三）制造业	190553	71190	182630	6901	1022
（四）电力、热力、燃气及水生产和供应业	25827	7485	24196	677	953
（五）建筑业	71486	12101	55890	11317	4279
（六）批发和零售业	59305	32952	54285	3803	1217
（七）交通运输、仓储和邮政业	57321	17089	52936	2840	1545
（八）住宿和餐饮业	16078	8915	14328	946	804
（九）信息传输、软件和信息技术服务业	47809	22357	43494	3913	402
（十）金融业	90894	50104	47336	1235	42323
（十一）房地产业	35467	14272	30594	3379	1494
（十二）租赁和商务服务业	54765	12752	51655	2773	336
（十三）科学研究、技术服务业	34258	12608	31127	2260	872
（十四）水利、环境和公共设施管理业	12091	3878	8762	1143	2185
（十五）居民服务、修理和其他服务业	3092	1030	2551	498	43
（十六）教育	121903	84666	115520	4018	2365
（十七）卫生和社会工作	75607	53794	69742	2287	3577
（十八）文化、体育和娱乐业	18018	8348	16443	1162	415
（十九）公共管理、社会保障和社会组织	134517	44636	105599	22957	5961

2—1 续表 1 （2020 年） 计量单位：人

指标名称	单位从业人员平均人数	在岗职工	劳务派遣人员	其他从业人员
总　计	**1043212**	**898909**	**71372**	**72931**
按国民经济行业分组				
（一）农、林、牧、渔业	889	561	325	3
（二）采矿业	507	507	0	0
（三）制造业	186241	176096	8987	1158
（四）电力、热力、燃气及水生产和供应业	25434	23858	632	945
（五）建筑业	67383	53650	9961	3771
（六）批发和零售业	57621	53070	3458	1093
（七）交通运输、仓储和邮政业	55489	50564	3292	1633
（八）住宿和餐饮业	14410	12944	858	607
（九）信息传输、软件和信息技术服务业	47154	42973	3741	440
（十）金融业	95624	47836	1357	46431
（十一）房地产业	35260	30211	3559	1490
（十二）租赁和商务服务业	54221	51126	2744	351
（十三）科学研究、技术服务业	34057	31045	2204	809
（十四）水利、环境和公共设施管理业	20497	17263	1130	2104
（十五）居民服务、修理和其他服务业	3216	2695	481	39
（十六）教育	120879	115088	3774	2017
（十七）卫生和社会工作	74632	68856	2248	3528
（十八）文化、体育和娱乐业	17855	16207	1245	403
（十九）公共管理、社会保障和社会组织	131843	104357	21377	6110

2—1 续表 2　　（2020 年）　　计量单位：千元、个

指标名称	单位从业人员工资总额	在岗职工工资总额	劳务派遣人员工资总额	其他从业人员工资总额	单位数
总　计	**85618281**	**78961748**	**3386417**	**3270116**	**13108**
按国民经济行业分组					
（一）农、林、牧、渔业	35617	25951	9573	93	67
（二）采矿业	34837	34837	0	0	7
（三）制造业	13285107	12581826	654773	48508	963
（四）电力、热力、燃气及水生产和供应业	3176375	3120126	28484	27765	155
（五）建筑业	4419057	3867698	367026	184333	402
（六）批发和零售业	3510292	3313218	159489	37585	1210
（七）交通运输、仓储和邮政业	4679497	4349277	206715	123505	359
（八）住宿和餐饮业	706346	644236	38553	23557	209
（九）信息传输、软件和信息技术服务业	4746106	4549215	172560	24331	634
（十）金融业	9127114	6888379	105829	2132907	371
（十一）房地产业	2181262	1969604	171532	40126	1061
（十二）租赁和商务服务业	3093058	2946386	134271	12401	913
（十三）科学研究、技术服务业	3568333	3338408	183351	46574	971
（十四）水利、环境和公共设施管理业	1000533	892866	26713	80954	263
（十五）居民服务、修理和其他服务业	169721	147189	21514	1018	130
（十六）教育	12140149	11920534	156911	62704	2047
（十七）卫生和社会工作	6580726	6311956	105158	163612	584
（十八）文化、体育和娱乐业	1939633	1876224	42721	20688	380
（十九）公共管理、社会保障和社会组织	11224518	10183819	801245	239455	2382

2—1 续表 3　　（2020 年）　　计量单位：元

指标名称	单位从业人员平均工资	在岗职工平均工资	劳务派遣人员平均工资	其他从业人员工资
总　计	**82072**	**87842**	**47447**	**44839**
按国民经济行业分组				
（一）农、林、牧、渔业	40064	46341	29455	31000
（二）采矿业	68712	68712	0	0
（三）制造业	71333	71449	72858	41889
（四）电力、热力、燃气及水生产和供应业	124887	130779	45070	29381
（五）建筑业	65581	72091	36846	48882
（六）批发和零售业	60920	62431	46122	34387
（七）交通运输、仓储和邮政业	84332	86015	62793	75631
（八）住宿和餐饮业	49018	49771	44934	38809
（九）信息传输、软件和信息技术服务业	100651	105862	46127	55298
（十）金融业	95448	144000	77987	45937
（十一）房地产业	61862	65195	48197	26930
（十二）租赁和商务服务业	57045	57630	48933	35330
（十三）科学研究、技术服务业	104775	107534	83190	57570
（十四）水利、环境和公共设施管理业	48814	51721	23640	38476
（十五）居民服务、修理和其他服务业	52774	54616	44728	26103
（十六）教育	100432	103578	41577	31088
（十七）卫生和社会工作	88176	91669	46778	46375
（十八）文化、体育和娱乐业	108632	115766	34314	51335
（十九）公共管理、社会保障和社会组织	85135	97586	37482	39191

2—1 续表 4 （2020 年） 计量单位：人、千元、元

指标名称	在岗职工（含劳务派遣）			
	期末人数	平均人数	工资总额	平均工资
总计	**980595**	**970281**	**82348165**	**84870**
按国民经济行业分组				
（一）农、林、牧、渔业	898	885	35524	40140
（二）采矿业	499	507	34837	68712
（三）制造业	189530	185083	13236600	71517
（四）电力、热力、燃气及水生产和供应业	24873	24489	3148610	128572
（五）建筑业	67207	63612	4234724	66571
（六）批发和零售业	58087	56528	3472707	61433
（七）交通运输、仓储和邮政业	55776	53856	4555992	84596
（八）住宿和餐饮业	15274	13803	682789	49467
（九）信息传输、软件和信息技术服务业	47407	46714	4721775	101078
（十）金融业	48572	49193	6994208	142179
（十一）房地产业	33973	33770	2141136	63403
（十二）租赁和商务服务业	54429	53870	3080658	57187
（十三）科学研究、技术服务业	33387	33248	3521759	105924
（十四）水利、环境和公共设施管理业	9905	18393	919578	49996
（十五）居民服务、修理和其他服务业	3049	3177	168703	53101
（十六）教育	119538	118862	12077445	101609
（十七）卫生和社会工作	72029	71104	6417114	90250
（十八）文化、体育和娱乐业	17604	17452	1918945	109956
（十九）公共管理、社会保障和社会组织	128557	125734	10985064	87367

三 固定资产投资　建筑业

资料来源：市统计局

分县（市、区）固定资产投资（不含农户）比上年增长情况

3—1　　（2020年）　　计量单位：%

县（市、区）	固定资产投资		
	合计	建设项目投资	房地产开发
石家庄市	**−18.8**	**−26.2**	**4.4**
长安区	−38.3	−69.3	19.7
桥西区	−25.3	−18.8	−32.1
新华区	−25.0	−41.9	2.3
裕华区	−31.3	−74.7	21.2
矿　区	8.6	8.6	−
藁城区	−9.4	5.2	−73.2
鹿泉区	−10.0	−15.5	−1.5
栾城区	11.5	−30.6	83.6
高新区	−25.4	−27.8	−22.3
循环化工园区	3.9	−21.3	87.4
井陉县	−5.3	−2.9	−27.9
正定县	9.0	−8.7	36.8
行唐县	4.0	10.7	−74.1
灵寿县	−9.0	−15.9	68.3
高邑县	−30.8	−45.8	400.2
深泽县	−26.8	−22.3	−93.1
赞皇县	−28.1	−23.6	−80.2
无极县	−15.3	−11.8	−56.4
平山县	−10.0	−1.0	−60.7
元氏县	−31.6	−46.6	85.7
赵　县	−35.6	−37.7	2.7
晋州市	−26.7	−30.7	143.1
新乐市	−22.9	−20.9	−50.1
辛集市	4.3	−2.8	26.5

全市建设项目投资

3—2　　（2020 年）　　计量单位：%

指标名称	建设项目投资
本年完成投资	-26.2
1. 建筑工程	-29.0
2. 安装工程	-32.2
3. 设备工器具购置	-40.5
4. 其他费用	-29.3
本年新增固定资产	-45.0
施工项目个数	-8.9
# 本年新开工	-1.1
本年投产项目个数	-32.9
本年资金来源	
1. 上年末结余资金	-80.8
2. 本年资金来源小计	-37.2
(1) 国家预算内资金	-44.9
(2) 国内贷款	-38.5
(3) 债券	-71.1
(4) 利用外资	-84.4
(5) 自筹资金	-36.8
(6) 其他资金来源	-2.8
本年各项应付款合计	137.6
# 工程款	190.6

注：本表数据包含辛集市。

3—2 续表 1　（2020 年）　计量单位：%

指标名称	建设项目投资
总计中按登记注册类型分：	
内资企业	–29.1
国有企业	–25.3
集体企业	–23.0
股份合作企业	324.6
联营企业	624.8
国有联营企业	
国有与集体联营企业	248.6
有限责任公司	–22.8
股份有限公司	–46.3
私营企业	–37.6
其他企业	44.5
港、澳、台商投资企业	133.9
合资经营企业（港或澳、台资）	230.8
港、澳、台商独资经营企业	–9.6
港、澳、台商投资股份有限公司	
外商投资企业	17.6
中外合资经营企业	139.4
外资企业	–11.0
个体经营	238.7
个体户	516.1
个人合伙	18.4

3—2 续表 2　　（2020 年）　　计量单位：%

指标名称	建设项目投资
总计中按隶属关系分：	
中央	7.5
地方	4.0
其他	–33.4
总计中按建设性质分：	
新建	–26.9
扩建	–51.1
改建和技术改造	–9.7
单纯建造生活设施	28.3
迁建	–40.4
恢复	–18.8
单纯购置	–0.1
总计中按控股情况分：	
国有控股	–26.1
集体控股	–42.5
私人控股	–25.2
港澳台商控股	–19.6
外商控股	–6.9
总计中按建设状态分：	
在建	–9.1
全部投产	–41.1
全部停缓建	–50.2
总计中按开发区级别式分：	
国务院批准的	–62.6
省批准的	–43.7
省以下批准的	2.1
不属于开发区的项目	–53.0

3—2 续表 3　　（2020 年）　　计量单位：%

指标名称	建设项目投资
总计中按行业分：	
农、林、牧、渔业	–16.9
农业	–22.1
林业	–46.2
畜牧业	16.6
渔业	–100.0
农、林、牧、渔服务业	–45.1
采矿业	41.1
煤炭开采和洗选业	–100.0
黑色金属矿采选业	
有色金属矿采选业	
非金属矿采选业	42.0
制造业	–25.6
农副食品加工业	–9.2
食品制造业	–5.7
酒、饮料和精制茶制造业	16.0
纺织业	–53.1
纺织服装、服饰业	104.4
皮革、毛皮、羽毛及其制品和制鞋业	–41.1
木材加工和木、竹、藤、棕、草制品业	–22.1
家具制造业	8.5
造纸和纸制品业	–31.9
印刷和记录媒介复制业	–41.2
文教、工美、体育和娱乐用品制造业	–35.9
石油加工、炼焦和核燃料加工业	–56.7
化学原料和化学制品制造业	–52.7
医药制造业	–30.2
化学纤维制造业	–43.8
橡胶和塑料制品业	–38.5
非金属矿物制品业	–18.0
黑色金属冶炼和压延加工业	276.9
有色金属冶炼和压延加工业	–46.8
金属制品业	–14.6
通用设备制造业	–14.7

3—2 续表 4 （2020 年） 计量单位：%

指标名称	建设项目投资
专用设备制造业	–26.7
汽车制造业	–80.1
铁路、船舶、航空航天和其他运输设备制造业	–72.0
电气机械和器材制造业	–35.3
计算机、通信和其他电子设备制造业	–52.6
仪器仪表制造业	–88.7
其他制造业	–59.1
废弃资源综合利用业	–46.6
金属制品、机械和设备修理业	108.2
电力、热力、燃气及水生产和供应业	–6.8
电力、热力生产和供应业	–29.6
燃气生产和供应业	–0.6
水的生产和供应业	564.8
批发和零售业	–61.4
交通运输、仓储和邮政业	–14.5
住宿和餐饮业	–47.8
信息传输、软件和信息技术服务业	–14.7
金融业	–51.2
房地产业	–3.9
租赁和商务服务业	–52.5
科学研究和技术服务业	–48.0
水利、环境和公共设施管理业	–38.4
水利管理业	–40.1
生态保护和环境治理业	26.4
公共设施管理业	–41.8
居民服务、修理和其他服务业	–45.1
教育	–14.5
卫生和社会工作	83.8
文化、体育和娱乐业	–7.1
公共管理、社会保障和社会组织	–11.3

全市房地产开发投资

3—3　　（2020 年）　　计量单位：个、万元、平方米

指标名称	完成额	指标名称	完成额
企业个数	525		
计划总投资	47284615	一、本年资金来源合计	
自开始建设累计完成投资	22939799	1. 上年末结余资金	3048888
本年完成投资	9264907	2. 本年资金来源小计	11343555
按构成分		(1) 国内贷款	1275721
建筑工程	5165153	# 银行贷款	1084909
安装工程	502731	# 非银行金融机构贷款	190812
设备工器具购置	50501	(2) 利用外资	0
其他费用	3546522	(3) 自筹资金	6107111
# 旧建筑物购置费	2845	(4) 定金及预收款	2330342
土地购置费	3285871	(5) 个人按揭贷款	1537301
按工程用途分		(6) 其他到位资金	93080
住宅	7513050	二、本年各项应付款合计	2672832
# 90 平方米以下	1580546	# 工程款	1232332
144 平方米以上	1518394	三、土地部分	
办公楼	509593	待开发土地面积	2694973
商业营业用房	493748	本年购置土地面积	1407466
其他	748516	本年土地成交价款	689250
本年新增固定资产	1166989	# 拆迁补偿费	2328

注：本表数据包含辛集市。

全市房地产开发投资本年完成情况分组

3—4　　（2020 年）　　计量单位：个、万元

指标名称	个数	完成额
合　计	**525**	**9264907**
按登记注册类型分		
内资	520	9106859
国有		
集体		
股份合作		
联营企业		
国有联营		
集体联营		
国有与集体联营		
其他联营		
有限责任公司	210	6047095
国有独资公司	6	182962
其他有限责任公司	204	5864133
股份有限公司	2	11382
私营	308	3048382
其他		
港澳台商投资		
与港澳台商合资经营		
与港澳台商合作经营		
港澳台商独资		
港澳台商投资股份有限公司		
外商投资	5	158048
中外合资经营	1	5929
中外合作经营		
外资企业	4	152119
外商投资股份有限公司		
按控股情况分		
国有控股	20	602168
集体控股	6	165285
私人控股	476	7311325
港澳台商控股		

注：本表数据包含辛集市。

3—4 续表　　（2020 年）　　计量单位：个、万元

指标名称	个数	完成额
外商控股	**7**	**233478**
其他	16	952651
按隶属关系分		
中央	4	66066
地方	27	570936
其他	494	8627905
按资质等级分		
一级	7	131221
二级	27	433037
三级	38	530523
四级	92	1028827
暂定	358	7091521
其他	3	49778
按企业营业状况分		
营业	517	9225753
停业（歇业）	8	39154
筹建		
当年关闭		
当年破产		
其他		

分县（市、区）房地产开发投资

3—5　　（2020 年）　　计量单位：万元

县（市、区）	本年完成投资	住宅	其中：90平方米以下	其中:144平方米以上	办公楼	商业营业用房	其他	本年新增固定资产
石家庄市	**9264907**	**7513050**	**1580546**	**1518394**	**509593**	**493748**	**748516**	**1166989**
长安区	1490038	1183707	345823	234932	12712	47817	245802	99745
桥西区	712823	493239	109107	62138	80776	42014	96794	86439
新华区	719292	629458	72314	266354	16846	59838	13150	126755
裕华区	1725587	1301835	167374	355479	223025	151474	49253	0
井陉矿区	0	0	0	0	0	0	0	0
藁城区	92983	66087	7795	5073	1230	14351	11315	47618
鹿泉区	806874	618738	240213	39842	55330	62496	70310	340495
栾城区	315864	305089	69376	25323	0	3903	6872	22115
高新区	574747	483962	162304	66847	45077	12145	33563	19264
循环化工园区	247121	211448	137051	906	34939	0	734	0
井陉县	79330	55932	2882	8658	0	19941	3457	0
正定县	979838	813846	128116	274973	21960	15195	128837	36544
行唐县	21342	19819	0	0	0	0	1523	35802
灵寿县	119988	102161	17438	8500	0	5773	12054	8990
高邑县	121100	106693	1455	9916	1	2644	11762	0
深泽县	3263	2331	5	0	912	0	20	95
赞皇县	17619	15917	200	5008	0	0	1702	50158
无极县	26847	24887	3114	2474	55	750	1155	4394
平山县	87179	83562	9646	30323	0	2663	954	6563
元氏县	391399	355853	62041	28578	5036	15580	14930	82572
赵　县	71933	64592	4893	9329	6	2663	4672	0
晋州市	102402	85079	5911	2442	318	6008	10997	5
新乐市	47786	25556	1705	3100	4210	5940	12080	43675
辛集市	509552	463259	31783	78199	7160	22553	16580	155760

3—5 续表 1　　　　（2020 年）　　　　计量单位：万元、平方米

县（市、区）	本年实际到位资金	自筹资金	本年购置土地面积	本年土地成交价款	其中：拆迁补偿费
石家庄市	**11343555**	**6107111**	**1407466**	**689250**	**2328**
长安区	2217659	1151256	502349	365173	0
桥西区	740079	322454	0	0	0
新华区	1154237	444743	0	0	0
裕华区	1929020	1788824	102694	90500	0
井陉矿区	0	0	0	0	0
藁城区	229321	31438	0	0	0
鹿泉区	914402	295304	148126	29312	0
栾城区	481743	33651	19466	10250	970
高新区	553031	361906	32098	24650	0
循环化工园区	253864	75884	24918	2713	0
井陉县	89925	6950	76109	11243	0
正定县	1245726	774145	51056	39200	0
行唐县	26249	26249	0	0	0
灵寿县	107670	91354	57653	9956	59
高邑县	52125	18806	116986	29132	1200
深泽县	2809	1100	584	96	96
赞皇县	29994	9658	34210	2644	0
无极县	25098	12594	0	0	0
平山县	83518	29760	0	0	0
元氏县	212645	82255	41402	9400	3
赵县	74545	24712	0	0	0
晋州市	231203	106088	161886	54702	0
新乐市	129529	107222	0	0	0
辛集市	559163	310758	37929	10279	0

3—5 续表 2　　（2020 年）　　计量单位：平方米

县（市、区）	房屋施工面积	住宅	90 平方米以下住房	144 平方米以上住房	办公楼	商业营业用房	其他房屋
石家庄市	**37025973**	**29416976**	**5616439**	**5758848**	**2387713**	**1752075**	**3469209**
长安区	4896476	4176633	955156	1147787	38106	234272	447465
桥西区	2674167	1882872	524767	224454	152622	85092	553581
新华区	1737111	1291336	55406	505589	157241	135036	153498
裕华区	3909077	2793116	567882	1355332	641319	343947	130695
井陉矿区	0	0	0	0	0	0	0
藁城区	1002874	777778	51840	34337	27000	105347	92749
鹿泉区	4226731	3085953	994567	230590	404449	165210	571119
栾城区	1605180	1477433	367877	16781	0	10970	116777
高新区	2444696	1604824	464699	363768	594837	40866	204169
循环化工园区	534430	422615	220678	2151	111815	0	0
井陉县	572036	541526	35644	115695	0	12844	17666
正定县	2378379	1960377	222997	444708	69345	32027	316630
行唐县	304952	281744	0	14880	0	2868	20340
灵寿县	427568	342112	101788	13400	0	53404	32052
高邑县	407277	367346	258	16499	220	16499	23212
深泽县	321200	244115	35780	31750	74691	1039	1355
赞皇县	477987	438165	135953	126035	400	8800	30622
无极县	275843	240626	10029	63087	286	4540	30391
平山县	612997	553610	29321	405718	0	40189	19198
元氏县	1799591	1634884	269001	87296	4422	29946	130339
赵县	636684	542946	62319	20675	1562	12504	79672
晋州市	967207	789246	97374	21803	5542	108810	63609
新乐市	419310	317147	14527	61803	15344	22137	64682
辛集市	4394200	3650572	398576	454710	88512	285728	369388

3—5 续表 3　　　　（2020 年）　　　　计量单位：平方米

县（市、区）	房屋竣工面积	住宅	90 平方米以下住房	144 平方米以上住房	办公楼	商业营业用房	其他房屋
石家庄市	**2442535**	**2043446**	**504995**	**291151**	**116928**	**46161**	**236000**
长安区	159685	159685	159685	0	0	0	0
桥西区	98270	88506	0	16644	4481	3144	2139
新华区	152878	107270	2294	39165	1544	0	44064
裕华区	0	0	0	0	0	0	0
井陉矿区	0	0	0	0	0	0	0
藁城区	904	827	0	0	0	57	20
鹿泉区	687775	482555	39822	60258	95273	13953	95994
栾城区	106990	106434	17896	0	0	556	0
高新区	93605	68332	18335	5328	0	0	25273
循环化工园区	0	0	0	0	0	0	0
井陉县	0	0	0	0	0	0	0
正定县	7752	4532	1782	0	0	0	3220
行唐县	95140	78758	0	14880	0	2868	13514
灵寿县	0	0	0	0	0	0	0
高邑县	0	0	0	0	0	0	0
深泽县	0	0	0	0	0	0	0
赞皇县	180579	169753	300	115833	0	0	10826
无极县	33769	31507	575	10201	286	0	1976
平山县	19474	16817	0	0	0	2657	0
元氏县	257332	252297	83184	13151	0	0	5035
赵　县	0	0	0	0	0	0	0
晋州市	0	0	0	0	0	0	0
新乐市	172692	107204	0	15291	15344	16846	33298
辛集市	375690	368969	181122	400	0	6080	641

3—5 续表 4　　　　（2020 年）　　　　计量单位：套

县（市、区）	住宅竣工套数	90 平方米以下住房	144 平方米以上住房
石家庄市	**18964**	**6279**	**1710**
长 安 区	1775	1775	0
桥 西 区	688	0	96
新 华 区	863	36	74
裕 华 区	0	0	0
井陉矿区	0	0	0
藁 城 区	6	0	0
鹿 泉 区	4031	658	409
栾 城 区	1017	203	0
高 新 区	659	219	30
循环化工园区	0	0	0
井 陉 县	0	0	0
正 定 县	40	20	0
行 唐 县	841	0	100
灵 寿 县	0	0	0
高 邑 县	0	0	0
深 泽 县	0	0	0
赞 皇 县	1196	4	750
无 极 县	249	10	70
平 山 县	137	0	0
元 氏 县	2214	930	78
赵　县	0	0	0
晋 州 市	0	0	0
新 乐 市	818	0	101
辛 集 市	4430	2424	2

3—5 续表 5　　（2020 年）　　计量单位：平方米

县（市、区）	商品房销售面积	住宅	90 平方米以下住房	144 平方米以上住房	办公楼	商业营业用房	其他房屋
石家庄市	**6562621**	**6179974**	**1088746**	**797809**	**150101**	**59382**	**173164**
长 安 区	443151	382129	96151	78913	0	2101	58921
桥 西 区	372221	316674	49585	84927	41288	5264	8995
新 华 区	191543	191543	805	31012	0	0	0
裕 华 区	184019	175952	29259	116369	8067	0	0
井陉矿区	0	0	0	0	0	0	0
藁 城 区	255196	238676	4296	14466	6500	9518	502
鹿 泉 区	1317959	1179306	376905	66566	47000	16184	75469
栾 城 区	560022	556320	80726	17744	0	913	2789
高 新 区	227591	200708	26006	61080	21068	2161	3654
循环化工园区	301695	301695	192646	0	0	0	0
井 陉 县	134130	131812	1380	3522	0	1653	665
正 定 县	535329	516313	67693	82316	10500	6042	2474
行 唐 县	55906	55906	0	3743	0	0	0
灵 寿 县	0	0	0	0	0	0	0
高 邑 县	124383	123878	0	3760	0	0	505
深 泽 县	66304	56439	2677	2352	5924	0	3941
赞 皇 县	118289	118289	3280	69879	0	0	0
无 极 县	44930	44930	2227	9120	0	0	0
平 山 县	85438	85438	10822	0	0	0	0
元 氏 县	325088	324912	91022	36824	0	66	110
赵　　县	114414	114414	0	10275	0	0	0
晋 州 市	181232	180792	0	10358	0	0	440
新 乐 市	149850	137734	0	20964	7865	1761	2490
辛 集 市	773931	746114	53266	73619	1889	13719	12209

3—5 续表 6　　（2020 年）　　计量单位：万元

县（市、区）	商品房销售额	住宅	办公楼	商业营业用房	其他房屋	商品房屋平均销售价格（元 / 平方米）	住宅
石家庄市	**6476898**	**6114121**	**152223**	**66012**	**144542**	**9869**	**9893**
长安区	725629	615858	0	2486	107285	16374	16116
桥西区	571976	506044	51591	9823	4518	15367	15980
新华区	367936	367936	0	0	0	19209	19209
裕华区	232261	223090	9171	0	0	12622	12679
井陉矿区	0	0	0	0	0	0	0
藁城区	234251	222797	1340	10003	111	9179	9335
鹿泉区	1285520	1213420	28810	17887	25403	9754	10289
栾城区	516847	515313	0	804	730	9229	9263
高新区	351046	307798	39919	2529	800	15424	15336
循环化工园区	347409	347409	0	0	0	11515	11515
井陉县	71635	69559	0	2066	10	5341	5277
正定县	593776	571282	13964	8036	494	11092	11065
行唐县	23976	23976	0	0	0	4289	4289
灵寿县	0	0	0	0	0	0	0
高邑县	69720	69635	0	0	85	5605	5621
深泽县	24550	20707	2646	0	1197	3703	3669
赞皇县	40728	40728	0	0	0	3443	3443
无极县	24174	24174	0	0	0	5380	5380
平山县	52282	52282	0	0	0	6119	6119
元氏县	208303	208216	0	67	20	6408	6408
赵　县	70016	70016	0	0	0	6120	6120
晋州市	124597	124366	0	0	231	6875	6879
新乐市	83673	77666	3828	1699	480	5584	5639
辛集市	456593	441849	954	10612	3178	5900	5922

全市建筑业企业概况

3—6　　　　（2020 年）　　　　计量单位：个、千元

指标名称	企业个数		合同情况		承包工程完成情况	
	企业个数	亏损企业个数	签订合同额	本年新签建筑合同额	直接从建设单位承揽工程完成的产值	自行完成施工产值
合　计	**415**	**77**	**317771977**	**175256405**	**132152924**	**129637314**
国有控股	37	5	225733999	119858168	86663415	84254021
内资企业	414	77	317367490	174851918	131748437	129232827
国有企业	8	2	13004079	7808302	5915550	5915550
集体企业	3	0	68120	64520	55745	55745
有限责任公司	107	12	267779831	148003449	107517318	105052181
其他有限责任公司	96	0	167784764	106027521	73396169	72671776
股份有限公司	8	1	2738319	1199303	1551012	1551012
私营企业	288	62	33777141	17776344	16708812	16658339
港、澳、台商投资企业	1	0	404487	404487	404487	404487
房屋建筑业	171	31	138760582	67740002	56027437	55961143
土木工程建筑业	107	19	133458803	74817838	50414380	47987172
建筑安装业	76	11	40652439	28650880	21617519	21606041
建筑装饰和其他建筑业	61	16	4900153	4047685	4093588	4082958
施工总承包	261	49	306803939	167603189	124723370	122220662
特级	3	0	80022019	35367533	32691762	32691762
一级	48	10	191641655	114370242	79958818	77508487
二级	105	15	29269897	14132136	8420297	8392911
三级及以下	105	24	5870368	3733278	3652493	3627502
专业承包	154	28	10968038	7653216	7429554	7416652
一级	48	8	6779877	4950718	4855368	4844458
二级	47	11	1659033	1155184	1142499	1141707
三级及以下	59	9	2529128	1547314	1431687	1430487
施工或专业承包	415	0	317771977	175256405	132152924	129637314

注：本表数据包含辛集市。

3—6 续表 1　　（2020 年）　　计量单位：千元

指标名称	建筑业总产值						竣工产值
	建筑业总产值	其中：装饰装修产值	其中：在外省完成的产值	按构成分：1. 建筑工程产值	2. 安装工程产值	3. 其他建筑业产值	
合　计	**139351624**	**6305118**	**62090249**	**102480508**	**19629457**	**17241659**	45496728
国有控股	92573327	4060897	53376809	67633613	14484411	10455303	21232856
内资企业	138947137	5900631	62090249	102076021	19629457	17241659	45092241
国有企业	5915550	0	563765	4983948	0	931602	1851393
集体企业	55745	0	0	11026	13519	31200	55365
有限责任公司	114417737	4504983	58955894	81661827	17370874	15385036	32882147
其他有限责任公司	80961926	3296842	41975817	50283421	15309331	15369174	28248406
股份有限公司	1551012	622210	0	1496759	49673	4580	1154046
私营企业	17007093	773438	2570590	13922461	2195391	889241	9149290
港、澳、台商投资企业	404487	404487	0	404487	0	0	404487
房屋建筑业	58118127	3608854	16366896	53778816	1061714	3277597	21880769
土木工程建筑业	51151302	60111	27726492	33945165	4915142	12290995	13811406
建筑安装业	25876797	903000	17423577	11518340	13437168	921289	7652534
建筑装饰和其他建筑业	4205398	1733153	573284	3238187	215433	751778	2152019
施工总承包	131493410	4559771	60829344	97189964	18058067	16245379	41673216
特级	33752312	2317586	18046368	24885891	251402	8615019	5303993
一级	83594885	2111279	40146102	59126943	17112727	7355215	28114536
二级	10456247	67610	2166309	9968764	378593	108890	6582523
三级及以下	3689966	63296	470565	3208366	315345	166255	1672164
专业承包	7858214	1745347	1260905	5290544	1571390	996280	3823512
一级	5188541	1598373	827040	3947640	666106	574795	2591841
二级	1207616	135353	201969	631619	416184	159813	581878
三级及以下	1462057	11621	231896	711285	489100	261672	649793
施工或专业承包	139351624	6305118	62090249	164570757	19629457	17241659	45496728

3—6 续表 2　　　　（2020 年）　　　　计量单位：平方米、千元、台

指标名称	房屋建筑施工面积				施工机械设备	
	房屋建筑施工面积	其中：房屋新开工面积	实行投标承包面积	其中：新开工面积	自有施工机械设备净值	自有施工机械设备总台数
合　计	**73206228**	**21798418**	**0**	**0**	**1445787**	**64872**
国有控股	36306360	12513616	0	0	389935	9107
内资企业	73206228	21798418	0	0	1445517	64272
国有企业	2243049	1484925	0	0	40853	1839
集体企业	20200	20030	0	0	2	1
有限责任公司	56378761	16299053	0	0	813733	17121
其他有限责任公司	29877050	8407456	0	0	718289	14100
股份有限公司	1473277	297462	0	0	36503	317
私营企业	13090941	3696948	0	0	554426	44994
港、澳、台商投资企业	0	0	0	0	270	600
房屋建筑业	69456499	19087019	0	0	541260	18837
土木工程建筑业	1346635	555398	0	0	705106	9623
建筑安装业	2217001	2011330	0	0	16318	3291
建筑装饰和其他建筑业	186093	144671	0	0	183103	33121
施工总承包	72392045	21339408	0	0	1241462	28361
特级	23879227	7371156	0	0	54680	2199
一级	38498496	10872683	0	0	670671	14469
二级	8750016	2573487	0	0	394650	9611
三级及以下	1264306	522082	0	0	121461	2082
专业承包	814183	459010	0	0	204325	36511
一级	575093	240671	0	0	23493	1393
二级	151851	149771	0	0	55259	33151
三级及以下	87239	68568	0	0	125573	1967
施工或专业承包	73206228	21798418	0	0	1445787	64872

3—6 续表 3　　　　（2020 年）　　　　计量单位：人

指标名称	从业人员情况			
	计算建筑业劳动生产率的平均人数	年末从业人员数合计	年末从业人员中工程技术人员	年末从业人员中现场施工工人
合　计	**120843**	**119470**	**31062**	**45277**
国有控股	50656	51194	13646	12643
内资企业	120570	119197	31055	45232
国有企业	4998	4876	2054	1351
集体企业	147	62	31	15
有限责任公司	71467	72041	18767	22346
其他有限责任公司	63220	63733	15396	20386
股份有限公司	2500	2343	632	1256
私营企业	41458	39875	9571	20264
港、澳、台商投资企业	273	273	7	45
房屋建筑业	54537	54357	12820	27515
土木工程建筑业	32612	32514	13907	14615
建筑安装业	28367	27654	2611	1747
建筑装饰和其他建筑业	5327	4945	1724	1400
施工总承包	107637	106889	27131	41331
特级	6518	6851	4038	1890
一级	62024	60219	14645	16101
二级	28695	28892	6529	18229
三级及以下	10400	10927	1919	5111
专业承包	13206	12581	3931	3946
一级	6064	5685	1639	827
二级	2847	2986	1047	1212
三级及以下	4295	3910	1245	1907
施工或专业承包	120843	119470	31062	45277

全市建筑业企业财务状况

3—7　　（2020 年）　　计量单位：千元

指标名称	固定资产原价	在建工程	资产合计	流动负债合计
合　计	**11461969**	**2523618**	**128834271**	**87352169**
国有控股单位投资	6085332	834554	75879932	51868549
内资企业	11455140	2523618	128581289	87176715
国有企业	2512579	693218	18709446	16958958
集体企业	331	0	61686	33761
股份合作企业	26813	0	65811	9778
联营企业	14275	0	13838	2174
有限责任公司	5534716	1493966	83616370	55133953
股份有限公司	42382	3540	1070688	586928
私营企业	3324044	332894	25043450	14451163
港、澳、台商投资企业	6829	0	252982	175454
房屋建筑业	3508377	2034515	43606646	32756082
土木工程建筑业	6296830	252763	64344432	40789927
建筑安装业	1117626	28110	15282913	10051518
建筑装饰和其他建筑业	539136	208230	5600280	3754642
施工总承包	10360297	2310687	116535265	80077156
特级	752808	83876	22106246	7748325
一级	6664754	2065730	71041112	59438684
二级	2098201	148580	15962238	8168794
三级及以下	844534	12501	7425669	4721353
专业承包	1101672	212931	12299006	7275013
一级	525783	67418	7458309	4914740
二级	217092	141513	1873694	1005965
三级及以下	358797	4000	2967003	1354308

注：本表数据包含辛集市。

3—7 续表 1　　（2020 年）　　计量单位：千元

指标名称	流动资产合计	固定资产合计	非流动负债合计	负债合计
合　计	**108311059**	**1463227**	**8986653**	**101255649**
国有控股单位投资	62575011	1050441	8291523	64530370
内资企业	108085754	1463227	8986653	101080195
国有企业	16437856	153008	236283	17197942
集体企业	61436	0	0	33761
股份合作企业	41262	0	0	9778
联营企业	3304	6548	100	2274
有限责任公司	68979745	1145172	8288925	68034177
股份有限公司	985774	549	827	587756
私营企业	21576377	157950	460518	15214507
港、澳、台商投资企业	225305	0	0	175454
房屋建筑业	37225572	392503	601582	34859847
土木工程建筑业	52121493	832563	7506395	51701818
建筑安装业	14109029	197000	813692	10865670
建筑装饰和其他建筑业	4854965	41161	64984	3828314
施工总承包	97172454	1358930	8778198	93771412
特级	15578677	311182	6849617	17999486
一级	64409340	915518	1397206	61006103
二级	11379451	118850	115648	9561080
三级及以下	5804986	13380	415727	5204743
专业承包	11138605	104297	208455	7484237
一级	6793957	77129	179213	5093959
二级	1590251	9835	6816	1013385
三级及以下	2754397	17333	22426	1376893

3—7 续表 2　　（2020 年）　　计量单位：千元

指标名称	所有者权益合计	实收资本	国家资本	集体资本	法人资本	个人资本	港澳台资本	外商资本
合　计	**27578622**	**17396740**	**0**	**0**	**0**	**2746134**	**0**	**0**
国有控股单位投资	11349562	6512268	0	0	0	151526	0	0
内资企业	27501094	17360655	0	0	0	2746134	0	0
国有企业	1511504	1149985	0	0	0	130520	0	0
集体企业	27925	19500	0	0	0	0	0	0
股份合作企业	56033	46730	0	0	0	0	0	0
联营企业	11564	11500	0	0	0	0	0	0
有限责任公司	15582193	8575610	0	0	0	573927	0	0
股份有限公司	482932	298296	0	0	0	14300	0	0
私营企业	9828943	7259034	0	0	0	2027387	0	0
港、澳、台商投资企业	77528	36085	0	0	0	0	0	0
房屋建筑业	8746799	7257820	0	0	0	2016778	0	0
土木工程建筑业	12642614	7220780	0	0	0	370135	0	0
建筑安装业	4417243	1627647	0	0	0	231575	0	0
建筑装饰和其他建筑业	1771966	1290493	0	0	0	127646	0	0
施工总承包	22763853	14298213	0	0	0	2223485	0	0
特级	4106760	2223772	0	0	0	0	0	0
一级	10035009	6296465	0	0	0	716098	0	0
二级	6401158	3989281	0	0	0	1246692	0	0
三级及以下	2220926	1788695	0	0	0	260695	0	0
专业承包	4814769	3098527	0	0	0	522649	0	0
一级	2364350	1538190	0	0	0	269156	0	0
二级	860309	598119	0	0	0	122453	0	0
三级及以下	1590110	962218	0	0	0	131040	0	0

3—7 续表 3　　（2020 年）　　计量单位：千元

指标名称	营业收入	主营业务收入	营业成本	主营业务成本	营业税金及附加
合　计	**140948612**	**140259461**	**132128012**	**131241359**	**530453**
国有控股单位投资	88407471	88296640	82713465	82497259	277711
内资企业	140408250	139719099	131626739	130740086	527732
国有企业	15147695	15120203	14415007	14292151	64962
集体企业	69086	69086	60242	60242	364
股份合作企业	39611	39611	25510	25510	679
联营企业	4936	4936	3228	3228	73
有限责任公司	101838200	101587100	95519749	95292246	327323
股份有限公司	1038822	1033670	961027	960023	2294
私营企业	22269900	21864493	20641976	20106686	132037
港、澳、台商投资企业	540362	540362	501273	501273	2721
房屋建筑业	54050258	53917619	52325226	52048732	238979
土木工程建筑业	56216231	55964454	52123513	51853614	192883
建筑安装业	25478058	25368254	22932563	22778712	74260
建筑装饰和其他建筑业	5204065	5009134	4746710	4560301	24331
施工总承包	129376194	128902541	121544327	120856536	480560
特级	29113371	29092288	27677641	27622390	64065
一级	83050624	82837401	77957045	77685540	287594
二级	12324187	12167670	11426263	11187050	101414
三级及以下	4888012	4805182	4483378	4361556	27487
专业承包	11572418	11356920	10583685	10384823	49893
一级	6500223	6308483	5937101	5754893	28046
二级	1727341	1724650	1537564	1533616	11101
三级及以下	3344854	3323787	3109020	3096314	10746

3—7 续表 4　　　　（2020 年）　　　　计量单位：千元

指标名称	其他业务利润	管理费用	管理费用中的税金	财务费用	利息收入	利息支出
合　计	**106250**	**3853965**	**0**	**668069**	**75959**	**540717**
国有控股单位投资	33762	2145653	0	494998	70229	464106
内资企业	106250	3831318	0	669831	75959	540717
国有企业	16749	663007	0	145728	7240	95939
集体企业	0	1575	0	18	−1	0
股份合作企业	0	4198	0	−39	−39	0
联营企业	0	1800	0	−2	−2	0
有限责任公司	83467	2161093	0	442038	71635	403390
股份有限公司	0	17979	0	−151	891	572
私营企业	6034	981666	0	82239	−3765	40816
港、澳、台商投资企业	0	22647	0	−1762	0	0
房屋建筑业	50025	952462	0	125508	22431	95803
土木工程建筑业	51778	1893813	0	504622	28097	383356
建筑安装业	3368	754648	0	25429	24957	57184
建筑装饰和其他建筑业	1079	253042	0	12510	474	4374
施工总承包	103364	3274343	0	638462	78443	516666
特级	12420	501476	0	225183	24661	227927
一级	84137	2128257	0	289732	48455	254615
二级	6429	419152	0	31244	5472	30628
三级及以下	378	225458	0	92303	−145	3496
专业承包	2886	579622	0	29607	−2484	24051
一级	2450	277357	0	16554	−3731	15780
二级	192	130825	0	5033	−634	2802
三级及以下	244	171440	0	8020	1881	5469

3—7 续表 5　　（2020 年）　　计量单位：千元

指标名称	营业利润	利润总额	应交所得税	应付职工薪酬（本年贷方累计发生额）
合　计	**2413126**	**2463184**	**620435**	**6771395**
国有控股单位投资	1510546	1551488	428496	3886930
内资企业	2397642	2446440	617923	6745441
国有企业	−156784	−77796	15772	714843
集体企业	6837	6889	401	1951
股份合作企业	9863	10085	2521	2089
联营企业	965	1055	4	600
有限责任公司	2135082	2114726	495214	4273608
股份有限公司	26537	27522	4282	41990
私营企业	375142	363959	99729	1710360
港、澳、台商投资企业	15484	16744	2512	25954
房屋建筑业	383441	307731	173097	2204786
土木工程建筑业	773223	894391	169228	2763242
建筑安装业	1148184	1147388	255010	1530312
建筑装饰和其他建筑业	108278	113674	23100	273055
施工总承包	2216485	2257451	579905	6126643
特级	256859	265076	41011	714034
一级	1541391	1566932	443988	3514633
二级	371421	387926	78998	1417125
三级及以下	46814	37517	15908	480851
专业承包	196641	205733	40530	644752
一级	146374	151820	26740	314462
二级	24799	25214	7221	131403
三级及以下	25468	28699	6569	198887

全市建筑业企业房屋竣工面积

3—8　　　　（2020 年）　　　　计量单位：平方米

指标名称	房屋竣工面积	住宅房屋	商业及服务用房	商厦房屋（批发和零售用房）	宾馆用房屋（住宿用房）	餐饮用房屋（餐饮用房）	商务会展用房屋	其他商业及服务用房屋（居民服务业用房）
合　计	**12357353**	**7627826**	**1136943**	**149661**	**4870**	**7945**	**24100**	**950367**
其中：国有及国有控股	3588639	1607061	79843	46607	0	7284	9780	16172
内资企业	12357353	7627826	1136943	149661	4870	7945	24100	950367
国有企业	1208735	1021754	0	0	0	0	0	0
集体企业	10000	10000	0	0	0	0	0	0
有限责任公司	8154507	4493523	972455	78857	0	7284	12797	873517
其他有限责任公司	7654879	4340146	946503	78857	0	7284	3017	857345
股份有限公司	319578	189616	67014	50180	4870	661	11303	0
私营企业	2664533	1912933	97474	20624	0	0	0	76850
房屋建筑业	11534637	7546581	1136943	149661	4870	7945	24100	950367
土木工程建筑业	320480	5433	0	0	0	0	0	0
建筑安装业	352293	0	0	0	0	0	0	0
建筑装饰和其他建筑业	149943	75812	0	0	0	0	0	0
施工总承包	12136887	7529804	1136593	149661	4870	7945	24100	950017
特级	1744163	585307	79843	46607	0	7284	9780	16172
一级	7607025	4829765	1010552	100238	4870	661	14320	890463
二级	2458374	1893170	41598	1616	0	0	0	39982
三级及以下	327325	221562	4600	1200	0	0	0	3400
专业承包	220466	98022	350	0	0	0	0	350
一级	129073	82942	0	0	0	0	0	0
二级	36115	15080	350	0	0	0	0	350
三级及以下	55278	0	0	0	0	0	0	0

注：本表数据包含辛集市。

3—8 续表 1　　（2020 年）　　计量单位：平方米

指标名称	房屋竣工面积				
	办公用房屋	科研、教育、医疗用房屋	科学研究用房屋	教育用房屋	医疗用房屋（卫生医疗用房）
合　计	**471528**	**959551**	**369000**	**333614**	**256937**
其中：国有及国有控股	154034	642577	240684	211547	190346
内资企业	471528	959551	369000	333614	256937
国有企业	0	147716	0	147716	0
集体企业	0	0	0	0	0
有限责任公司	405449	684223	347790	115186	221247
其他有限责任公司	310172	650651	347790	81614	221247
股份有限公司	10404	33200	0	30200	3000
私营企业	55675	94412	21210	40512	32690
房屋建筑业	449260	721365	231530	332898	156937
土木工程建筑业	0	18186	17470	716	0
建筑安装业	2240	220000	120000	0	100000
建筑装饰和其他建筑业	20028	0	0	0	0
施工总承包	448980	959251	369000	333614	256637
特级	154034	274861	120684	63831	90346
一级	260296	603096	219265	224066	159765
二级	23695	61804	20106	35172	6526
三级及以下	10955	19490	8945	10545	0
专业承包	22548	300	0	0	300
一级	20028	0	0	0	0
二级	280	0	0	0	0
三级及以下	2240	300	0	0	300

3—8 续表 2　　　　（2020 年）　　　　计量单位：平方米

指标名称	房屋竣工面积				
	文化、体育和娱乐业用房屋	厂房及建筑业	厂房	仓库	其他未列明的房屋建筑物
合　计	**218400**	**1205891**	**1085141**	**96846**	**640368**
其中：国有及国有控股	138386	684235	661800	0	282503
内资企业	218400	1205891	1085141	96846	640368
国有企业	39265	0	0	0	0
集体企业	0	0	0	0	0
有限责任公司	139773	961464	868771	37434	460186
其他有限责任公司	40652	869135	776442	37434	460186
股份有限公司	0	19344	19344	0	0
私营企业	39362	225083	197026	59412	180182
房屋建筑业	218400	1032097	941782	96808	333183
土木工程建筑业	0	59676	57241	0	237185
建筑安装业	0	80015	60015	38	50000
建筑装饰和其他建筑业	0	34103	26103	0	20000
施工总承包	218400	1136683	1024323	86808	620368
特级	99121	548094	545659	0	2903
一级	114677	445490	366902	37434	305715
二级	4602	108652	83815	40530	284323
三级及以下	0	34447	27947	8844	27427
专业承包	0	69208	60818	10038	20000
一级	0	26103	26103	0	0
二级	0	405	15	0	20000
三级及以下	0	42700	34700	10038	0

全市建筑业企业房屋竣工价值

3—9　　　　（2020 年）　　　　计量单位：千元

指标名称	房屋竣工价值	住宅房屋	商业及服务用房屋	商厦房屋（批发和零售用房）	宾馆用房屋（住宿用房）	餐饮用房屋（餐饮用房）	其他商业及服务用房屋（居民服务业用房）
合　计	**19806923**	**10309108**	**1189914**	**342976**	**6814**	**28278**	**692506**
其中：国有及国有控股	6140666	1056493	214452	174240	0	26562	4270
内资企业	19806923	10309108	1189914	342976	6814	28278	692506
国有企业	818165	173112	0	0	0	0	0
集体企业	10826	10826	0	0	0	0	0
有限责任公司	13913535	6710131	843862	220141	0	26562	577819
股份有限公司	694978	389437	208890	100360	6814	1716	0
私营企业	4369419	3025602	137162	22475	0	0	114687
房屋建筑业	18162615	10220772	1189914	342976	6814	28278	692506
土木工程建筑业	1171227	7606	0	0	0	0	0
建筑安装业	316753	0	0	0	0	0	0
建筑装饰和其他建筑业	156328	80730	0	0	0	0	0
施工总承包	19564076	10179278	1184914	342976	6814	28278	687506
特级	3906863	883381	214452	174240	0	26562	4270
一级	10522561	5884198	886392	164646	6814	1716	603256
二级	4639736	3056353	79230	2650	0	0	76580
三级及以下	494916	355346	4840	1440	0	0	3400
专业承包	242847	129830	5000	0	0	0	5000
一级	127554	83930	0	0	0	0	0
二级	71483	45900	5000	0	0	0	5000
三级及以下	43810	0	0	0	0	0	0

注：本表数据包含辛集市。

3—9 续表 1　　（2020 年）　　计量单位：千元

指标名称	房屋竣工价值				
	办公用房屋	科研、教育、医疗用房屋	科学研究用房屋	教育用房屋	医疗用房屋（卫生医疗用房）
合　计	**806629**	**1920514**	**552746**	**1051852**	**315916**
其中：国有及国有控股	88670	1333976	317032	823339	193605
内资企业	806629	1920514	552746	1051852	315916
国有企业	0	626909	0	626909	0
集体企业	0	0	0	0	0
有限责任公司	678880	1106005	517186	281339	307480
股份有限公司	22654	69899	0	66599	3300
私营企业	105095	117701	35560	77005	5136
房屋建筑业	779886	1731133	423571	1051646	255916
土木工程建筑业	0	29381	29175	206	0
建筑安装业	6704	160000	100000	0	60000
建筑装饰和其他建筑业	20039	0	0	0	0
施工总承包	775786	1920358	552746	1051852	315760
特级	88670	547067	217032	196430	133605
一级	621001	1224888	280054	772471	172363
二级	48991	118695	42154	66749	9792
三级及以下	17124	29708	13506	16202	0
专业承包	30843	156	0	0	156
一级	20039	0	0	0	0
二级	4100	0	0	0	0
三级及以下	6704	156	0	0	156

3—9 续表 2 （2020 年） 计量单位：千元

指标名称	房屋竣工价值					
	商务会展用房屋	文化、体育和娱乐业用房屋	厂房及建筑业	厂房	仓库	其他未列明的房屋建筑物
合 计	**119340**	**452393**	**3137220**	**2968350**	**165305**	**1825840**
其中：国有及国有控股	9380	91514	2339124	2324746	0	1016437
内资企业	119340	452393	3137220	2968350	165305	1825840
国有企业	0	18144	0	0	0	0
集体企业	0	0	0	0	0	0
有限责任公司	19340	140460	2763153	2648640	47977	1623067
股份有限公司	100000	0	4098	4098	0	0
私营企业	0	293789	369969	315612	117328	202773
房屋建筑业	119340	452393	2840374	2704382	165265	782878
土木工程建筑业	0	0	194752	190374	0	939488
建筑安装业	0	0	60009	50009	40	90000
建筑装饰和其他建筑业	0	0	42085	23585	0	13474
施工总承包	119340	452393	3081716	2934346	157265	1812366
特级	9380	73370	2090486	2086108	0	9437
一级	109960	370423	760539	670624	47977	727143
二级	0	8600	191083	150006	99959	1036825
三级及以下	0	0	39608	27608	9329	38961
专业承包	0	0	55504	34004	8040	13474
一级	0	0	23585	23585	0	0
二级	0	0	3009	9	0	13474
三级及以下	0	0	28910	10410	8040	0

分县（市、区）建筑业企业主要经济指标

3—10　　　　（2020年）　　　　计量单位：个、千元、人

县（市、区）	企业个数	签订合同额	建筑业总产值	装饰装修产值	在外省完成的产值	竣工产值	计算建筑业劳动生产率的平均人数	年末从业人数	房屋竣工价值
石家庄市	**415**	**317771977**	**139351624**	**950585**	**6305118**	**17241659**	**120843**	**119470**	**19806923**
长安区	32	62751613	25066577	190181	824390	2101572	14999	15856	3278439
桥西区	35	71698035	35755210	15635	3128936	9180100	35939	33956	6233407
新华区	40	79845392	40202952	511946	2006192	725577	12799	12683	3791828
裕华区	30	35400733	10686011	31080	168780	737392	10827	10761	1149708
井陉矿区	2	162710	79523	41350	0	0	183	116	0
藁城区	5	1294114	418292	11000	4000	0	2118	2319	454790
鹿泉区	46	31741958	10867655	5672	1426	3842925	6685	5912	38385
栾城区	17	961888	731534	0	35102	39840	2672	2722	217633
高新区	95	16197423	7101605	136176	101795	472555	6674	6486	415890
循环化工园区	4	626064	321815	0	0	0	1821	1541	16040
井陉县	8	538751	488478	0	0	24890	791	862	31301
正定县	11	6543017	2657847	0	0	0	3666	3662	1968532
行唐县	7	327796	265642	0	0	29803	620	346	28300
灵寿县	4	116618	89296	0	0	31200	250	170	10826
高邑县	7	340582	220992	0	0	0	1204	1125	61014
深泽县	7	804892	721757	7480	0	3146	4648	5289	369191
赞皇县	11	345378	155408	65	30	40292	684	813	21754
无极县	4	271067	113641	0	0	6591	875	863	11054
平山县	8	438871	220982	0	0	0	1443	2880	38796
元氏县	4	229430	228787	0	5000	0	1166	900	48500
赵县	8	461002	327646	0	0	0	1302	1222	293106
晋州市	3	195000	142500	0	4000	4580	1460	1261	134500
新乐市	10	1010292	575352	0	0	1000	1070	1064	311763
辛集市	17	5469351	1912122	0	25467	196	6947	6661	882166

3—10 续表　　（2020 年）　　计量单位：个、千元、人

县（市、区）	所有者权益	其中：实收资本	营业收入	营业成本	营业税金及附加	管理费用	财务费用	营业利润	利润总额
石家庄市	**27578622**	**17396740**	**140948612**	**132128012**	**530453**	**3853965**	**668069**	**2413126**	**2463184**
长安区	3359563	2737073	29271397	27872035	126196	918940	88154	118141	126084
桥西区	7047381	3995234	32898660	30757105	106466	968818	215778	405780	435497
新华区	5778944	2945160	40905907	38626314	96902	640132	22201	1230467	1235079
裕华区	2936699	1547024	10787173	9942519	28441	251088	131681	128180	127177
井陉矿区	11952	9912	79527	74021	20288	36034	–2138	1289	1336
藁城区	212465	155930	474480	439968	3870	13303	2041	16033	16003
鹿泉区	1813473	1290109	8552925	7809968	31567	299483	135691	128966	135499
栾城区	307677	214271	883005	793592	3733	32296	2190	42194	42923
高新区	2323457	1999905	7641342	7070414	40406	436056	40768	71347	76778
循环化工园区	484186	165379	462413	372996	9902	26853	2577	46969	49561
井陉县	177977	149106	791306	773700	2125	12042	205	3593	3172
正定县	668664	400760	2772648	2618098	8893	79197	15148	46255	48333
行唐县	237283	135596	273975	149311	9147	8423	692	12169	12166
灵寿县	90179	119500	353536	329929	1114	7995	377	14071	14078
高邑县	121647	73135	204489	197920	920	3543	269	1592	1590
深泽县	257263	210256	736114	704572	3593	9203	463	17597	15882
赞皇县	98510	90090	191593	181244	1907	6060	154	1653	1642
无极县	60864	48900	130589	122601	474	2859	547	4108	4106
平山县	87770	74315	277172	246180	3960	13890	3593	9716	9706
元氏县	109676	66804	229384	208079	2025	6671	763	15889	15431
赵县	220816	194837	273980	265883	1245	8577	3227	–5024	–5877
晋州市	50600	49700	124550	107445	5970	3120	1605	4180	5260
新乐市	507506	342540	512406	469958	8485	6899	328	46448	44867
辛集市	614070	381204	2120041	1994160	12824	62483	1755	51513	46891

四 能源消费

资料来源：市统计局、国网石家庄供电公司

全市规模以上工业企业能源购进、消费及库存

4—1

（2020 年）

指标名称	计量单位	年初库存	购进量		工　业 生产消费	年末库存
			实物量	其中：购自省外		
能源合计	吨标准煤	–	–	–	**44304449**	–
焦炉煤气	万立方米	0	44913	0	66857	0
高炉煤气	万立方米	0	590723	0	1863855	0
转炉煤气	万立方米	0	73518	0	153825	0
天然气	万立方米	1153	453056	0	101265	1091
液化天然气	吨	156	43442	6696	44702	87
原油	吨	728838	5402829	5372099	5473074	658563
汽油	吨	4068	3121	13	3149	18890
煤油	吨	5064	1748	0	809	7508
柴油	吨	15735	21955	503	22465	46319
燃料油	吨	334	23182	0	23501	15
液化石油气	吨	120	3308	1980	2604	117
炼厂干气	吨	0	0	0	216208	0
石脑油	吨	1117	44724	44724	44723	1118
润滑油	吨	0	166	0	163	2
石蜡	吨	95	11878	7625	11912	61
石油焦	吨	0	3024	0	3024	0
石油沥青	吨	3943	109139	15531	55816	4035
其它石油制品	吨	261	171314	149757	861757	340
热力	百万千焦	0	20600463	0	27940687	0
电力	万千瓦时	0	1788757	0	2374675	0
煤矸石（用于燃料）	吨	151	15953	14598	15953	0
城市生活垃圾(用于燃料)	吨	0	0	0	1394667	0
生物燃料	吨标准煤	12560	269558	0	270694	10384
余热余压	百万千焦	0	35188	0	16887071	0
工业废料（用于燃料）	吨	0	0	0	42812	0
其他燃料	吨标准煤	2	4472	0	746	0

注：本表数据不含辛集市。

市区规模以上工业企业能源购进、消费及库存

4—2 （2020 年）

指标名称	计量单位	年初库存	购进量		工业生产消费	年末库存
			实物量	其中：购自省外		
能源合计	吨标准煤	–	–	–	**22595132**	–
焦炉煤气	万立方米	0	33359	0	55303	0
高炉煤气	万立方米	0	0	0	205103	0
转炉煤气	万立方米	0	0	0	14004	0
天然气	万立方米	1133	413964	0	62160	1073
液化天然气	吨	27	11126	381	11482	23
原油	吨	728838	5402829	5372099	5473074	658563
汽油	吨	4067	2356	1	2278	18890
煤油	吨	5064	1739	0	800	7508
柴油	吨	13122	10197	3	9790	44284
燃料油	吨	319	0	0	319	0
液化石油气	吨	1	976	0	270	0
炼厂干气	吨	0	0	0	216208	0
润滑油	吨	0	17	0	17	0
石油焦	吨	0	3024	0	3024	0
石油沥青	吨	186	10199	0	9953	432
其它石油制品	吨	0	170039	149757	860822	0
热力	百万千焦	0	16729977	0	21241928	0
电力	万千瓦时	0	722950	0	1111721	0
煤矸石（用于燃料）	吨	151	15953	14598	15953	0
城市生活垃圾（用于燃料）	吨	0	0	0	945586	0
生物燃料	吨标准煤	226	30102	0	29895	433
余热余压	百万千焦	0	0	0	8051333	0
其他燃料	吨标准煤	0	23	0	0	0

注：本表数据不含辛集市。

全市规模以上工业综合能源消费量

4—3　　（2020 年）

指标名称	综合能源消费量（吨标准煤）	
	本年	去年同期
总　计	**22064319**	**22742048**
有色金属矿采选业	2796	2718
非金属矿采选业	478	90
农副食品加工业	48831	56491
食品制造业	109766	109225
酒、饮料和精制茶制造业	35726	35963
烟草制品业	6597	6165
纺织业	141557	172937
纺织服装、服饰业	5708	10410
皮革、毛皮、羽毛及其制品和制鞋业	34972	45145
木材加工和木、竹、藤、棕、草制品业	31036	36568
家具制造业	2355	2798
造纸和纸制品业	125510	130841
印刷和记录媒介复制业	34423	19862
文教、工美、体育和娱乐用品制造业	3290	3880
石油、煤炭及其他燃料加工业	1501359	1548510
化学原料和化学制品制造业	2110767	2440423
医药制造业	569969	544237
化学纤维制造业	194327	196969
橡胶和塑料制品业	143343	116854
非金属矿物制品业	2937767	2631478
黑色金属冶炼和压延加工业	5880485	5870623
有色金属冶炼和压延加工业	7317	6366
金属制品业	159108	177023
通用设备制造业	33754	38188
专用设备制造业	24414	25694
汽车制造业	22112	23089
铁路、船舶、航空航天和其他运输设备制造业	18146	17691
电气机械和器材制造业	32841	37571
计算机、通信和其他电子设备制造业	37581	38156
仪器仪表制造业	1488	1523
其他制造业	1262	1288
废弃资源综合利用业	23534	18443
金属制品、机械和设备修理业	3629	4073
电力、热力生产和供应业	7730591	8327498
燃气生产和供应业	36147	32625
水的生产和供应业	11331	10629

注：本表数据不含辛集市。

分县（市、区）主要能耗指标

4—4　　　　（2020 年）　　　　计量单位：%

县（市、区）	单位 GDP 能耗（规上工业单位增加值能耗）上升或下降		
	2020 年	2019 年	2018 年
石家庄市	**–4.23**	**–6.39**	**–5.58**
长 安 区	–5.97	–6.95	–9.95
桥 西 区	–11.22	–49.67	–12.89
新 华 区	–5.93	–31.41	–25.13
裕 华 区	–5.09	–4.38	–8.47
井陉矿区	0.51	–4.86	–8.24
高 新 区	–9.15	–2.03	–7.92
循环化工园区	–5.38	–6.31	–4.19
藁 城 区	–4.45	–3.51	–3.96
鹿 泉 区	–7.21	–4.05	–7.93
栾 城 区	–3.55	–8.95	–5.52
井 陉 县	–6.06	–7.66	–6.41
正 定 县	–8.66	–6.30	–9.17
行 唐 县	–5.99	0.88	–3.92
灵 寿 县	1.48	–9.31	–10.45
高 邑 县	–9.92	–8.50	–9.09
深 泽 县	–3.45	–3.81	–4.29
赞 皇 县	–1.01	–3.87	–3.11
无 极 县	–4.73	–3.26	–4.79
平 山 县	–6.68	–5.40	–6.70
元 氏 县	–4.64	–3.22	–6.55
赵　　县	–3.62	–3.44	–10.76
晋 州 市	–3.35	–3.20	–7.40
新 乐 市	–9.81	–9.85	–8.64

注：1. 本表数据不含辛集市。
2. 长安区、桥西区、新华区、裕华区、高新区、循环化工园区为规上工业单位增加值能耗。
3. 其他县（市、区）为单位 GDP 能耗。

全市分行业用电量

4—5 （2020年） 计量单位：万千瓦时

指标名称	全市	#市区
全社会用电总计	**5112158.1**	**1637763.3**
A、全行业用电合计	4289870.4	1359511.7
第一产业	43176.9	1499.3
第二产业	2976017.3	736752.4
第三产业	1270676.2	621259.9
B、城乡居民生活用电合计	822287.6	278251.6
城镇居民	331266.4	250981.4
乡村居民	491021.3	27270.2
全行业用电分类	4289870.4	1359511.7
一、农、林、牧、渔业	143995.6	5853.8
1. 农业	13219.0	922.4
2. 林业	843.7	148.7
3. 畜牧业	28733.7	410.8
4. 渔业	380.5	17.5
5. 农、林、牧、渔服务业	100818.7	4354.4
其中：排灌	95989.3	4131.3
二、工业	2911727.6	716783.3
（一）采矿业	24245.5	740.0
1. 煤炭开采和洗选业	6970.7	85.8
2. 石油和天然气开采业	5173.3	452.9
3. 黑色金属矿采选业	4618.9	0
4. 有色金属矿采选业	2233.3	1.9
5. 非金属矿采选业	2586.0	30.7
6. 其他采矿业	2663.4	168.6
（二）制造业	2256431.7	329137.6
1. 农副食品加工业	70375.9	1681.3
2. 食品制造业	28756.1	1100.3
3. 酒、饮料及精制茶制造业	8284.3	1105.6
4. 烟草制品业	2914.6	206.8
5. 纺织业	188446.0	6930.0
6. 纺织服装、服饰业	16528.4	1082.1
7. 皮革、毛皮、羽毛及其制品和制鞋业	31397.6	964.4
8. 木材加工和木、竹、藤、棕、草制品业	30603.8	512.5

注：本表数据包含辛集市。

4—5 续表 1　　（2020 年）　　计量单位：万千瓦时

指标名称	全市	# 市区
9. 家具制造业	12234.7	758.2
10. 造纸和纸制品业	49436.0	3174.3
11. 印刷和记录媒介复制业	8335.4	1462.5
12. 文教、工美、体育和娱乐用品制造业	1421.8	29.4
其中：体育用品制造	220.8	0.1
13. 石油、煤炭及其他燃料加工业	89566.6	59361.6
其中：煤化工	23016.1	130.0
14. 化学原料和化学制品制造业	340013.9	62042.9
其中：氯碱	27600.1	27600.1
电石	0	0
黄磷	0	0
肥料制造	54987.3	15847.6
15. 医药制造业	166708.6	45787.7
其中：中成药生产	13115.2	10676.5
生物药品制品制造	12435.6	875.6
16. 化学纤维制造业	31488.9	9842.4
17. 橡胶和塑料制品业	96908.0	2324.6
其中：橡胶制品业	27321.4	609.3
塑料制品业	69586.5	1715.3
18. 非金属矿物制品业	365103.1	3296.7
其中：水泥制造	139546.9	71.6
玻璃制造	8041.9	326.0
陶瓷制品制造	73350.2	103.5
碳化硅	48.0	0
19. 黑色金属冶炼和压延加工业	418499.0	82260.2
其中：钢铁	416771.1	82104.3
铁合金冶炼	1727.9	156.0
20. 有色金属冶炼和压延加工业	7930.4	498.5
其中：铝冶炼	244.6	0
铅锌冶炼	47.7	0
稀有稀土金属冶炼	394.5	0
21. 金属制品业	151843.8	15555.3
其中：结构性金属制品制造	38843.0	3994.6

4—5 续表 2　　（2020 年）　　计量单位：万千瓦时

指标名称	全市	# 市区
22. 通用设备制造业	40565.8	4434.6
其中：风能原动设备制造	0	0
23. 专用设备制造业	9812.2	1705.8
其中：医疗仪器设备及器械制造	86.4	6.4
24. 汽车制造业	4529.3	220.8
其中：新能源车整车制造	0.4	0
25. 铁路 . 船舶 . 航空航天和其他运输设备制造业	5728.4	899.0
其中：铁路运输设备制造	700.3	11.2
城市轨道交通设备制造	0.2	0.2
航空、航天器及设备制造	1926.4	14.9
26. 电气机械和器材制造业	26697.3	12445.1
其中：光伏设备及元器件制造	0	0
27. 计算机、通信和其他电子设备制造业	27121.7	5659.8
其中：计算机制造	1.2	1.2
通信设备制造	474.5	5.1
28. 仪器仪表制造业	916.1	34.9
29. 其他制造业	15492.2	3245.5
30. 废弃资源综合利用业	7639.4	176.0
31. 金属制品、机械和设备修理业	1132.4	338.6
（三）电力、热力、燃气及水生产和供应业	631050.3	386905.8
1. 电力、热力生产和供应业	577807.0	376267.4
其中：电厂生产全部耗用电量	326906.6	288896.0
线路损失电量	208129.1	62868.9
抽水蓄能抽水耗用电量	3522.0	69.3
2. 燃气生产和供应业	11434.9	1837.2
3. 水的生产和供应业	41808.4	8801.2
三、建筑业	65422.1	20307.7
（一）房屋建筑业	27901.2	8070.0
（二）土木工程建筑业	2508.4	803.2
（三）建筑安装业	8142.7	2724.9
（四）建筑装饰、装修和其他建筑业	26869.8	8709.7
四、交通运输、仓储和邮政业	194926.9	78538.9
（一）铁路运输业	113915.7	45343.0

4—5 续表 3　　（2020 年）　　计量单位：万千瓦时

指标名称	全市	# 市区
其中：电气化铁路	77290.0	28782.5
（二）道路运输业	34262.7	23377.5
其中：城市公共交通运输	24810.9	21348.0
（三）水上运输业	3.7	0
其中：港口岸电	0	0
（四）航空运输业	4504.3	39.5
（五）管道运输业	11690.8	1499.0
（六）多式联运和运输代理业	1810.8	756.0
（七）装卸搬运和仓储业	26422.7	6218.6
（八）邮政业	2316.2	1305.3
五、信息传输、软件和信息技术服务业	62140.1	35732.2
（一）电信、广播电视和卫星传输服务	50578.6	32016.4
（二）互联网和相关服务	8653.2	2471.5
其中：互联网数据服务	127.0	32.7
（三）软件和信息技术服务业	2908.2	1244.3
六、批发和零售业	275194.5	115081.9
其中：充换电服务业	1779.8	1056.6
七、住宿和餐饮业	48276.5	23477.3
八、金融业	13950.9	9789.5
九、房地产业	156464.9	138524.6
十、租赁和商务服务业	50234.5	41967.8
其中：租赁业	1141.2	867.9
十一、公共服务及管理组织	367536.7	173454.9
（一）科学研究和技术服务业	15302.3	11309.7
其中：地质勘查	0	0
科技推广和应用服务业	1268.9	1139.9
（二）水利、环境和公共设施管理业	62526.9	19617.7
其中：水利管理业	15850.8	2578.7
公共照明	15368.3	3753.2
（三）居民服务、修理和其他服务业	77949.8	31907.2
（四）教育、文化、体育和娱乐业	99897.2	47630.0
其中：教育	83081.2	38080.5
（五）卫生和社会工作	51170.7	32841.4
（六）公共管理和社会组织、国际组织	60689.7	30148.8

分县（市、区）全社会用电量

4—6　　（2020 年）　　计量单位：万千瓦时

县（市、区）	2020 年	2019 年	2018 年	2017 年	2016 年	2015 年
石家庄市	**5112158**	**5134187**	**4974857**	**4681026**	**4521861**	**4431195**
市　　区	1637763	1700130	1680695	2416759	2278894	2193131
藁 城 区	405340	414152	399882	–	–	–
鹿 泉 区	280573	273185	247988	–	–	–
栾 城 区	169506	169121	165564	–	–	–
井 陉 县	174725	158707	149302	99455	109319	103700
正 定 县	193184	211771	214669	230335	241685	226105
行 唐 县	91172	84532	78845	74269	65371	60301
灵 寿 县	107091	99783	112057	138343	137314	150757
高 邑 县	103252	106409	108181	102012	116082	113029
深 泽 县	84244	79758	79675	67766	72648	71527
赞 皇 县	140779	125920	121402	109673	115235	105724
无 极 县	138396	140042	129380	130123	134976	124671
平 山 县	375411	386417	370543	278469	259443	296056
元 氏 县	221435	215826	201577	173915	157669	151259
赵　　县	198156	191737	178745	171666	161687	158177
晋 州 市	291295	286544	276592	270210	250715	254879
新 乐 市	138708	136114	148480	153512	151541	147962
辛 集 市	361131	354039	311281	264519	269281	273915

注：1.2018 年、2019 年、2020 年市区用电量统计口径不包含藁城区、栾城区、鹿泉区。

2. 本表数据包含辛集市。

3. 井陉县用电量数据包含井陉矿区。

4—6续表1　　（2020年）　　计量单位：万千瓦时

县（市、区）	2014年	2013年	2012年	2011年	2010年	2009年
石家庄市	**4496414**	**4485240**	**4355525**	**4132762**	**3835366**	**3404834**
市　区	2196894	2194640	2137772	2079551	1976882	1855620
藁城区	–	312761	298640	286905	263335	222530
鹿泉区	–	282133	289282	271930	278379	255410
栾城区	–	135814	137601	132874	118557	107413
井陉县	102878	97617	103326	107666	93754	47727
正定县	222725	210870	207867	195842	182648	155718
行唐县	60057	51788	47218	50135	46003	36337
灵寿县	151570	146412	118538	104491	90719	83262
高邑县	117942	99450	94981	91400	78420	67192
深泽县	68629	61532	60597	60933	55656	49014
赞皇县	114171	91923	77551	80274	72672	53910
无极县	117293	109495	104441	99095	86889	70039
平山县	346443	384507	380828	304127	268878	226256
元氏县	156436	163234	157845	146479	137451	120923
赵　县	149624	136028	142643	139105	123154	98862
晋州市	260742	250357	248267	255629	238508	220207
新乐市	145948	135817	138541	111089	94954	88362
辛集市	285062	351571	335110	306946	288778	231405

五 财政 金融

资料来源：市财政局、中国人民银行石家庄中心支行

一般公共预算收入

5—1　　　　（2020 年）　　　　计量单位：万元

县（市、区）	一般公共预算收入	#增值税	企业所得税
石家庄市	**6321928**	**1308694**	**345191**
市　　区	4506295	962099	274000
长安区	507460	139536	42590
桥西区	748017	226466	90608
新华区	312997	81830	18542
裕华区	350605	112211	25733
井陉矿区	44416	15663	3290
藁城区	326528	76571	22361
鹿泉区	334148	71563	19788
栾城区	176093	33026	8661
高新区	442961	141459	37463
循环化工园区	170005	38828	2864
井陉县	95197	23700	3788
正定县	435959	46818	11497
行唐县	67808	8709	1835
灵寿县	69659	11229	1534
高邑县	60343	7158	722
深泽县	55884	7394	1410
赞皇县	47938	8935	3809
无极县	83299	14271	2244
平山县	207492	76438	19371
元氏县	115219	22235	7901
赵　　县	81268	13624	3264
晋州市	113185	17280	2471
新乐市	110931	17864	4679
辛集市	271451	70940	6666

5—1 续表　　（2020 年）　　计量单位：万元

县（市、区）	一般公共预算收入中：			
	个人所得税	城市维护建设税	耕地占用税	契税
石家庄市	**118757**	**326625**	**218807**	**528429**
市　区	105109	274310	125126	417157
长安区	22435	34394	19384	0
桥西区	25714	64226	19813	0
新华区	15171	18519	19702	0
裕华区	12690	23435	15742	0
井陉矿区	277	3114	3085	349
藁城区	2272	45580	10456	7836
鹿泉区	9961	15672	15607	26496
栾城区	1272	7910	8947	13963
高新区	14576	26839	11142	0
循环化工园区	586	22201	1248	2010
井陉县	1248	2770	7147	5424
正定县	3635	8165	7475	41539
行唐县	294	642	8685	2562
灵寿县	482	1352	4431	3175
高邑县	157	973	7275	2884
深泽县	211	993	9122	1684
赞皇县	210	1306	4317	1834
无极县	368	1781	5367	6113
平山县	1727	9185	5238	4370
元氏县	859	3869	2813	8731
赵　县	662	2083	4882	3612
晋州市	751	4074	9125	5530
新乐市	1463	3745	4868	7275
辛集市	1581	11377	12936	16539

一般公共预算支出

5—2　　　　（2020 年）　　　　计量单位：万元

县（市、区）	一般公共预算支出	#一般公共服务	公共安全	教育	科学技术
石家庄市	**11422265**	**1198703**	**577819**	**2185270**	**152812**
市　　区	6257936	723324	405792	1252119	110671
长 安 区	398767	48960	11474	147346	1917
桥 西 区	480553	181078	7015	133222	2758
新 华 区	322502	55654	6447	106651	3224
裕 华 区	279979	39003	8552	114897	2813
井陉矿区	119715	16348	2676	18457	261
藁 城 区	516662	58234	20889	142839	4589
鹿 泉 区	508816	45367	26229	127732	10264
栾 城 区	311264	29621	13234	85416	3816
高 新 区	387140	44312	7129	38289	44111
循环化工园区	163125	12010	1032	8718	6301
井 陉 县	266396	16084	11707	54448	1732
正 定 县	788312	82237	20872	112810	2456
行 唐 县	374847	31479	9388	56361	8360
灵 寿 县	292924	18335	10257	55217	601
高 邑 县	173931	15953	6432	30084	222
深 泽 县	179240	13833	6480	26189	2964
赞 皇 县	218743	17555	11110	43484	346
无 极 县	330709	54599	10968	47929	2110
平 山 县	461037	47306	14269	80322	647
元 氏 县	299999	23063	12836	69142	1903
赵　　县	353228	20569	12301	78945	4683
晋 州 市	389508	39179	14062	77426	2989
新 乐 市	355738	32566	11821	69853	2702
辛 集 市	679717	62621	19524	130941	10426

5—2 续表　　　　(2020 年)　　　　计量单位：万元

县（市、区）	一般公共预算支出中：				
	文化体育与传媒	社会保障和就业	医疗卫生	城乡社区事务	农林水事务
石家庄市	**168900**	**1349808**	**1010085**	**1250775**	**1031255**
市　区	73346	708677	506593	671240	297950
长 安 区	1183	50366	23184	79157	2119
桥 西 区	2330	63184	29211	28740	1477
新 华 区	1240	40708	14099	74132	1624
裕 华 区	1419	21296	20638	39430	1535
井陉矿区	2408	12530	14164	12442	5376
藁 城 区	4643	80960	31816	46427	63097
鹿 泉 区	5140	43541	27660	91171	72673
栾 城 区	5492	47404	21279	24989	46891
高 新 区	1826	15734	9072	16095	6055
循环化工园区	172	2999	4578	45735	4532
井 陉 县	2497	34506	26344	17566	46005
正 定 县	15983	55204	31054	219051	38907
行 唐 县	6319	52799	47208	32612	85823
灵 寿 县	2845	51657	31189	12329	53998
高 邑 县	3192	25470	20329	27184	21435
深 泽 县	3917	27601	18318	15257	29839
赞 皇 县	15564	19736	23496	14369	42994
无 极 县	8158	48291	43501	39047	28415
平 山 县	6249	72295	46212	33400	92321
元 氏 县	7174	35862	30526	20768	53645
赵　县	9485	48943	39316	13439	62865
晋 州 市	2654	44968	36603	46776	57656
新 乐 市	1853	42703	41950	46482	42626
辛 集 市	9664	81096	67446	41255	76776

全市金融机构本外币年末存贷款余额

5—3　　（2020 年）　　计量单位：万元

指标名称	本年余额	比年初	
		今年	去年
一、各项存款	166110300	14985500	17323400
（一）境内存款	166057000	15067200	17209100
1. 住户存款	88197200	11342800	11516400
（1）活期存款	24803200	1787800	2263200
（2）定期及其他存款	63394000	9554900	9253100
2. 非金融企业存款	45715900	4354700	1902800
（1）活期存款	15800000	396700	2298900
（2）定期及其他存款	29915900	3958000	-396100
3. 机关团体存款	25859800	-2206600	4028500
4. 财政性存款	2413200	177800	220200
5. 非银行业金融机构存款	3870800	1398500	-458700
（二）境外存款	53300	-81700	114300
二、金融债券	640000	-70200	39200
其中：境外发行	0	0	0
三、卖出回购资产	199400	20300	-162400
四、借款及非银行业金融机构拆入	424700	292500	131800
五、联行往来（净）	0	0	0
六、应付及暂收款	4282800	269300	1286600
七、各项准备	3638200	610600	151700
八、所有者权益	6434400	1089300	332300
其中：实收资本	3294000	487100	209300
九、其他	-2402300	-3932800	-253700
资金运用总计	**179327500**	**13264500**	**18848900**

5—3 续表 （2020 年） 计量单位：万元

指标名称	本年余额	比年初	
		今年	去年
一、各项贷款	131547100	17209400	11826200
（一）境内贷款	131267600	17280800	11597400
1. 住户贷款	45492900	6974600	4967600
（1）短期贷款	8010500	2000800	948000
消费贷款	3839800	1139500	1126300
经营贷款	4170800	861300	−178400
（2）中长期贷款	37482400	4973800	4019700
消费贷款	33316200	4495300	3784600
经营贷款	4166200	478500	235100
2. 企（事）业单位贷款	85744800	10276100	6629800
（1）短期贷款	29733900	5940200	2256500
（2）中长期贷款	45328200	4861200	2812700
（3）票据融资	5032500	−123600	1189300
（4）融资租赁	5609100	−333000	414200
（5）各项垫款	41100	−68800	−42900
3. 非银行业金融机构贷款	30000	30000	0
（二）境外贷款	279400	−71400	228800
二、债券投资	4256900	669400	873800
其中：境外债券	0	0	0
三、股权及其他投资	1837600	178700	−766200
四、买入返售资产	1010000	−182400	408700
五、存放非银行业金融机构款项	1200	−1200	−1100
六、联行往来（净）	38676300	−4731100	6199700
其中：境内存放二级准备金	496400	−1816000	−764700
七、金银占款	0	0	0
八、中央银行外汇占款	0	0	0
九、应收及预付款	1075900	105400	276100
十、投资性房地产	4800	−100	−100
十一、固定资产	917700	16500	31900
资金运用总计	**179327500**	**13264500**	**18848900**

全市金融机构人民币年末存贷款余额

5—4　　（2020 年）　　计量单位：万元

指标名称	本年余额	比年初	
		今年	去年
一、各项存款	164882800	14731200	17281100
（一）境内存款	164860700	14731200	17276200
1. 住户存款	87745800	11328900	11533800
（1）活期存款	24542100	1758200	2276600
（2）定期及其他存款	63203700	9570700	9257200
2. 非金融企业存款	44994400	4026800	1949900
（1）活期存款	15253200	195100	2314100
（2）定期及其他存款	29741200	3831600	-364200
3. 机关团体存款	25839500	-2201500	4031500
4. 财政性存款	2413200	177800	220200
5. 非银行业金融机构存款	3867700	1399300	-459200
（二）境外存款	22100	0	4900
二、金融债券	640000	-70200	39200
其中：境外发行	0	0	0
三、卖出回购资产	199400	20300	-162400
四、借款及非银行业金融机构拆入	336900	205000	131900
五、联行往来（净）	0	0	0
六、应付及暂收款	4276200	267800	1287700
七、各项准备	3607500	599300	149400
八、所有者权益	6425300	1093600	332000
其中：实收资本	3289800	487400	209200
九、其他	-2388600	-3934200	-247500
资金来源总计	**177979500**	**12912800**	**18811500**

5—4 续表　　　　（2020 年）　　　　计量单位：万元

指标名称	本年余额	比年初	
		今年	去年
一、各项贷款	130752700	17063600	11945500
（一）境内贷款	130692700	17053700	11957900
1. 住户贷款	45491700	6975700	4967700
（1）短期贷款	8009400	2001900	948000
消费贷款	3838600	1140600	1126400
经营贷款	4170800	861300	-178400
（2）中长期贷款	37482300	4973900	4019700
消费贷款	33316200	4495300	3784600
经营贷款	4166200	478500	235100
2. 企（事）业单位贷款	85171000	10048000	6990200
（1）短期贷款	29489200	5844100	2242900
（2）中长期贷款	44999200	4729100	3186800
（3）票据融资	5032500	-123500	1189300
（4）融资租赁	5609100	-333000	414200
（5）各项垫款	41100	-68800	-42900
3. 非银行业金融机构贷款	30000	30000	0
（二）境外贷款	60000	9900	-12400
二、债券投资	4256900	669400	873800
其中：境外债券	0	0	0
三、股权及其他投资	1837600	178700	-766200
四、买入返售资产	1010000	-182400	408700
五、存放非银行业金融机构款项	1000	-1200	-1200
六、联行往来（净）	38131700	-4938300	6048300
其中：境内存放二级准备金	496400	-1812900	-762200
七、金银占款	0	0	0
八、中央银行外汇占款	0	0	0
九、应收及预付款	1067100	106600	270800
十、投资性房地产	4800	-100	-100
十一、固定资产	917700	16500	31900
资金运用总计	**177979500**	**12912800**	**18811500**

市区金融机构人民币年末存贷款余额

5—5　　　　（2020 年）　　　　计量单位：万元

指标名称	本年余额	指标名称	本年余额
一、各项存款	123562695	一、各项贷款	111769223
（一）境内存款	123542244	（一）境内贷款	111709186
1. 住户存款	54656312	1. 住户贷款	36874706
(1) 活期存款	16486059	(1) 短期贷款	5868240
(2) 定期及其他存款	38170253	消费贷款	3452468
2. 非金融企业存款	41185725	经营贷款	2415772
(1) 活期存款	12753376	(2) 中长期贷款	31006466
(2) 定期及其他存款	28432348	消费贷款	27911264
3. 机关团体存款	22003046	经营贷款	3095202
4. 财政性存款	1835997	2. 企（事）业单位贷款	74834480
5. 非银行业金融机构存款	3861164	(1) 短期贷款	25848562
（二）境外存款	20451	(2) 中长期贷款	40053921
二、金融债券	630000	(3) 票据融资	3282343
其中：境外发行		(4) 融资租赁	5609073
三、卖出回购资产	199392	(5) 各项垫款	40581
四、借款及非银行业金融机构拆入	336870	3. 非银行业金融机构贷款	
五、联行往来（净）		（二）境外贷款	60037
六、应付及暂收款	3331044	二、债券投资	1718234
七、各项准备	2896697	其中：境外债券	
八、所有者权益	4876414	三、股权及其他投资	1275177
其中：实收资本	2720663	四、买入返售资产	804975
九、其他	1647421	五、存放非银行业金融机构款项	963
		六、联行往来（净）	20325697
		其中：境内存放二级准备金	496376
		七、金银占款	
		八、中央银行外汇占款	
		九、应收及预付款	839733
		十、投资性房地产	4839
		十一、固定资产	741692
资金来源总计	**137480534**	**资金运用总计**	**137480534**

全市金融机构外汇年末存贷款余额

5—6 （2020 年） 计量单位：万美元

指标名称	本年余额	比年初	
		今年	去年
一、各项存款	188100	48600	3900
（一）境内存款	183300	60000	–11700
1. 住户存款	69200	6500	–3500
（1）活期存款	40000	6800	–2500
（2）定期及其他存款	29200	–400	–1100
2. 非金融企业存款	110600	54200	–7800
（1）活期存款	83800	34300	–3000
（2）定期及其他存款	26800	19800	–4800
3. 机关团体存款	3100	–500	–500
4. 财政性存款	0	0	0
5. 非银行业金融机构存款	500	–100	100
（二）境外存款	4800	–11400	15700
二、金融债券	0	0	0
其中：境外发行	0	0	0
三、卖出回购资产	0	0	0
四、借款及非银行业金融机构拆入	13500	13400	0
五、联行往来（净）	0	0	0
六、应付及暂收款	1000	300	–200
七、各项准备	4700	1900	300
八、所有者权益	1400	–500	0
其中：实收资本	700	0	0
九、其他	0	0	–900
资金来源总计	**206600**	**63800**	**3100**

5—6 续表　　　　（2020 年）　　　　计量单位：万美元

指标名称	本年余额	比年初	
		今年	去年
一、各项贷款	121700	28800	–18900
（一）境内贷款	88100	38200	–53400
1. 住户贷款	200	–100	0
（1）短期贷款	200	–100	0
消费贷款	200	–100	0
经营贷款	0	0	0
（2）中长期贷款	0	0	0
消费贷款	0	0	0
经营贷款	0	0	0
2. 企（事）业单位贷款	87900	38400	–53300
（1）短期贷款	37500	16200	1600
（2）中长期贷款	50400	22200	–55000
（3）票据融资	0	0	0
（4）融资租赁	0	0	0
（5）各项垫款	0	0	0
3. 非银行业金融机构贷款	0	0	0
（二）境外贷款	33600	–9500	34400
二、债券投资	0	0	0
其中：境外债券	0	0	0
三、股权及其他投资	0	0	0
四、买入返售资产	0	0	0
五、存放非银行业金融机构款项	0	0	0
六、联行往来（净）	83500	35100	21300
其中：境内存放二级准备金	0	–500	–400
七、应收及预付款	1400	–100	700
八、投资性房地产	0	0	0
九、固定资产	0	0	0
资金运用总计	**206600**	**63800**	**3100**

分县（市、区）金融机构人民币年末存贷款余额

5—7　　（2020 年）　　计量单位：万元

县（市、区）	各项存款	#境内存款	#住户存款	（一）活期存款	（二）定期及其他存款
石家庄市	**164882790**	**123542244**	**87745821**	**24542105**	**63203716**
市　　区	123562695	123542244	54656312	16486059	38170253
井 陉 县	2207352	2207321	1694889	406402	1288487
正 定 县	6878262	6877894	5024922	1162259	3862664
行 唐 县	2372837	2372831	1997469	432370	1565099
灵 寿 县	2100113	2100067	1692660	475973	1216687
高 邑 县	1151252	1151251	988342	232130	756212
深 泽 县	1706652	1706652	1477995	304211	1173784
赞 皇 县	1422764	1422728	1181642	313649	867993
无 极 县	2852155	2852130	2494879	607867	1887011
平 山 县	3102626	3102593	2449322	588392	1860930
元 氏 县	2854296	2854281	2060527	499929	1560598
赵　　县	2341741	2341725	1981801	540047	1441754
晋 州 市	3965202	3965055	3319926	736519	2583407
新 乐 市	2660511	2660389	2197769	796671	1401098
辛 集 市	5704332	5703550	4527368	959627	3567741

5—7 续表 1　　　　（2020 年）　　　　计量单位：万元

县（市、区）	各项存款中：境内存款中：#非金融企业存款	活期存款	定期及其他存款	#机关团体存款	#财政性存款	#非银行业金融机构存款
石家庄市	**44994396**	**15253230**	**29741166**	**25839523**	**2413239**	**3867733**
市　区	41185725	12753376	28432348	22003046	1835997	3861164
井陉县	174826	143606	31220	316485	21116	4
正定县	820312	604834	215478	847167	182755	2738
行唐县	80974	71686	9288	258758	35631	0
灵寿县	235561	187546	48015	132325	39521	0
高邑县	67052	54872	12180	69061	26711	85
深泽县	81807	49833	31974	130710	16125	15
赞皇县	48905	44151	4754	157130	34281	771
无极县	169990	128512	41477	176009	10200	1053
平山县	280499	170665	109834	360751	12021	0
元氏县	494680	146887	347793	240415	58659	0
赵　县	175565	99330	76236	176902	7454	1
晋州市	342512	207563	134949	282265	19649	702
新乐市	182797	156040	26757	253372	25281	1170
辛集市	653191	434329	218862	435125	87838	29

5—7 续表 2　　（2020 年）　　计量单位：万元

县（市、区）	各项贷款	#境内贷款	#住户贷款	（一）短期贷款	（二）中长期贷款
石家庄市	**130752743**	**130692706**	**45491696**	**8009370**	**37482326**
市　区	111769223	111709186	36874706	5868240	31006466
井陉县	815950	815950	263295	81753	181542
正定县	3836662	3836662	1608910	595630	1013281
行唐县	724601	724601	282868	82789	200078
灵寿县	1086175	1086175	380026	139329	240696
高邑县	450894	450894	175073	42775	132298
深泽县	586793	586793	270946	98104	172842
赞皇县	613788	613788	224850	57466	167384
无极县	1080172	1080172	312309	94822	217487
平山县	1355969	1355969	577706	121963	455743
元氏县	1567801	1567801	743052	97567	645485
赵　县	1090191	1090191	602450	130300	472151
晋州市	1584823	1584823	817723	230222	587501
新乐市	1255253	1255253	690740	121432	569308
辛集市	2934450	2934450	1667042	246977	1420065

5—7 续表 3　　　　（2020 年）　　　　计量单位：万元

县（市、区）	各项贷款中：				
	境内贷款中：				
	#企（事）业单位贷款	短期贷款	中长期贷款	票据融资	融资租赁
石家庄市	**85171009**	**29489179**	**44999172**	**5032450**	**5609073**
市　区	74834480	25848562	40053921	3282343	5609073
井陉县	552654	120949	265961	165745	0
正定县	2197752	787047	1162822	247715	0
行唐县	441734	174816	184400	82517	0
灵寿县	706149	252384	426791	26974	0
高邑县	275821	173929	69478	32414	0
深泽县	315847	124894	115187	75766	0
赞皇县	388937	91997	227471	69469	0
无极县	767863	180400	494423	93039	0
平山县	778263	122477	359119	296666	0
元氏县	824749	314314	445363	65072	0
赵　县	487741	158623	218269	110849	0
晋州市	767100	161923	444552	160625	0
新乐市	564512	217874	217993	128645	0
辛集市	1267408	758989	313421	194611	0

六 价 格

资料来源：国家统计局石家庄调查队

居民消费价格指数

6—1　　（2020 年）

指标名称	主城区
	以上年同期价格为 100
居民消费价格总指数	**102.3**
一、食品烟酒	107.0
1. 食品	107.6
2. 茶及饮料	100.6
3. 烟酒	102.7
4. 在外餐饮	107.2
二、衣着	99.7
1. 服装	101.1
2. 服装材料	101.1
3. 其他衣着及配件	98.0
4. 衣着加工服务费	100.0
5. 鞋类	95.5
三、居住	100.8
1. 租赁房房租	101.2
2. 住房保养维修及管理	103.3
3. 水电燃料	101.7
4. 自有住房	100.0
四、生活用品及服务	99.7
1. 家具及室内装饰品	98.2
2. 家用器具	96.3
3. 家用纺织品	100.1
4. 家庭日用杂品	102.1
5. 个人护理用品	103.9

6—1 续表　　（2020 年）

指标名称	主城区
	以上年同期价格为 100
6. 家庭服务	99.8
五、交通和通信	97.1
1. 交通	95.2
2. 通信	100.1
六、教育文化和娱乐	101.6
1. 教育	102.8
2. 文化娱乐	100.1
七、医疗保健	102.8
1. 药品及医疗器具	101.3
2. 医疗服务	104.1
八、其他用品和服务	101.9
1. 其他用品类	105.8
2. 其他服务类	97.9

商品零售价格指数

6—2　　　　（2020 年）

指标名称	主城区
	以上年同期价格为 100
商品零售价格指数	**101.3**
一、食品	107.9
1. 粮食	102.3
2. 薯类	100.9
3. 豆类	103.0
4. 食用油	101.8
5. 菜	106.0
6. 畜肉类	131.8
7. 禽肉类	111.2
8. 水产品	105.6
9. 蛋类	86.9
10. 奶类	98.2
11. 干鲜瓜果类	89.8
12. 糖果糕点类	102.4
13. 调味品	96.7
14. 其他食品类	101.1
15. 在外餐饮	107.2
二、饮料、烟酒	102.1
1. 茶及饮料	101.3
2. 烟草	100.1
3. 酒类	105.0
三、服装、鞋帽	99.9
1. 服装	101.4
2. 鞋帽袜	96.0
3. 其他衣着配件	94.6
四、纺织品	99.9
1. 服装材料	101.1
2. 床上用品	99.8
五、家用电器及音像器材	95.7
1. 家庭设备	96.6
2. 文娱用耐用消费品	91.3

6—2 续表　　（2020 年）

指标名称	主城区
	以上年同期价格为 100
3. 专业音像器材	99.7
六、文化办公用品	96.9
七、日用品	102.3
1. 日用百货	104.5
2. 厨具餐具茶具	102.0
3. 清洗用品	104.2
4. 其他日用品	98.7
八、体育娱乐用品	99.4
1. 体育户外用品	99.0
2. 娱乐用品	99.4
九、交通、通信用品	98.2
1. 交通运输机械	97.5
2. 通信器材	100.5
十、家具	98.1
十一、化妆品	104.3
十二、金银饰品	113.8
十三、中西药品及医疗保健用品	101.3
1. 医疗卫生器具	100.2
2. 中药	101.1
3. 西药	101.9
4. 保健器具及用品	99.8
十四、书报杂志及电子出版物	100.8
1. 教材及参考书	101.8
2. 书报杂志	100.0
3. 计算机办公软件	100.0
十五、燃料	91.2
1. 煤炭及制品	89.3
2. 石油及制品	91.4
十六、建筑材料及五金电料	102.7
1. 建筑装潢材料	103.3
2. 五金水暖	100.8

工业生产者出厂价格指数

6—3

（2020 年）

指标名称	以上年同期为 100	类别及品名	以上年同期为 100
总指数	**98.0**		
轻工业	99.6	工业部门	
以农产品为原料	99.3	冶金工业	97.7
以非农产品为原料	100.8	电力工业	100.2
重工业	97.0	煤炭及炼焦工业	99.2
采掘	101.4	石油工业	84.8
原材料	95.8	化学工业	96.0
加工	97.7	机械工业	100.2
生产资料	96.5	建筑材料工业	95.5
采掘	101.4	森林工业	104.7
原材料	95.5	食品工业	102.7
加工	97.0	纺织工业	94.1
生活资料	101.3	缝纫工业	99.3
食品	101.9	皮革工业	103.1
衣着	101.6	造纸工业	91.7
一般日用品	99.8	文教艺术用品工业	101.1
耐用消费品	104.4	其它工业	96.8

工业生产者购进价格指数

6—4　　　　（ 2020 年 ）

指标名称	以上年同期为 100	指标名称	以上年同期为 100
总指数	**97.1**	（四）化工原料类	94.3
（一）燃料、动力类	88.2	（五）木材及纸浆类	101.2
（二）黑色金属材料类	98.6	（六）建筑材料及非金属类	100.4
# 钢材	98.3	（七）其它工业原材料及半成品类	99.3
其它	98.9	（八）农副产品类	111.8
（三）有色金属材料及电线类	102.0	（九）纺织原料类	94.5

城市房地产价格指数

6—5　　　　（ 2020 年 ）

指标名称	以上年同期为 100	指标名称	以上年同期为 100
住宅销售价格指数			
一、新建商品住宅	105.1	二、二手住宅	98.1
㈠ 90 平方米以下	104.5	㈠ 90 平方米以下	98.5
㈡ 90 － 144 平方米	105.7	㈡ 90 － 144 平方米	97.7
㈢ 144 平方米以上	103.9	㈢ 144 平方米以上	98.2

七 居民生活

资料来源：国家统计局石家庄调查队

城乡居民人均收支情况

7—1　　（2020 年）

指标名称	单位	总计	城镇住户	农村住户 (R)
第一部分、可支配收入	元	30954.84	40246.55	16947.38
一、工资性收入	元	18007.33	22630.42	11037.91
（一）工资	元	17349.44	21774.98	10677.84
1. 按月发放的工资	元	14624.90	18933.48	8129.63
2. 补发工资	元	272.29	306.19	221.18
3. 不按月发放的奖金津贴过节费等	元	2452.25	2535.31	2327.03
（二）实物福利	元	12.37	15.05	8.34
1. 从单位或雇主得到的实物产品折价	元	10.07	12.38	6.60
（1）食品	元	7.99	10.18	4.70
①谷物薯类及豆类	元	3.07	4.27	1.25
②食用油（植物油）	元	2.26	3.00	1.15
③蔬菜及制品	元	0	0	0
④肉禽蛋奶及制品	元	0.65	0.77	0.47
⑤水产品及制品	元	0.08	0.11	0.04
⑥糖烟酒饮料类	元	1.03	0.82	1.34
⑦干鲜瓜果类	元	0.61	0.78	0.35
⑧其他类食品	元	0.29	0.42	0.09
（2）衣着	元	0.20	0.28	0.08
（3）居住	元	0	0	0
（4）家庭设备和日用品	元	0.70	0.53	0.96
（5）交通通信工具及用品	元	0.04	0.07	0.01
（6）教育文化娱乐用品	元	0.12	0.17	0.04
（7）医疗保健用品	元	0.11	0.11	0.10
（8）其他用品	元	0.91	1.05	0.71
2. 从单位或雇主得到的服务折价	元	2.30	2.67	1.74
（1）免费或低价提供的工作餐	元	1.79	1.85	1.69

7—1 续表 1　　（2020 年）

指标名称	单位	总计	城镇住户	农村住户 (R)
（2）免费或低价提供的住宿	元	0	0	0
（3）单位缴纳的水电费取暖费物业费等	元	0.51	0.82	0.05
（4）免费或低价提供的交通和通信服务	元	0	0	0
（5）单位缴纳的教育入学赞助费	元	0	0	0
（6）免费或低价提供的旅游服务	元	0	0	0
（7）其他服务	元	0	0	0
3. 单位或雇主实物福利报销所得	元	0	0	0
（三）其他	元	645.51	840.39	351.74
1. 住房公积金	元	479.42	782.06	23.19
2. 辞退金	元	0.41	0	1.04
3. 自由职业劳动所得（如稿费翻译费）	元	13.04	17.62	6.14
4. 安家费	元	8.18	13.60	0
5. 股票期权	元	0	0	0
6. 其他劳动所得	元	144.46	27.11	321.37
二、经营净收入	元	3086.86	2774.77	3557.34
（一）第一产业经营净收入	元	852.66	214.21	1815.15
1. 农业	元	457.96	122.25	964.05
2. 林业	元	43.28	74.54	−3.86
3. 牧业	元	353.42	17.49	859.83
4. 渔业	元	−1.99	−0.08	−4.88
（二）第二产业经营净收入	元	712.00	992.02	289.85
1. 采矿业	元	−0.09	0	−0.22
2. 制造业	元	196.38	163.18	246.42
3. 电力热力燃气及水生产和供应业	元	6.14	3.90	9.51
4. 建筑业	元	509.57	824.94	34.14
（三）第三产业经营净收入	元	1522.20	1568.53	1452.34

7—1 续表 2　　（2020 年）

指标名称	单位	总计	城镇住户	农村住户 (R)
1. 批发和零售业	元	777.18	866.45	642.60
2. 交通运输仓储和邮政业	元	307.22	246.02	399.49
3. 住宿和餐饮业	元	59.74	41.85	86.72
4. 房地产业	元	4.76	8.08	–0.23
5. 租赁和商务服务业	元	1.62	0.09	3.92
6. 居民服务修理和其他服务业	元	270.63	345.11	158.33
7. 其他	元	84.15	61.04	118.99
8. 农林牧渔服务业	元	16.89	–0.12	42.52
三、财产净收入	元	4347.99	6945.79	431.74
（一）利息净收入	元	222.00	315.89	80.47
（二）红利收入	元	166.28	247.44	43.93
1. 集体分配的红利	元	28.55	42.60	7.38
2. 其他红利收入	元	137.73	204.84	36.56
（三）储蓄性保险净收益	元	0.92	0.05	2.24
（四）转让承包土地经营权租金净收入	元	80.06	34.42	148.86
（五）出租房屋净收入	元	163.02	199.48	108.04
（六）出租机械专利版权等资产的收入	元	19.82	10.90	33.26
（七）其他财产净收入	元	44.90	64.78	14.93
（八）房屋虚拟租金	元	3650.98	6072.82	0
四、转移净收入	元	5512.67	7895.57	1920.38
（一）转移性收入	元	6683.35	9607.10	2275.72
1. 养老金或离退休金	元	5673.63	8918.82	781.42
（1）离退休金	元	5517.55	8772.15	611.18
（2）（城镇）居民社会养老保险	元	24.02	33.30	10.02
（3）新型农村养老保险	元	69.58	17.11	148.69
（4）其他养老金	元	62.47	96.26	11.54

7—1 续表 3　　（2020 年）

指标名称	单位	总计	城镇住户	农村住户 (R)
2. 社会救济和补助	元	75.11	77.44	71.60
（1）最低生活保障费	元	8.28	6.44	11.04
（2）五保户救助金	元	2.22	0	5.57
（3）扶贫款	元	1.28	0.38	2.64
（4）救灾款	元	0	0	0
（5）抚恤金	元	49.39	66.80	23.16
（6）医疗救助专项补贴	元	3.01	1.21	5.72
（7）教育救助专项补贴	元	3.73	0.63	8.39
（8）其他社会救济收入	元	7.20	1.98	15.07
3. 政策性生活补贴	元	73.91	88.65	51.68
（1）家电补贴	元	0.31	0.42	0.14
（2）能源补贴	元	18.81	14.50	25.30
（3）免费或低价提供的住宿（廉租房）	元	0.01	0.02	0
（4）居住专项补贴	元	4.63	4.09	5.44
（5）建房改造专项补贴	元	0	0	0
（6）其他生活补贴	元	50.17	69.65	20.81
4. 报销医疗费	元	122.42	116.18	131.83
5. 家庭外出从业人员寄回带回收入	元	443.37	160.87	869.25
6. 赡养收入	元	230.99	200.46	277.01
7. 其他经常转移收入	元	24.18	28.52	17.63
（1）失业保险金	元	1.52	0.43	3.18
（2）经常性捐赠收入	元	0.45	0.60	0.24
（3）经常性赔偿收入	元	0	0	0
（4）社保支出专项补贴	元	5.63	4.99	6.58
（5）扶贫补助金孳息收入	元	0.63	0	1.59
（6）扶贫贷款利息补助收入	元	0	0	0

7—1 续表 4　　（2020 年）

指标名称	单位	总计	城镇住户	农村住户 (R)
（7）其他转移性收入	元	15.94	22.50	6.05
8. 从政府和组织得到的实物产品和服务折价	元	7.29	6.08	9.11
（1）食品	元	5.22	5.28	5.12
① 谷物薯类及豆类	元	2.88	2.95	2.77
② 食用油（植物油）	元	1.79	1.65	2.01
③ 蔬菜及制品	元	0.01	0.01	0
④ 肉禽蛋奶及制品	元	0.37	0.62	0.01
⑤ 水产品及制品	元	0	0	0.01
⑥ 糖烟酒饮料类	元	0	0	0
⑦ 干鲜瓜果类	元	0.01	0	0.02
⑧ 其他类食品	元	0.16	0.05	0.31
（2）衣着	元	0.04	0.01	0.09
（3）居住	元	0	0	0
（4）家庭设备和日用品	元	1.23	0.30	2.65
（5）交通通信工具及用品	元	0	0	0
（6）教育文化娱乐用品	元	0.18	0.30	0
（7）医疗保健用品	元	0.01	0	0.01
（8）其他用品	元	0.10	0.03	0.21
（9）其他服务折价（不含廉租房）	元	0.51	0.17	1.03
9. 现金政策性惠农补贴	元	32.44	10.06	66.18
（二）转移性支出	元	1170.68	1711.53	355.34
1. 个人所得税	元	35.59	41.98	25.95
2. 社会保障支出	元	982.64	1436.01	299.19
（1）个人缴纳的养老保险	元	619.57	953.48	116.19
（2）个人缴纳的医疗保险	元	302.79	386.95	175.92
（3）个人缴纳的失业保险	元	20.79	33.81	1.15

7—1 续表 5　　（2020 年）

指标名称	单位	总计	城镇住户	农村住户 (R)
（4）其他社会保障支出	元	39.50	61.77	5.92
3. 外来从业人员寄给家人的支出	元	1.39	1.80	0.78
4. 赡养支出	元	52.48	78.03	13.96
5. 其他转移性支出	元	98.58	153.71	15.47
（1）经常性捐赠支出	元	63.83	105.98	0.29
（2）经常性赔偿支出	元	0.54	0.84	0.10
（3）其他经常转移支出	元	34.21	46.90	15.08
第二部分、消费支出	元	19410.95	24866.89	11185.99
（一）食品烟酒	元	4416.13	5245.92	3165.21
1. 食品	元	3249.90	3877.04	2304.46
（1）谷物	元	456.15	449.99	465.43
（2）薯类	元	61.48	69.51	49.39
（3）豆类	元	46.40	52.36	37.41
（4）食用油	元	111.57	130.20	83.50
（5）蔬菜和食用菌	元	409.87	490.79	287.87
（6）肉类	元	758.16	904.48	537.58
（7）禽类	元	129.40	164.86	75.93
（8）水产品	元	137.21	196.10	48.43
（9）蛋类	元	135.04	147.34	116.50
（10）奶类	元	246.70	320.55	135.37
（11）干鲜瓜果类	元	400.89	506.47	241.72
（12）糖果糕点类	元	133.98	169.64	80.24
（13）其他食品	元	223.04	274.76	145.08
2. 烟酒	元	363.81	366.92	359.11
（1）烟草	元	194.71	179.11	218.24
（2）酒类	元	169.09	187.81	140.88

7—1 续表 6 （ 2020 年 ）

指标名称	单位	总计	城镇住户	农村住户 (R)
3. 饮料	元	110.48	139.38	66.92
4. 饮食服务	元	691.95	862.57	434.73
（1）食堂用餐	元	64.06	49.54	85.94
（2）其他在外饮食	元	625.02	812.33	342.63
（3）食品加工服务费	元	2.87	0.70	6.15
（二）衣着	元	1223.76	1522.33	773.66
1. 衣类	元	977.28	1226.07	602.21
2. 鞋类	元	246.49	296.26	171.45
（三）居住	元	7090.29	10114.11	2531.82
1. 租赁房房租	元	62.15	70.75	49.19
2. 住房维修及管理	元	598.57	721.21	413.69
3. 水电燃料及其他	元	959.63	1081.34	776.16
4. 自有住房折算租金	元	5469.94	8240.82	1292.77
（1）租赁房房租中租赁公房房租	元	0.66	0.54	0.86
（2）租赁房房租中租赁私房房租	元	61.49	70.21	48.33
（3）住房维修及管理中物业管理费	元	102.38	162.07	12.40
（四）生活用品及服务	元	1484.57	1899.04	859.74
1. 家具及室内装饰品	元	334.48	454.51	153.52
2. 家用器具	元	418.62	503.58	290.54
3. 家用纺织品	元	111.00	141.26	65.38
4. 家庭日用杂品	元	271.92	323.16	194.66
5. 个人用品	元	244.87	322.38	128.02
6. 家庭服务	元	103.69	154.15	27.61
其中：家政服务	元	70.55	114.80	3.83
（五）交通通信	元	2079.45	2326.80	1706.56
1. 交通	元	1483.22	1637.73	1250.30

7—1 续表 7　　（2020 年）

指标名称	单位	总计	城镇住户	农村住户 (R)
（1）交通工具	元	598.65	579.35	627.74
（2）交通费	元	94.49	124.87	48.68
（3）交通工具用燃料	元	420.22	500.87	298.63
（4）交通工具使用及维修	元	369.87	432.64	275.25
其中：车辆保险支出	元	154.46	181.84	113.18
2. 通信	元	596.23	689.08	456.25
（1）通信工具	元	285.66	346.39	194.10
（2）通信服务	元	310.57	342.69	262.16
（六）教育文化娱乐	元	1492.82	1878.14	911.95
1. 教育	元	986.48	1176.15	700.55
（1）学前教育	元	175.37	240.77	76.77
（2）小学教育	元	243.00	338.71	98.73
（3）初中教育	元	80.51	77.51	85.02
（4）高中教育	元	185.42	198.54	165.65
（5）中专职高教育	元	5.54	2.79	9.68
（6）大专及以上教育	元	238.74	253.87	215.93
（7）成人教育	元	57.90	63.96	48.78
2. 文化娱乐	元	506.34	701.99	211.40
（1）文娱耐用消费品	元	179.31	247.41	76.66
（2）其他文娱用品	元	181.71	238.32	96.37
（3）文化娱乐服务	元	145.31	216.26	38.36
（七）医疗保健	元	1244.80	1373.49	1050.79
1. 医疗器具及药品	元	467.98	565.56	320.89
2. 医疗服务	元	776.81	807.93	729.90
（1）门诊总费用	元	400.76	462.85	307.16
（2）住院总费用	元	376.06	345.09	422.75

7—1 续表 8 （2020 年）

指标名称	单位	总计	城镇住户	农村住户 (R)
（八）其他用品和服务	元	379.12	507.06	186.26
1. 其他用品	元	231.47	303.77	122.49
2. 其他服务	元	147.65	203.29	63.76
第三部分、现住房建筑面积	平方米	41.40	39.47	44.31
第四部分、全部住户耐用消费品拥有情况	--			
1. 家用汽车	辆	53.86	57.96	45.95
2. 摩托车	辆	13.57	3.93	32.22
3. 助力车	台	96.77	80.93	127.39
4. 洗衣机	台	102.28	102.85	101.17
5. 电冰箱（柜）	台	101.14	103.85	95.90
6. 微波炉	台	56.79	70.80	29.68
7. 彩色电视机	台	116.69	113.14	123.56
8. 空调	台	168.08	188.83	127.95
9. 热水器	台	97.30	103.17	85.95
10. 洗碗机	台	1.59	1.79	1.21
11. 排油烟机	台	77.78	91.91	50.46
12. 固定电话	线	15.62	22.61	2.12
13. 移动电话	部	241.80	231.46	261.80
其中：接入互联网	部	205.06	207.28	200.77
14. 计算机	台	58.30	66.72	42.03
其中：接入互联网	台	46.76	54.94	30.93
15. 照相机	台	17.93	25.38	3.52
16. 中高档乐器	架	6.85	9.69	1.36
17. 健身器材	台	7.73	9.84	3.63
18. 空气净化器（含新风系统）	台	17.97	26.18	2.10
19. 吸尘器	台	13.77	18.50	4.60

分县（市、区）城乡居民人均可支配收入及生活消费支出

7—2　　（2020 年）　　单位：元

县（市、区）	人均可支配收入		
	全体	城镇	农村
石家庄市	**30955**	**40247**	**16947**
长 安 区	–	45166	–
桥 西 区	–	46067	–
新 华 区	–	45346	–
裕 华 区	–	46459	–
井陉矿区	–	36641	21974
藁 城 区	–	40140	22261
鹿 泉 区	–	38859	22317
栾 城 区	–	36022	20356
井 陉 县	–	33440	15550
正 定 县	–	36675	21772
行 唐 县	–	33430	10508
灵 寿 县	–	32724	10096
高 邑 县	–	31360	16371
深 泽 县	–	32322	15759
赞 皇 县	–	30502	9771
无 极 县	–	33187	17662
平 山 县	–	34181	11229
元 氏 县	–	32105	17349
赵　县	–	34212	17912
晋 州 市	–	37860	22230
新 乐 市	–	32429	19736

注 :1.2020 年全市人均消费支出为 19411 元。其中，城镇居民人均消费支出为 24867 元；农村人均消费支出为 11186 元。
2. 本表数据不含辛集市。

八 城市公用设施

资料来源：市住建局、市交通局、市生态环境局

城市公用设施情况

8—1　　（2020 年）

指标名称	计量单位	市区	指标名称	计量单位	市区
人均日生活用水量	升	122.22	#污水处理厂集中处理率	%	99.30
供水普及率	%	100.00	人均公园绿地面积	平方米	14.87
燃气普及率	%	100.00	建成区绿化覆盖率	%	42.85
人均城市道路面积	平方米	18.83	建成区绿地率	%	39.14
建成区排水管道密度	公里 / 平方公里	8.90	生活垃圾无害化处理率	%	100.00
污水处理率	%	99.30			

城市供水情况

8—2 （2020 年）

指标名称	计量单位	市区	指标名称	计量单位	市区
综合生产能力	万立方米 / 日	161.52	公共服务用水	万立方米	2612.95
# 地下水	万立方米 / 日	35.10	居民家庭用水	万立方米	12355.32
供水管道长度	公里	3089.70	用水户数	户	433815
供水总量	万立方米	27706.55	# 家庭用户	户	408734
# 生产运营用水	万立方米	8277.71	用水人口	万人	336.35

城市用水情况

8—3 （2020 年）

指标名称	计量单位	市区	指标名称	计量单位	市区
实际用水量	万立方米	23271.05	重复利用量	万立方米	18875.29
# 工业	万立方米	20412.11	# 工业	万立方米	18725.23
新水取水量	万立方米	4395.76	节约用水量	万立方米	1613.00
# 工业	万立方米	1686.88	# 工业	万立方米	622.00

城市燃气情况

8—4 （2020 年）

指标名称	计量单位	市区	指标名称	计量单位	市区
一、人工煤气					
生产能力	万立方米 / 日	0	# 销售气量	万立方米	141740.92
储气能力	万立方米	2.50	# 居民家庭	万立方米	32990.16
供气管道长度	公里	99.00	用气户数	户	1569480
供气总量	万立方米	663.70	# 家庭用户	户	1564623
# 销售气量	万立方米	631.70	用气人口	万人	324.99
# 居民家庭	万立方米	504.97	三、液化石油气		
用气户数	户	11650	储气能力	吨	1243.00
# 家庭用户	户	10500	供气总量	吨	18277.91
用气人口	万人	1.20	# 销售气量	吨	18218.44
二、天然气			# 家庭用户	吨	6409.50
储气能力	万立方米	1408.24	用气户数	户	139648
供气管道长度	公里	5959.09	# 家庭用户	户	103272
供气总量	万立方米	144261.50	用气人口	万人	10.16

城市供热情况

8—5 （2020 年）

指标名称	计量单位	市区	指标名称	计量单位	市区
一、蒸汽			供热能力	兆瓦	7453
供热能力	吨 / 小时	2966	供热总量	万吉焦	2993
供热总量	万吉焦	5205	三、供热面积	万平方米	20819
管道长度	公里	13441	住宅供热面积	万平方米	16361
二、热水					

城市公共交通情况

8—6　　（2020 年）

指标名称	计量单位	全市		指标名称	计量单位	全市	
			市区				市区
一、公共汽车				客运总量	万人次	—	17756
公共汽车数	辆	—	4153	二、出租汽车			
#天然气燃料车	辆	—	1771	出租车数量	辆	10056	7853
标准运营车数	标台	—	5171	客运总量	万人次	10853	7785
运营线路条数	条	—	246	三、轨道交通			
运营线路长度	公里	—	4277	年末轨道交通线路长度（建成）	公里	59	59
公交专用车道长度	公里	—	133	轨道交通客运总量	万人次	7169	7169

注：1. 本表数据不含辛集市。
2.2020 年，全市出租车数量（含辛集市）10737 辆，出租汽车客运总量（含辛集市）11875 万人次。

城市市政设施情况

8—7　　（2020 年）

指标名称	计量单位	市区	指标名称	计量单位	市区
道路长度	公里	2557.53	污水排放量	万立方米	39721.36
道路面积	万平方米	6332.22	排水管道长度	公里	2807.19
#人行道面积	万平方米	1412.56	#污水管道	公里	1296.1
桥梁数	座	343	污水处理厂	座	9
#立交桥	座	78	污水处理能力	万立方米/日	143.97
路灯盏数	千盏	122113	污水处理量	万立方米	39443.98
安装路灯的道路长度	公里	1702.35	干污泥处置量	吨	120989.72

城市园林绿化情况

8—8　　（2020 年）

指标名称	计量单位	2020 年	指标名称	计量单位	2020 年
绿化覆盖面积	公顷	16198.42	公园个数	个	96
# 建成区	公顷	13361.92	公园面积	公顷	4174.33
绿地面积	公顷	14721.02			
# 建成区	公顷	12206.58			
公园绿地面积	公顷	5002.52			

注：本表数据不含辛集市。

城市市容环境卫生情况

8—9　　（2020 年）

指标名称	计量单位	2020 年	指标名称	计量单位	2020 年
道路清扫保洁面积	万平方米	7551.2	# 卫生填埋	吨 / 日	380
# 机械化	万平方米	6951.21	焚烧	吨 / 日	2700
生活垃圾清运量	万吨	127.25	无害化处理量	万吨	127.25
无害化处理厂（场）数	座	7	# 卫生填埋	万吨	4.66
# 卫生填埋	座	2	公厕数	座	565
焚烧	座	2	市容环卫专用车辆总数	台	2032
无害化处理能力	吨 / 日	3900			

注：本表数据不含辛集市。

污染物排放及处理利用情况

8—10　　（2020 年）

指标名称	计量单位	全市
一、工业废水		
废水治理设施数	套	491.0
废水治理设施处理能力	万吨 / 日	135.7
工业废水处理量	万吨	25193.2
工业废水排放量	万吨	4831.2
# 排入污水处理厂的	万吨	4790.8
化学需氧量排放量	吨	4221.1
氨氮排放量	吨	140.7
石油类排放量	吨	12.9
挥发酚排放量	千克	23.4
氰化物排放量	千克	34.7
砷排放量	千克	0
铅排放量	千克	12.8
汞排放量	千克	0
总铬排放量	千克	31.9
六价铬排放量	千克	14.0
二、工业废气		
工业废气排放量	亿立方米	6962.9
废气治理设施数	套	4120.0
废气治理设施处理能力	万立方米 / 时	30468.0
脱硫设施数	套	210.0

注：本表数据不含辛集市。

8—10 续表 1 （2020 年）

指标名称	计量单位	全市
脱硝设施数	套	267.0
除尘设施数	套	1953.0
二氧化硫排放量	吨	7885.6
氮氧化物排放量	吨	29231.8
烟（粉）尘排放量	吨	23647.1
砷排放量	千克	1.3
铅排放量	千克	75.7
镉排放量	千克	0.1
汞排放量	千克	1093.0
总铬排放量	千克	15.4
三、工业固体废物		
一般工业固体废物产生量	万吨	1486.8
一般工业固体废物综合利用量	万吨	1427.4
一般工业固体废物处置量	万吨	42.8
一般工业固体废物贮存量	万吨	29.5
一般工业固体废物倾倒丢弃量	万吨	0
危险废物产生量	万吨	16.4
四、城镇生活污染物排放情况		
城镇生活污水排放量	万吨	4600.76
城镇生活化学需氧量产生量	吨	88238.07
城镇生活化学需氧量排放量	吨	6484.42

8—10 续表 2　　（2020 年）

指标名称	计量单位	全市
城镇生活氨氮产生量	吨	10095.19
城镇生活氨氮排放量	吨	1004.01
生活二氧化硫排放量	吨	1460.63
生活氮氧化物排放量	吨	2211.09
生活烟尘排放量	吨	7429.07
五、城镇污水处理情况		
污水设计处理能力	万吨 / 日	236.2
污水处理量	万吨	58250.7
#处理工业废水量	万吨	9207.3
污水再生利用量	万吨	16082.7
化学需氧量去除量	吨	159595.5
氨氮去除量	吨	20971.8
总氮去除量	吨	26775.7
污泥产生量	万吨	34.6
污泥处置量	万吨	34.6
#填埋处置量	万吨	5.4
六、危险废物（医疗废物）集中处置情况		
危险废物设计处置能力	吨 / 日	340.3
危险废物处置量	吨	56833.8
#处置工业危险废物量	吨	45850.1
焚烧残渣安全填埋处置量	吨	783.0

九 农业

资料来源：市统计局、国家统计局石家庄调查队

农村基础设施情况

9—1 （2020 年） 计量单位：个

县（市、区）	自来水受益村	通宽带村数	通公共交通村数
石家庄市	**4221**	**4342**	**4180**
长 安 区	2	2	2
桥 西 区	16	16	16
新 华 区	14	14	14
裕 华 区	5	5	5
井陉矿区	0	0	0
藁 城 区	226	226	213
鹿 泉 区	204	208	196
栾 城 区	173	173	172
高 新 区	18	18	18
循环化工园区	13	13	11
井 陉 县	314	310	295
正 定 县	163	163	150
行 唐 县	294	330	311
灵 寿 县	275	275	263
高 邑 县	107	107	107
深 泽 县	125	125	125
赞 皇 县	166	212	212
无 极 县	213	213	213
平 山 县	702	715	683
元 氏 县	182	208	208
赵 县	281	281	281
晋 州 市	224	224	182
新 乐 市	160	160	159
辛 集 市	344	344	344

乡村从业人员情况

9—2　　（2020 年）　　计量单位：人

县（市、区）	一、乡村劳动力资源数	二、乡村从业人员			
		合计	按性别分		# 农林牧渔业从业人员
			1. 男	2. 女	
石家庄市	**4262404**	**3715457**	**1998401**	**1717056**	**1442081**
长安区	47758	34060	18672	15388	13633
桥西区	21277	13276	7017	6259	114
新华区	34433	23653	12650	11003	2127
裕华区	19165	14343	8215	6128	1056
井陉矿区	25141	22156	12421	9735	3134
藁城区	460706	399987	217924	182063	123856
鹿泉区	212803	175073	91049	84024	61373
栾城区	187414	175638	93689	81949	42170
高新区	47104	38065	20793	17272	9434
循环化工园区	30532	24293	12681	11612	5168
井陉县	162585	143070	78824	64246	58858
正定县	248873	217016	116661	100355	77033
行唐县	220532	189468	102238	87230	112020
灵寿县	164286	151245	83691	67554	72373
高邑县	108132	100462	53287	47175	59670
深泽县	133209	120741	63718	57023	41242
赞皇县	147393	137132	75400	61732	50165
无极县	287679	256627	132918	123709	115265
平山县	271901	225465	128607	96858	137705
元氏县	229557	195151	105447	89704	109384
赵　县	333309	281032	151798	129234	121864
晋州市	289500	266389	140179	126210	76299
新乐市	240162	219042	113857	105185	54820
辛集市	338953	292073	156665	135408	93318

农业机械化情况

9—3　　（2020 年）　　单位：千瓦

县（市、区）	农用机械总动力			
	合计	1. 柴油发动机动力	2. 汽油发动机动力	3. 电动机动力
石家庄市	**13043786**	**8110379**	**121796**	**4811614**
长 安 区	19321	15876	0	3445
桥 西 区	441	353	0	88
新 华 区	3946	2888	28	1031
裕 华 区	1441	162	0	1279
井陉矿区	6488	4675	9	1804
藁 城 区	1623216	767485	2703	853028
鹿 泉 区	467842	261315	4111	202416
栾 城 区	612917	368606	2749	241563
高 新 区	3860	700	60	3100
循环化工园区	0	0	0	0
井 陉 县	364157	230398	553	133206
正 定 县	806871	341157	6839	458875
行 唐 县	963736	699561	2172	262003
灵 寿 县	505341	372191	8314	124836
高 邑 县	492914	375032	33016	84866
深 泽 县	248886	198224	0	50662
赞 皇 县	556922	482212	8563	66147
无 极 县	673636	512894	1390	159352
平 山 县	699784	364852	10840	324093
元 氏 县	763332	628157	594	134581
赵 县	701991	414235	0	287756
晋 州 市	442129	207787	3250	231092
新 乐 市	1799105	1009265	5438	784402
辛 集 市	1285510	852354	31167	401989

9—3 续表 1　　　　（2020 年）　　　　单位：台

县（市、区）	一、拖拉机及配套农具		
	大中型拖拉机	拖拉机配套农具	大型拖拉机配套农具
石家庄市	**37801**	**198428**	**63751**
长安区	20	115	115
桥西区	5	6	0
新华区	26	10	0
裕华区	0	0	0
井陉矿区	13	91	2
藁城区	3847	10396	7642
鹿泉区	1271	6095	2751
栾城区	2196	15109	3812
高新区	12	0	0
循环化工园区	0	0	0
井陉县	97	18279	3
正定县	2272	6673	5681
行唐县	2127	9864	4898
灵寿县	1964	7001	1756
高邑县	980	7811	410
深泽县	1061	5140	4893
赞皇县	8678	21216	2421
无极县	1768	5914	0
平山县	1601	15113	9075
元氏县	2569	18877	5614
赵　县	1183	14798	3829
晋州市	1591	12698	3163
新乐市	2902	9200	3900
辛集市	1618	14022	3786

9—3 续表 2　　（2020 年）　　单位：台、套

县（市、区）	二、农用排灌机械	
	1. 农用水泵	2. 节水灌溉机械
石家庄市	**189209**	**5451**
长 安 区	0	874
桥 西 区	10	3
新 华 区	199	20
裕 华 区	80	3
井陉矿区	17	0
藁 城 区	21700	435
鹿 泉 区	5007	417
栾 城 区	8759	90
高 新 区	226	0
循环化工园区	0	0
井 陉 县	2100	134
正 定 县	10251	132
行 唐 县	10848	966
灵 寿 县	6078	64
高 邑 县	3664	10
深 泽 县	3647	16
赞 皇 县	7516	141
无 极 县	12793	0
平 山 县	5320	880
元 氏 县	9551	177
赵　县	15790	855
晋 州 市	11002	192
新 乐 市	31720	21
辛 集 市	22931	21

9—3 续表 3 （2020 年） 单位：台、公顷

县（市、区）	三、收获机械		四、农业机械化项目水平		
	联合收割机	机动脱粒机	（一）当年实际机耕地面积	（二）当年机械播种面积	（三）当年机械收获面积
石家庄市	**31959**	**22872**	**504904**	**787268**	**758614**
长 安 区	32	0	1754	3284	3483
桥 西 区	1	0	27	46	46
新 华 区	9	0	874	735	735
裕 华 区	0	0	78	106	106
井陉矿区	12	8	320	200	200
藁 城 区	3318	1532	34021	70464	69847
鹿 泉 区	772	3307	14400	25019	22509
栾 城 区	1595	2910	17904	31816	31816
高 新 区	2	0	992	979	937
循环化工园区	0	0	4310	4310	4310
井 陉 县	394	6147	16964	14120	12551
正 定 县	1960	0	33559	50712	49077
行 唐 县	2777	0	37616	59007	57815
灵 寿 县	1648	5	18410	30375	30263
高 邑 县	934	0	11505	23062	23062
深 泽 县	1418	0	16898	31940	30745
赞 皇 县	664	308	14299	20000	18300
无 极 县	1818	0	35953	57496	53815
平 山 县	763	5135	20037	22149	20569
元 氏 县	2972	51	32177	61570	58470
赵 县	2588	980	74042	73636	73953
晋 州 市	1735	0	29400	52814	52000
新 乐 市	3417	1626	42777	58036	55023
辛 集 市	3130	863	46587	95392	88982

农业主要能源及物资消耗情况

9—4 （2020 年） 单位：万千瓦时、吨

县（市、区）	一、农村用电量	二、农用化肥施用量				
		按实物量计算				
		合计	氮肥	磷肥	钾肥	复合肥
石家庄市	**666039**	**1104149**	**513519**	**270009**	**37012**	**283609**
长安区	6821	3505	638	515	231	2122
桥西区	1874	118	44	5	17	51
新华区	2443	348	207	0	0	142
裕华区	788	0	0	0	0	0
井陉矿区	4062	372	138	56	68	110
藁城区	30705	61236	17212	9914	3387	30721
鹿泉区	42354	33959	15102	7989	1851	9016
栾城区	16223	45448	19669	15504	1391	8884
高新区	4393	808	410	69	25	305
循环化工园区	3598	2049	75	76	23	1875
井陉县	11080	26119	13245	6313	894	5667
正定县	24169	106677	57836	22582	2953	23306
行唐县	13405	42490	14067	8699	1999	17726
灵寿县	11239	54425	29509	13643	775	10497
高邑县	9487	24030	10222	3929	1275	8604
深泽县	28772	45399	20014	10689	959	13738
赞皇县	76370	29970	12618	5392	2	11958
无极县	51970	103846	56104	35169	2687	9886
平山县	15579	51455	31676	13979	57	5742
元氏县	10150	21424	1262	968	420	18774
赵 县	34020	92249	18510	8968	4114	60658
晋州市	199547	102646	62497	22415	2400	15334
新乐市	36025	81754	48230	23293	4928	5304
辛集市	30965	173822	84234	59842	6556	23189

9—4 续表 1　　（2020 年）　　单位：吨

县（市、区）	二、农用化肥施用量（续）				
	按折纯法计算				
	合计	氮肥	磷肥	钾肥	复合肥
石家庄市	**389783**	**179594**	**45210**	**18326**	**146658**
长 安 区	1521	211	80	115	1115
桥 西 区	46	14	1	6	26
新 华 区	137	66	0	0	71
裕 华 区	0	0	0	0	0
井陉矿区	162	53	12	33	63
藁 城 区	24943	6262	1600	1808	15274
鹿 泉 区	12625	5631	1269	934	4791
栾 城 区	14253	6443	2476	661	4673
高 新 区	340	162	12	11	155
循环化工园区	1006	30	12	12	952
井 陉 县	9055	4624	1032	452	2947
正 定 县	35378	18821	3429	1394	11734
行 唐 县	17547	5403	1694	1057	9394
灵 寿 县	18547	10565	2186	390	5406
高 邑 县	8860	3361	615	610	4274
深 泽 县	16263	6897	1666	466	7234
赞 皇 县	11246	4334	853	1	6058
无 极 县	29732	17927	5426	1307	5072
平 山 县	16287	11028	2245	28	2987
元 氏 县	10595	344	189	139	9924
赵　县	42595	7148	1646	2057	31745
晋 州 市	35639	22811	3561	1204	8063
新 乐 市	23084	14572	3426	2396	2690
辛 集 市	59922	32887	11780	3245	12010

9—4 续表 2 （2020 年） 单位：吨、公顷

县（市、区）	三、农用塑料薄膜使用情况			四、农用柴油消耗量	五、农药使用量
	塑料薄膜使用量	# 地膜使用量	地膜覆盖面积		
石家庄市	**6116**	**1910**	**29760**	**143498**	**7813**
长安区	0	0	1	0	11
桥西区	3	0	0	0	0
新华区	18	2.8	55	36	5
裕华区	0	0	0	0	0
井陉矿区	2	0	0	9	10
藁城区	380	63.1	968	7454	309
鹿泉区	462	43.3	795	6051	484
栾城区	97	38.5	537	3283	224
高新区	9	1	8	1	2
循环化工园区	14	0.2	3	49	4
井陉县	50	34.2	291	283	111
正定县	705	242.1	3476	5847	322
行唐县	55	47.9	717	737	244
灵寿县	138	33.5	458	1740	80
高邑县	995	162.6	1977	1439	182
深泽县	93	35.2	461	3299	202
赞皇县	390	137.2	2020	45617	309
无极县	470	128.5	2162	3525	567
平山县	146	91.6	1729	4988	138
元氏县	32	19	293	4060	268
赵 县	23	14.7	232	4816	1079
晋州市	413	40.3	450	982	958
新乐市	767	459	7322	15355	454
辛集市	854	315.3	5805	33927	1850

农田水利建设情况

9—5　　（2020 年）　　单位：公顷、眼

县（市、区）	一、有效灌溉面积	二、旱涝保收面积	三、机电井年末达到数
石家庄市	**498014**	**418594**	**156298**
长 安 区	3970	2338	80
桥 西 区	200	34	116
新 华 区	1220	1144	604
裕 华 区	1120	0	595
井陉矿区	1800	31	160
藁 城 区	55050	34197	18019
鹿 泉 区	22870	14589	4135
栾 城 区	22120	21605	8538
高 新 区	0	635	0
循环化工园区	0	1876	0
井 陉 县	10010	6388	1335
正 定 县	28240	26511	11449
行 唐 县	24240	28169	11669
灵 寿 县	22960	12151	3106
高 邑 县	15410	13976	3158
深 泽 县	20060	20061	6919
赞 皇 县	18924	3700	3293
无 极 县	33440	35282	13313
平 山 县	19500	14935	2284
元 氏 县	21190	16792	3925
赵　县	47500	39373	17535
晋 州 市	39870	39826	14210
新 乐 市	32830	30562	14291
辛 集 市	55490	54419	17564

农业主要产品生产情况

9—6 （2020 年） 计量单位：公顷、公斤 / 公顷、吨

县（市、区）	一、粮食作物合计			（一）夏收粮食		
	播种面积	单　产	总产量	播种面积	单　产	总产量
石家庄市	**664868**	**6479**	**4307798**	**283860**	**6927**	**1966211**
长 安 区	3489	5675	19803	1555	6045	9400
桥 西 区	46	5870	268	27	6090	165
新 华 区	735	6068	4463	334	6030	2012
裕 华 区	106	6601	673	55	6169	337
井陉矿区	201	5555	1118	0	0	0
藁 城 区	70274	6886	483919	31544	7454	235136
鹿 泉 区	22758	5669	129007	9841	6331	62304
栾 城 区	31897	6675	212915	12992	7303	94883
高 新 区	1143	4578	5233	589	4815	2838
循环化工园区	4103	6204	25454	2115	7150	15122
井 陉 县	15274	3463	52894	762	5067	3861
正 定 县	41218	6897	284286	19701	7261	143040
行 唐 县	53349	6618	353058	21832	6460	141038
灵 寿 县	30879	5134	158538	10949	5027	55039
高 邑 县	23547	6972	164158	11405	7245	82632
深 泽 县	29963	7107	212934	13076	7159	93612
赞 皇 县	17850	4060	72464	4521	4835	21858
无 极 县	54442	6519	354907	26653	7034	187467
平 山 县	23036	5143	118473	2767	6492	17964
元 氏 县	60394	6146	371171	25630	6630	169915
赵　 县	74582	7670	572035	38636	7470	288603
晋 州 市	53458	6572	351343	24667	6968	171888
新 乐 市	52125	6881	358684	24210	6902	167097
辛 集 市	–	–	–	–	–	–

注：本表部分粮食数据不含辛集市。

9—6 续表 1　　（2020 年）　　计量单位：公顷、公斤 / 公顷、吨

县（市、区）	夏收粮食中：冬小麦			（二）秋收粮食		
	播种面积	单　产	总产量	播种面积	单　产	总产量
石家庄市	**282703**	**6932**	**1959770**	**381008**	**6146**	**2341586**
长 安 区	1555	6045	9400	1934	5378	10403
桥 西 区	27	6090	165	19	5547	103
新 华 区	334	6030	2012	402	6101	2451
裕 华 区	55	6169	337	51	6601	336
井陉矿区	0	0	0	201	5555	1118
藁 城 区	31544	7454	235136	38730	6424	248782
鹿 泉 区	9841	6331	62304	12917	5164	66703
栾 城 区	12969	7303	94714	18905	6243	118032
高 新 区	589	4815	2838	554	4326	2395
循环化工园区	2115	7150	15122	1988	5198	10332
井 陉 县	762	5067	3861	14512	3379	49033
正 定 县	19142	7281	139382	21517	6564	141247
行 唐 县	21832	6460	141038	31518	6727	212020
灵 寿 县	10415	5062	52720	19930	5193	103499
高 邑 县	11405	7245	82632	12141	6715	81526
深 泽 县	13076	7159	93612	16887	7066	119322
赞 皇 县	4521	4835	21858	13329	3797	50606
无 极 县	26653	7034	187467	27789	6025	167440
平 山 县	2767	6492	17964	20269	4959	100509
元 氏 县	25630	6630	169915	34764	5789	201256
赵　县	38595	7470	288307	35946	7885	283431
晋 州 市	24667	6968	171888	28791	6233	179455
新 乐 市	24210	6902	167097	27915	6863	191587
辛 集 市	–	–	–	–	–	–

9—6 续表 2 （2020 年） 计量单位：公顷、公斤 / 公顷、吨

县（市、区）	（一）谷物			# 玉米		
	播种面积	单 产	总产量	播种面积	单 产	总产量
石家庄市	**612768**	**6732**	**4124879**	**317169**	**6700**	**2125046**
长安区	3295	5855	19292	1729	5703	9862
桥西区	46	5870	268	19	5547	103
新华区	698	6328	4416	364	6606	2404
裕华区	106	6377	673	51	6601	336
井陉矿区	200	5550	1110	200	5550	1110
藁城区	58835	7642	449620	25834	8039	207686
鹿泉区	19851	6124	121570	9205	6272	57736
栾城区	27580	7156	197352	13302	7341	97650
高新区	986	4953	4882	319	5401	1725
循环化工园区	3363	6884	23151	1163	6619	7699
井陉县	13060	3738	48812	11198	3906	43738
正定县	36736	7259	266646	17120	7325	125395
行唐县	51682	6662	344311	29096	6897	200672
灵寿县	28752	5127	147422	17200	5373	92416
高邑县	23286	6988	162725	11380	6798	77359
深泽县	29278	7160	209616	15834	7238	114599
赞皇县	16210	3971	64375	10914	3723	40636
无极县	47862	6987	334420	20527	7029	144284
平山县	20847	5320	110906	17067	5277	90063
元氏县	57425	6222	357323	30860	6006	185345
赵 县	74180	7685	570106	35041	7975	279467
晋州市	49613	6861	340418	24147	6908	166793
新乐市	48877	7068	345466	24600	7235	177969
辛集市	–	–	–	–	–	–

9—6 续表 3　　（2020 年）　　计量单位：公顷、公斤 / 公顷、吨

县（市、区）	谷　子			高　粱		
	播种面积	单　产	总产量	播种面积	单　产	总产量
石家庄市	**12579**	**3061**	**38504**	**113**	**4359**	**492**
长安区	11	2776	31	0	0	0
桥西区	0	0	0	0	0	0
新华区	0	1341	0	0	0	0
裕华区	0	0	0	0	0	0
井陉矿区	0	0	0	0	0	0
藁城区	1435	4632	6648	22	6808	150
鹿泉区	804	1902	1529	1	908	1
栾城区	1309	3810	4989	0	0	0
高新区	51	4774	243	26	2911	75
循环化工园区	85	3890	330	0	0	0
井陉县	1099	1098	1207	0	0	0
正定县	300	3127	938	0	0	0
行唐县	741	3439	2549	11	4033	42
灵寿县	1133	1993	2259	0	0	0
高邑县	494	5455	2695	5	5106	24
深泽县	368	3819	1405	0	0	0
赞皇县	769	2430	1869	2	1779	4
无极县	682	3914	2669	0	0	0
平山县	954	2750	2623	44	4188	184
元氏县	935	2206	2062	0	0	0
赵　县	541	4290	2321	3	4371	12
晋州市	800	2171	1737	0	0	0
新乐市	67	5998	400	0	0	0
辛集市	–	–	–	–	–	–

9—6 续表 4　　（2020 年）　　计量单位：公顷、公斤 / 公顷、吨

县（市、区）	（二）豆类			#大 豆		
	播种面积	单 产	总产量	播种面积	单 产	总产量
石家庄市	**35223**	**2481**	**87388**	**34515**	**2503**	**86377**
长 安 区	173	2767	479	173	2767	479
桥 西 区	0	0	0	0	0	0
新 华 区	38	1251	47	38	1251	47
裕 华 区	0	0	0	0	0	0
井陉矿区	0	0	0	0	0	0
藁 城 区	10962	2779	30461	10962	2779	30461
鹿 泉 区	2479	1895	4699	2429	1900	4615
栾 城 区	4213	3490	14704	4213	3490	14704
高 新 区	154	2205	340	154	2205	339
循环化工园区	731	3072	2246	727	3082	2242
井 陉 县	1283	874	1121	949	910	864
正 定 县	3167	2213	7007	3167	2213	7007
行 唐 县	306	2378	728	219	2506	548
灵 寿 县	269	1676	450	247	1662	411
高 邑 县	68	2017	137	53	1765	94
深 泽 县	394	2540	1001	394	2540	1001
赞 皇 县	33	1404	46	27	1076	29
无 极 县	6021	2745	16526	6021	2745	16526
平 山 县	522	1633	853	377	1453	548
元 氏 县	685	1397	957	640	1369	876
赵 县	192	3077	591	192	3077	591
晋 州 市	2667	1466	3909	2667	1466	3909
新 乐 市	867	1254	1087	867	1254	1087
辛 集 市	–	–	–	–	–	–

9—6 续表 5　　（2020 年）　　计量单位：公顷、公斤 / 公顷、吨

县（市、区）	（三）薯类			二、油料		
	播种面积	单　产	总产量	播种面积	单　产	总产量
石家庄市	**16877**	**5660**	**477652**	**35745**	**3328**	**118966**
长 安 区	21	1534	162	32	3322	107
桥 西 区	0	0	0	0	0	0
新 华 区	0	0	0	46	2182	100
裕 华 区	0	0	0	0	0	0
井陉矿区	1	6294	38	2	3000	6
藁 城 区	477	8046	19188	568	4017	2283
鹿 泉 区	427	6407	13686	840	2955	2483
栾 城 区	104	8258	4296	29	3343	96
高 新 区	3	3398	57	6	3042	19
循环化工园区	9	6517	287	12	750	9
井 陉 县	931	3182	14807	1295	1702	2204
正 定 县	1315	8084	53169	2270	4249	9645
行 唐 县	1361	5894	40091	4077	3849	15693
灵 寿 县	1858	5740	53332	1668	2131	3554
高 邑 县	192	6741	6479	220	2055	452
深 泽 县	291	7966	11587	686	3690	2530
赞 皇 县	1607	5005	40215	4509	2286	10305
无 极 县	559	7086	19803	3088	4434	13691
平 山 县	1667	4029	33574	3016	2859	8625
元 氏 县	2284	5643	64458	1575	2900	4569
赵　　县	210	6362	6684	164	2814	462
晋 州 市	1178	5958	35083	1670	3372	5631
新 乐 市	2382	5094	60656	4513	2913	13143
辛 集 市	0	0	0	5459	4279	23358

9—6 续表 6 （2020 年） 计量单位：公顷、公斤 / 公顷、吨

县（市、区）	油料作物中：花生			三、棉花		
	播种面积	单　产	总产量	播种面积	单　产	总产量
石家庄市	**30388**	**3468**	**105383**	**512**	**916**	**469**
长 安 区	26	3530	93	0	0	0
桥 西 区	0	0	0	0	0	0
新 华 区	16	2250	35	0	0	0
裕 华 区	0	0	0	0	0	0
井陉矿区	0	0	0	0	0	0
藁 城 区	549	4063	2229	0	1100	0
鹿 泉 区	557	2939	1636	17	940	16
栾 城 区	18	3661	65	0	1100	0
高 新 区	5	3349	16	0.10	1200	0
循环化工园区	0	0	0	0	0	0
井 陉 县	799	1643	1312	85	611	52
正 定 县	2118	4308	9124	1	786	1
行 唐 县	3476	4053	14087	13	792	10
灵 寿 县	1513	2111	3194	30	788	24
高 邑 县	177	2090	370	0	0	0
深 泽 县	631	3779	2386	0	0	0
赞 皇 县	3559	2330	8290	10	830	8
无 极 县	3035	4462	13543	0	0	0
平 山 县	2232	2692	6008	54	838	45
元 氏 县	1243	3135	3895	83	912	76
赵　　县	90	3617	324	0	0	0
晋 州 市	1660	3373	5598	0	0	0
新 乐 市	4501	2914	13116	0	0	0
辛 集 市	4185	4794	20059	218	1084	236

9—6 续表 7　　（2020 年）　　计量单位：公顷、公斤 / 公顷、吨

县（市、区）	四、蔬菜及食用菌			五、瓜果类			瓜果类中：西瓜		
	播种面积	单　产	总产量	播种面积	单　产	总产量	播种面积	单　产	总产量
石家庄市	**73425**	**75982**	**5578966**	**4939**	**48750**	**240766**	**2326**	**59621**	**138687**
长安区	49	48002	2352	44	64138	2790	44	64138	2790
桥西区	94	46679	4410	0	0	0	0	0	0
新华区	404	40146	16220	79	27033	2130	68	30000	2044
裕华区	42	32688	1362	0	0	0	0	0	0
井陉矿区	97	28077	2721	0	0	0	0	0	0
藁城区	8046	71629	576359	120	31445	3789	27	36545	969
鹿泉区	5497	78270	430275	93	36499	3403	81	37461	3026
栾城区	896	78376	70258	82	46359	3797	19	63137	1200
高新区	42	55034	2311	2	19691	36	0	10000	4
循环化工园区	163	53380	8721	19	31281	599	16	30000	480
井陉县	1735	45741	79381	3	19113	48	0	63884	4
正定县	6925	86076	596088	468	71393	33445	380	79380	30164
行唐县	4249	65301	277436	272	19486	5308	54	27515	1482
灵寿县	2434	155168	377633	59	37419	2212	44	39596	1754
高邑县	5386	75616	407233	143	64193	9210	123	68475	8409
深泽县	2830	73844	209013	101	43388	4402	83	48796	4050
赞皇县	1666	70706	117774	4	20912	92	1	26504	33
无极县	7678	76190	584974	335	74711	25008	335	74711	25008
平山县	2259	53712	121322	25	30684	757	3	45682	116
元氏县	1604	69410	111306	7	14398	99	1	4794	3
赵　县	1289	64145	82687	106	48413	5137	84	53689	4517
晋州市	4761	72394	344634	7	32585	217	5	28491	132
新乐市	5807	70243	407887	2854	46866	133755	943	54657	51540
辛集市	9472	78822	746607	115	39367	4530	17	55630	963

水果及食用坚果生产情况

9—7 （2020 年） 单位：吨

县（市、区）	一、园林水果（不含果用瓜）	#1. 苹果			2. 梨
			红富士苹果	国光苹果	
石家庄市	**2047761**	**197728**	**159837**	**4444**	**1445099**
长安区	2647	2	0	0	2608
桥西区	0	0	0	0	0
新华区	764	136	43	0	126
裕华区	0	0	0	0	0
井陉矿区	2502	1972	1941	21	28
藁城区	86565	4892	3734	17	76976
鹿泉区	18536	3575	3278	33	2347
栾城区	4330	199	140	0	0
高新区	367	24	0	0	15
循环化工园区	241	1	1	0	38
井陉县	17846	11314	11300	0	418
正定县	8477	1358	406	25	800
行唐县	123590	28257	26811	0	4113
灵寿县	6006	806	801	0	763
高邑县	3337	19	0	0	1223
深泽县	89998	52646	37820	640	21219
赞皇县	123258	8000	6267	0	2200
无极县	8574	2998	2961	37	4270
平山县	17059	10221	9257	28	216
元氏县	7363	1254	1047	0	278
赵县	552253	75	75	0	551750
晋州市	647578	16113	8838	2785	557507
新乐市	5494	1075	448	11	2960
辛集市	320977	52793	44670	846	215246

9—7 续表 1 （2020 年） 单位：吨

县（市、区）	一、园林水果（不含果用瓜）（续）				
	梨（续）		3. 桃	4. 葡萄	5. 红枣
	雪花梨	鸭梨			
石家庄市	**295740**	**480789**	**68904**	**108793**	**189199**
长安区	0	0	35	0	0
桥西区	0	0	0	0	0
新华区	51	0	195	274	0
裕华区	0	0	0	0	0
井陉矿区	17	11	222	5	13
藁城区	24553	8968	1824	2558	128
鹿泉区	2173	29	2562	2851	112
栾城区	0	0	1580	479	1
高新区	0	0	0	275	0
循环化工园区	38	0	158	35	0
井陉县	261	0	2896	213	913
正定县	109	300	5126	1041	0
行唐县	3899	15	7016	457	82122
灵寿县	763	0	2244	747	36
高邑县	1050	172	306	1452	43
深泽县	4320	3765	2303	12826	109
赞皇县	2200	0	1000	180	105000
无极县	2487	1783	393	884	0
平山县	103	22	3953	1051	13
元氏县	276	0	171	592	704
赵　县	156340	203044	189	240	0
晋州市	39392	190978	6585	59725	1
新乐市	1962	577	1229	204	3
辛集市	55747	71124	28916	22705	3

9—7续表2 （2020年） 单位：公顷、吨

县（市、区）	二、果园面积	#苹果园	梨园	桃园	葡萄园	三、食用坚果
石家庄市	**87688**	**9226**	**62412**	**4178**	**4179**	**52307**
长安区	193	3	100	89	0	334
桥西区	0	0	0	0	0	0
新华区	76	13	26	16	10	152
裕华区	0	0	0	0	0	100
井陉矿区	236	153	2	31	4	515
藁城区	29896	161	29525	92	111	191
鹿泉区	1843	537	112	296	151	1700
栾城区	380	104	4	178	27	1661
高新区	14	1	1	0	11	19
循环化工园区	10	0	3	4	2	2
井陉县	996	625	16	143	11	1907
正定县	828	189	57	468	55	123
行唐县	6514	608	58	178	23	377
灵寿县	944	122	44	326	214	10375
高邑县	62	5	27	2	19	74
深泽县	3187	2099	487	63	447	230
赞皇县	1806	913	506	346	40	32406
无极县	312	103	105	75	29	0
平山县	1290	800	30	288	56	1782
元氏县	76	26	10	14	26	265
赵县	12217	3	12198	5	11	3
晋州市	14157	439	11184	213	1991	78
新乐市	262	58	100	69	35	8
辛集市	12389	2261	7818	1282	908	5

畜牧业生产情况

9—8　　（2020年）　　单位：百头、百只

县（市、区）	一、期末存栏				
	（一）猪	（二）牛	（三）羊	（四）活家禽	#活鸡
石家庄市	**19616**	**4222**	**6622**	**659310**	**637159**
长安区	1	9	89	308	298
桥西区	0	0	0	1	1
新华区	0	0	9	5	5
裕华区	0	2	17	0	0
井陉矿区	98	0	25	234	226
藁城区	3052	390	511	122057	117957
鹿泉区	207	107	135	18552	17929
栾城区	238	145	228	40776	39406
高新区	12	3	3	402	388
循环化工园区	40	31	34	1112	1075
井陉县	624	165	519	21194	20482
正定县	3290	425	196	62431	60334
行唐县	679	784	911	66779	64535
灵寿县	2089	368	318	18784	18153
高邑县	192	19	67	8971	8669
深泽县	503	46	409	15007	14503
赞皇县	476	230	361	12990	12554
无极县	786	603	609	65617	63412
平山县	752	101	691	42202	40784
元氏县	428	230	555	38963	37654
赵　县	448	54	213	24560	23734
晋州市	2850	70	429	34425	33268
新乐市	2850	440	293	63940	61792

注：本表数据不含辛集市。

9—8续表1　　（2020年）　　单位：百头、百只

县（市、区）	二、期末出栏				
	（一）猪	（二）牛	（三）羊	（四）活家禽	#活鸡
石家庄市	**35051**	**4771**	**11476**	**796814**	**713385**
长 安 区	0	5	52	159	120
桥 西 区	0	0	0	1	1
新 华 区	0	0	2	0	0
裕 华 区	0	1	6	23	22
井陉矿区	135	0	18	178	167
藁 城 区	5463	457	1313	156206	129135
鹿 泉 区	528	56	138	18567	17756
栾 城 区	406	106	297	32395	31380
高 新 区	19	0	1	60	60
循环化工园区	58	37	19	2238	1914
井 陉 县	908	181	611	17671	16801
正 定 县	4178	561	444	110432	103957
行 唐 县	1533	918	785	67454	62980
灵 寿 县	3088	209	581	24955	22599
高 邑 县	609	22	167	12993	12342
深 泽 县	1484	81	938	17882	15403
赞 皇 县	998	730	651	25946	21712
无 极 县	2211	524	1358	82043	73006
平 山 县	1916	89	1026	24168	21866
元 氏 县	1741	490	1508	56699	48420
赵　县	1047	36	342	19666	19049
晋 州 市	4436	84	877	43487	37958
新 乐 市	4293	185	343	83592	76740

9—8 续表 2　　（2020 年）　　单位：吨

县（市、区）	三、肉类产量	（一）猪肉	（二）牛肉	（三）羊肉	（四）禽肉	#鸡肉
石家庄市	**478458**	**284999**	**76089**	**15216**	**102154**	**101528**
长安区	152	0	66	63	23	23
桥西区	0	0	0	0	0	0
新华区	3	0	0	3	0	0
裕华区	22	3	8	8	2	2
井陉矿区	1078	1040	0	20	18	17
藁城区	73962	46144	7295	1832	18691	18576
鹿泉区	8243	4344	966	189	2744	2727
栾城区	10146	3395	1694	412	4645	4617
高新区	166	154	5	1	6	6
循环化工园区	1494	474	563	21	436	433
井陉县	14117	7102	2962	936	3118	3099
正定县	61898	37263	8954	613	15068	14976
行唐县	35850	11412	14108	1138	9191	9135
灵寿县	33441	26638	3400	773	2629	2613
高邑县	6560	4164	351	257	1788	1777
深泽县	16129	11358	1332	1298	2141	2128
赞皇县	23256	7688	11553	757	3258	3238
无极县	36543	17216	8295	1651	9382	9325
平山县	18611	13249	1557	1373	2432	2417
元氏县	34445	14704	8104	2107	9530	9471
赵　县	12346	8446	569	465	2867	2849
晋州市	43400	36300	1370	851	4878	4849
新乐市	46593	33905	2934	447	9307	9250

9—8 续表 3 （2020 年） 单位：吨

县（市、区）	四、其他畜产品产量		
	禽蛋	#鸡蛋	生牛奶
石家庄市	**697638**	**624132**	**767404**
长安区	411	392	1048
桥西区	1	1	0
新华区	5	4	0
裕华区	3	3	237
井陉矿区	247	241	0
藁城区	106471	93094	45915
鹿泉区	21693	20901	53870
栾城区	37040	35816	17755
高新区	430	416	0
循环化工园区	1905	1392	4499
井陉县	23310	22867	1613
正定县	92222	82351	77492
行唐县	60078	56950	242347
灵寿县	16917	15468	38900
高邑县	12692	11968	4744
深泽县	18797	15543	14885
赞皇县	24830	22382	0
无极县	79104	71715	64012
平山县	15994	15302	7626
元氏县	37008	33031	25140
赵县	22830	19872	11808
晋州市	57809	46862	15512
新乐市	67842	57559	140000

农林牧渔业总产值

9—9 （2020 年） 计量单位：万元

县（市、区）	农林牧渔业总产值	一、农业产值	（一）谷物及其它作物产值				
			合计	1. 谷物	2. 薯类	3. 油料	4. 豆类
石家庄市	**8101134**	**3806860**	**1202614**	**922976**	**113709**	**75045**	**45938**
长 安 区	12254	6663	4049	3690	38	78	243
桥 西 区	1325	1027	52	52	0	0	0
新 华 区	6287	5122	921	831	0	66	24
裕 华 区	1103	873	127	127	0	0	0
井陉矿区	7277	2129	196	186	10	0	0
藁 城 区	791057	342286	108934	86054	4219	0	15474
鹿 泉 区	301538	179173	35501	23366	3284	1698	2419
栾 城 区	308413	124981	48557	39513	1516	57	7470
高 新 区	3407	2252	1092	892	13	14	172
循环化工园区	20719	9024	5769	4565	61	0	1143
井 陉 县	184941	60041	14552	9197	3315	1333	671
正 定 县	671733	296956	94279	52194	11689	6544	3559
行 唐 县	665877	267638	85165	63831	9281	9870	338
灵 寿 县	463190	230729	45929	27960	12181	2218	244
高 邑 县	221017	164123	34499	32564	1544	304	87
深 泽 县	274436	136588	43060	39822	2730	0	508
赞 皇 县	332872	138001	28641	12129	9468	7007	30
无 极 县	540063	254266	86457	64383	4355	9324	8395
平 山 县	337824	91299	31961	20415	6336	4589	474
元 氏 县	355288	116115	86543	67954	14913	3063	518
赵　县	417058	305647	113687	108356	1203	0	300
晋 州 市	574481	316911	79546	65503	8211	3846	1986
新 乐 市	616665	262587	92037	65452	10575	8958	552
辛 集 市	992309	492429	161060	133940	8767	16076	1331

9—9 续表 1　　（2020 年）　　计量单位：万元

县（市、区）	一、农业产值（续）							
	（一）谷物及其它作物产值（续）		（二）蔬菜、食用菌及花卉盆景园艺				（三）水果、坚果、饮料和香料	（四）中药材
	5. 棉花	6. 其他农作物	合计	1. 蔬菜（含菜用瓜）	2. 食用菌	3. 其他		
石家庄市	**482**	**44159**	**1591416**	**1382420**	**175700**	**33296**	**839933**	**172897**
长安区	0	0	414	414	0	0	2153	47
桥西区	0	0	975	945	0	30	0	0
新华区	0	0	3254	2880	20	354	947	0
裕华区	0	0	434	434	0	0	312	0
井陉矿区	0	0	559	548	0	11	1345	29
藁城区	0	3187	200953	188081	11991	881	26688	5711
鹿泉区	34	4700	128784	128582	34	168	12957	1931
栾城区	1	0	49948	24540	1967	23441	26338	138
高新区	1	0	773	764	9	0	329	58
循环化工园区	0	0	2275	2185	90	0	380	600
井陉县	36	0	29237	29237	0	0	13767	2485
正定县	1	20292	181788	175652	5278	858	12171	8718
行唐县	14	1831	54499	51896	2108	495	68279	59695
灵寿县	21	3000	165055	45166	119889	0	11527	8218
高邑县	0	0	119282	117651	929	702	3772	6570
深泽县	0	0	46829	46695	123	11	34826	11873
赞皇县	7	0	16047	13390	2657	0	86933	6380
无极县	0	0	137502	136894	608	0	8174	22133
平山县	107	40	30588	24205	764	5619	20138	8612
元氏县	95	0	19793	19670	67	56	9779	0
赵县	0	3828	23626	22120	836	670	165570	2764
晋州市	0	0	52697	52502	195	0	184668	0
新乐市	0	6500	110208	109817	391	0	35202	25140
辛集市	165	781	215896	188152	27744	0	113678	1795

9—9 续表 2　　（2020 年）　　计量单位：万元

县（市、区）	二、林业产值			
	合计	（一） 林木的培育和种植	（二） 竹木采运	（三） 林产品采集及其他
石家庄市	**230857**	**194887**	**210**	**35760**
长 安 区	0	0	0	0
桥 西 区	0	0	0	0
新 华 区	0	0	0	0
裕 华 区	0	0	0	0
井陉矿区	102	102	0	0
藁 城 区	1539	1539	0	0
鹿 泉 区	15000	15000	0	0
栾 城 区	2311	1606	5	700
高 新 区	0	0	0	0
循环化工园区	551	551	0	0
井 陉 县	29671	28191	50	1430
正 定 县	7816	6286	30	1500
行 唐 县	17173	17173	0	0
灵 寿 县	28509	25949	0	2560
高 邑 县	1106	1106	0	0
深 泽 县	1770	1770	0	0
赞 皇 县	30698	30698	0	0
无 极 县	2207	2207	0	0
平 山 县	66310	46276	124	19910
元 氏 县	14966	7966	0	7000
赵 县	1651	1651	0	0
晋 州 市	3765	1105	0	2660
新 乐 市	2460	2460	0	0
辛 集 市	3252	3251	1	0

9—9 续表 3　　　　（2020 年）　　　　计量单位：万元

县（市、区）	三、牧业产值						
	合计	（一）牲畜饲养	#（1）牛	（2）羊	（3）其他牲畜	（4）奶产品	（5）毛绒产品
石家庄市	**3411221**	**994542**	**469513**	**2392724**	**71335**	**286912**	**1911**
长安区	1691	1366	442	560	0	364	0
桥西区	1	0	0	0	0	0	0
新华区	27	24	0	24	0	0	0
裕华区	210	196	52	62	0	82	0
井陉矿区	4946	199	0	194	0	0	5
藁城区	393795	72382	42690	13901	0	15791	0
鹿泉区	73688	25528	5283	1454	64	18705	22
栾城区	111139	28312	10125	12057	0	6130	0
高新区	1001	45	39	6	0	0	0
循环化工园区	9400	5218	3383	205	0	1630	0
井陉县	76253	24079	16596	6169	260	539	365
正定县	324398	92258	51948	4694	8602	26514	0
行唐县	319632	207608	85812	7294	25600	84741	0
灵寿县	181615	39820	19663	6218	0	13512	427
高邑县	43538	5515	2074	1762	0	1655	24
深泽县	99502	29427	7583	9920	6757	5167	0
赞皇县	135051	73945	67185	6760	0	0	0
无极县	243895	93881	49147	14514	7652	22568	0
平山县	122312	21971	8435	10834	0	2648	54
元氏县	212861	91234	45329	16104	21100	8701	0
赵县	73603	11121	3367	3614	0	4120	20
晋州市	221700	22739	7876	9095	0	5362	406
新乐市	293160	78410	17096	3683	800	48531	0
辛集市	467803	69264	25388	2263600	500	20152	588

9—9 续表 4 （2020 年） 计量单位：万元

县（市、区）	三、牧业产值（续）					
	（二）猪的饲养	（三）家禽饲养	1. 肉禽	2. 禽蛋	（四）其他畜牧业	# 家兔
石家庄市	**1452938**	**791475**	**185306**	**606169**	**171596**	**645**
长 安 区	1	324	38	286	0	0
桥 西 区	0	1	0	1	0	0
新 华 区	0	3	0	3	0	0
裕 华 区	8	6	4	2	0	0
井陉矿区	4539	208	36	172	0	0
藁 城 区	185474	109289	32028	77261	26650	0
鹿 泉 区	17800	18910	3517	15393	11450	0
栾 城 区	13763	30839	5734	25105	38225	0
高 新 区	648	308	11	297	0	0
循环化工园区	1942	2240	501	1739	0	0
井 陉 县	31259	20352	3764	16588	263	3
正 定 县	138781	89097	23175	65922	4262	2
行 唐 县	52872	53652	12505	41147	5500	0
灵 寿 县	105035	17242	4767	12475	19518	26
高 邑 县	20834	11587	2618	8969	5602	2
深 泽 县	50393	17472	3774	13698	2210	0
赞 皇 县	33925	23131	5194	17937	4050	7
无 极 县	74740	70220	15814	54406	5054	0
平 山 县	65553	16975	4401	12574	17813	23
元 氏 县	59416	37911	11289	26622	24300	0
赵 县	35784	20348	3731	16617	5980	13
晋 州 市	150514	48421	9198	39223	26	26
新 乐 市	150080	64670	16461	48209	0	0
辛 集 市	259577	138269	26746	111523	693	543

9—9 续表 5　　　　（2020 年）　　　　计量单位：万元

县（市、区）	四、渔业产值	#1. 淡水鱼类	2. 淡水虾蟹类	五、农林牧渔服务业产值
石家庄市	**31879**	**26390**	**2492**	**620317**
长安区	0	0	0	3900
桥西区	0	0	0	297
新华区	0	0	0	1138
裕华区	0	0	0	20
井陉矿区	17	17	0	83
藁城区	0	0	0	53437
鹿泉区	9377	7616	0	24300
栾城区	0	0	0	69982
高新区	0	0	0	154
循环化工园区	0	0	0	1744
井陉县	601	601	0	18375
正定县	0	0	0	42563
行唐县	1050	1050	0	60384
灵寿县	9528	8419	1093	12809
高邑县	0	0	0	12250
深泽县	501	186	0	36075
赞皇县	0	0	0	29122
无极县	1	0	0	39694
平山县	10483	8191	1388	47420
元氏县	295	284	11	11051
赵县	0	0	0	36157
晋州市	0	0	0	32105
新乐市	0	0	0	58458
辛集市	26	26	0	28799

农林牧渔业商品产值

9—10　　　　（2020 年）　　　　计量单位：万元

县（市、区）	农林牧渔业商品产值	一、农业商品产值				
		合计	（一）谷物及其他作物			
			小计	1. 谷物	2. 薯类
石家庄市	**5856773**	**2847686**	**815310**	**647579**	**73721**
长安区	6630	5120	2858	2591	31
桥西区	82	82	52	52	0
新华区	4159	4136	752	676	0
裕华区	1025	819	93	93	0
井陉矿区	5782	1201	34	34	0
藁城区	615641	270988	75992	60238	3375
鹿泉区	212291	133064	23351	14922	2463
栾城区	180847	78182	31813	25485	1060
高新区	2663	1764	783	642	9
循环化工园区	15384	6824	4079	3225	54
井陉县	102826	32105	9087	6102	1953
正定县	499797	214257	63886	35358	5357
行唐县	512869	240641	76906	57980	9103
灵寿县	372701	196737	29507	16077	9349
高邑县	152445	115380	22581	21215	1093
深泽县	223065	123301	32887	29971	2416
赞皇县	201366	89919	1533	0	0
无极县	384518	177355	47962	39846	3264
平山县	210856	73115	25321	16266	4800
元氏县	232628	77006	58749	46605	8816
赵县	331160	264481	90613	89319	1030
晋州市	418199	224199	40978	33559	5477
新乐市	429563	169669	58905	38174	8021
辛集市	740276	347341	116588	109149	6050

9—10 续表 1　　（2020 年）　　计量单位：万元

县（市、区）	一、农业商品产值（续）				
	（一）谷物及其他作物（续）				
	3. 油料	4. 豆类	5. 棉花	6. 烟草	7. 其他农作物
石家庄市	**32206**	**31662**	**217**	**305**	**29620**
长 安 区	66	170	0	0	0
桥 西 区	0	0	0	0	0
新 华 区	56	20	0	0	0
裕 华 区	0	0	0	0	0
井陉矿区	0	0	0	0	0
藁 城 区	0	12379	0	0	0
鹿 泉 区	815	1429	22	0	3700
栾 城 区	39	5228	1	0	0
高 新 区	8	124	0	0	0
循环化工园区	0	800	0	0	0
井 陉 县	609	403	20	0	0
正 定 县	4322	2616	0	0	16233
行 唐 县	8068	210	8	0	1537
灵 寿 县	1557	200	19	305	2000
高 邑 县	212	61	0	0	0
深 泽 县	0	500	0	0	0
赞 皇 县	1531	0	2	0	0
无 极 县	0	4852	0	0	0
平 山 县	3895	290	70	0	0
元 氏 县	2867	461	0	0	0
赵　县	0	264	0	0	0
晋 州 市	1346	596	0	0	0
新 乐 市	6233	327	0	0	6150
辛 集 市	582	732	75	0	0

9—10 续表 2　　（2020 年）　　计量单位：万元

县（市、区）	一、农业商品产值（续）						
	（二）蔬菜、园艺作物					（三）水果、坚果、饮料和香料作物	（四）中草药材
	合计	1. 蔬菜	2. 食用菌	3. 花卉	4. 盆景园艺		
石家庄市	**1171927**	**1007240**	**160505**	**4182**	**0**	**726279**	**134170**
长 安 区	310	310	0	0	0	1905	47
桥 西 区	30	0	0	30	0	0	0
新 华 区	2586	2212	20	354	0	798	0
裕 华 区	417	417	0	0	0	309	0
井陉矿区	102	91	0	11	0	1036	29
藁 城 区	165840	155158	9952	730	0	24016	5140
鹿 泉 区	96629	96429	32	168	0	11153	1931
栾 城 区	20352	17341	1800	1211	0	25885	132
高 新 区	636	629	7	0	0	287	58
循环化工园区	1825	1744	81	0	0	320	600
井 陉 县	10121	10121	0	0	0	11407	1490
正 定 县	133179	129071	4064	44	0	11089	6103
行 唐 县	47511	45919	1592	0	0	58639	57585
灵 寿 县	148659	33865	114794	0	0	10367	8204
高 邑 县	90332	89842	0	490	0	2467	0
深 泽 县	46521	46393	117	11	0	32258	11635
赞 皇 县	12576	10452	2124	0	0	69430	6380
无 极 县	100599	100030	569	0	0	6661	22133
平 山 县	21862	20687	764	411	0	17562	8370
元 氏 县	9448	9335	61	52	0	8809	0
赵　 县	16637	15192	775	670	0	154476	2755
晋 州 市	29152	28962	190	0	0	154069	0
新 乐 市	80691	80330	361	0	0	30073	0
辛 集 市	135912	112710	23202	0	0	93263	1578

9—10 续表 3　　（2020 年）　　计量单位：万元

县（市、区）	二、林业商品产值		三、牧业商品产值		
				（一）牲畜的饲养	
	总计	# 林产品	总计	合计	1. 牛
石家庄市	**54243**	**1570**	**2925119**	**830942**	**427608**
长 安 区	0	0	1510	1211	389
桥 西 区	0	0	0	0	0
新 华 区	0	0	23	22	0
裕 华 区	0	0	206	193	50
井陉矿区	0	0	4565	180	0
藁 城 区	0	0	344653	64424	37994
鹿 泉 区	0	0	70128	24701	5125
栾 城 区	1530	0	101135	27718	10046
高 新 区	0	0	899	39	34
循环化工园区	412	0	8148	4429	2707
井 陉 县	620	570	69510	21991	15435
正 定 县	1916	0	283624	74569	45716
行 唐 县	7388	0	263940	166577	83928
灵 寿 县	7027	1000	159460	32352	14423
高 邑 县	0	0	37065	4689	1763
深 泽 县	1707	0	97876	29257	7514
赞 皇 县	0	0	111447	65990	60243
无 极 县	0	0	207162	80749	42421
平 山 县	33499	0	95102	20373	8038
元 氏 县	0	0	155327	58136	45327
赵 县	0	0	66679	10913	3228
晋 州 市	0	0	194000	16997	5119
新 乐 市	144	0	259750	72587	15387
辛 集 市	0	0	392910	52845	22721

9—10 续表 4　　（2020 年）　　计量单位：万元

县（市、区）	三、牧业商品产值（续）				
	（一）牲畜的饲养（续）				（二）猪的饲养
	2. 羊	3. 其他牲畜	4. 奶类	5. 毛绒类	
石家庄市	**115524**	**13476**	**266304**	**1390**	**1319679**
长 安 区	476	0	346	0	1
桥 西 区	0	0	0	0	0
新 华 区	22	0	0	0	0
裕 华 区	61	0	82	0	7
井陉矿区	175	0	0	5	4218
藁 城 区	12377	0	14053	0	161370
鹿 泉 区	1411	0	18143	22	17270
栾 城 区	11847	0	5825	0	13742
高 新 区	5	0	0	0	583
循环化工园区	174	0	1548	0	1651
井 陉 县	5657	0	534	365	29699
正 定 县	3661	0	25192	0	128082
行 唐 县	5568	0	77081	0	51596
灵 寿 县	4072	0	13430	427	102263
高 邑 县	1498	0	1407	21	17704
深 泽 县	9895	6750	5098	0	49114
赞 皇 县	5747	0	0	0	28700
无 极 县	11286	6086	20956	0	64777
平 山 县	9821	0	2465	49	59885
元 氏 县	4161	0	8648	0	59416
赵　县	3583	0	4082	20	34832
晋 州 市	7267	0	4611	0	135796
新 乐 市	2947	640	46973	0	130570
辛 集 市	13813	0	15830	481	228403

9—10 续表 5　　（2020 年）　　计量单位：万元

县（市、区）	三、牧业商品产值（续）				四、渔业商品产值
	（三）家禽的饲养（续）			（四）其他畜牧业	
	合计	1. 肉禽	2. 禽蛋		
石家庄市	**688507**	**162369**	**526138**	**85991**	**29725**
长 安 区	298	34	264	0	0
桥 西 区	0	0	0	0	0
新 华 区	1	0	1	0	0
裕 华 区	6	4	2	0	0
井陉矿区	167	28	139	0	16
藁 城 区	95407	28186	67221	23452	0
鹿 泉 区	16757	3059	13698	11400	9099
栾 城 区	29095	5316	23779	30580	0
高 新 区	277	10	267	0	0
循环化工园区	2068	426	1642	0	0
井 陉 县	17817	3229	14588	3	591
正 定 县	77565	20220	57345	3408	0
行 唐 县	45767	10729	35038	0	900
灵 寿 县	16919	4661	12258	7926	9477
高 邑 县	9870	2247	7623	4802	0
深 泽 县	17295	3661	13634	2210	181
赞 皇 县	16751	4198	12553	6	0
无 极 县	61636	13594	48042	0	1
平 山 县	14826	3644	11182	18	9140
元 氏 县	37775	11177	26598	0	295
赵　 县	19234	3481	15753	1700	0
晋 州 市	41182	7525	33657	25	0
新 乐 市	56593	14962	41631	0	0
辛 集 市	111201	21978	89223	461	25

十 工业 交通 邮政

资料来源：市统计局、市交通运输局、市邮政管理局

全市规模以上工业企业主要产品产量

10—1　　　　（2020 年）

指标名称	计量单位	2020 年	2019 年	增长速度（%）
铁矿石成品矿◇	吨	105930	90076	17.6
石灰石	吨	3698898	4461066	-17.1
小麦粉	吨	1350963	1873768	-27.9
饲料◇	吨	1220342	1206865	1.1
其中：◇配合饲料	吨	724808	717472	1.0
◇混合饲料	吨	127171	104393	21.8
精制食用植物油	吨	386499	378826	2.0
鲜、冷藏肉	吨	80077	106596	-24.9
冻肉	吨	29713	18052	64.6
糖果	吨	6637	12720	-47.8
速冻食品◇	吨	2488	5102	-51.2
其中：◇速冻米面食品	吨	2488	5102	-51.2
方便面	吨	87	488	-82.2
乳制品◆	吨	821017	828721	-0.9
◆液体乳	吨	757093	767617	-1.4
◆固体及半固体乳制品△	吨	63925	61104	4.6
其中：○婴幼儿配方乳粉	吨	42971	44920	-4.3
其中：△乳粉○	吨	62904	61104	3.0
罐头	吨	2448	9369	-73.9
酱油	吨	28059	28814	-2.6
食醋	吨	26786	30124	-11.1
冷冻饮品	吨	7963	8462	-5.9
食品添加剂	吨	9333	10918	-14.5
饲料添加剂	吨	143132	106823	34.0
饮料酒◇	千升	357434	364417	-1.9
其中：◇白酒（折 65 度，商品量）	千升	1122	920	21.9
◇啤酒	千升	356312	363497	-2.0
饮料◇	吨	642432	743431	-13.6
其中：◇碳酸型饮料（汽水）	吨	317733	336329	-5.5
◇包装饮用水	吨	63168	52564	20.2
◇果汁和蔬菜汁类饮料	吨	137241	166801	-17.7

注：本表数据包含辛集市。

10—1 续表 1 （2020 年）

指标名称	计量单位	2020 年	2019 年	增长速度（%）
◇蛋白饮料	吨	1494	1167	28.1
卷烟	万支	2255436	2223540	1.4
纱◆	吨	193045	243463	−20.7
◆棉纱	吨	124363	142179	−12.5
◆棉混纺纱	吨	47746	85032	−43.9
◆化学纤维纱	吨	20937	16252	28.8
布◇★	万米	50547	58531	−13.6
其中：◇色织布（含牛仔布）	万米	2400	2684	−10.6
其中：★棉布	万米	36316	41716	−12.9
★棉混纺布	万米	13951	16547	−15.7
★化学纤维短纤布	万米	280	268	4.6
印染布	万米	1674	6473	−74.1
化纤长丝机织物	万米	3486	3784	−7.9
非织造布（无纺布）	吨	66356	56920	16.6
口罩◇ *	万个(只)	14030	467	2904.3
其中：◇医用口罩 *	万个(只)	587	0	–
服装◆	万件	3088	3472	−11.1
◆梭织服装△	万件	2844	3155	−9.9
其中：△羽绒服装	万件	27	40	−31.5
△西服套装	万件	9	2	325.0
△衬衫	万件	54	43	24.7
◆针织服装	万件	244	317	−22.9
轻革	平方米	196039276	199257934	−1.6
皮革服装	万件	1470	1465	0.4
衣箱、提箱及类似容器	万个	39	39	0.8
手提包（袋）、背包	万个	62	117	−46.6
天然毛皮服装	万件	10	12	−15.1
鞋◇	万双	1113	1302	−14.5
其中：◇纺织面鞋	万双	60	77	−22.1
◇皮革鞋靴	万双	348	794	−56.2
人造板◇	立方米	270845	312498	−13.3
其中：◇胶合板	立方米	22907	25917	−11.6
◇纤维板	立方米	246004	285204	−13.7
人造板表面装饰板	平方米	454708	703160	−35.3

10—1 续表 2　　　　（2020 年）

指标名称	计量单位	2020 年	2019 年	增长速度（%）
家具◇	件	740077	251731	194.0
其中：◇木质家具	件	319349	189408	68.6
◇金属家具	件	29428	1389	2018.7
◇软体家具	件	7499	24830	–69.8
机制纸及纸板（外购原纸加工除外）◇	吨	379730	352250	7.8
其中：◇未涂布印刷书写用纸△	吨	285135	259348	9.9
其中：△新闻纸	吨	285135	259348	9.9
◇涂布类印刷用纸	吨	86	70	22.1
◇包装用纸及纸板△	吨	20721	19052	8.8
其中：△箱纸板	吨	20721	19052	8.8
纸制品◇	吨	22311	18883	18.2
其中：◇瓦楞纸箱	吨	14768	13974	5.7
◇卫生用纸制品	吨	36	31	17.0
单色印刷品	令	538910	568882	–5.3
多色印刷品	对开色令	653836	776622	–15.8
硫酸（折 100%）	吨	737290	745596	–1.1
盐酸（氯化氢，含量 31%）	吨	0	39800	–100.0
烧碱（折 100%）◇	吨	97986	107966	–9.2
其中：◇离子膜法烧碱（折 100%）	吨	97986	107966	–9.2
纯苯	吨	141456	106865	32.4
甲醛	吨	41091	132517	–69.0
精甲醇	吨	72202	128802	–43.9
硫磺	吨	69370	87025	–20.3
合成氨（无水氨）	吨	328973	392596	–16.2
农用氮、磷、钾化学肥料（折纯）◆	吨	247428	213546	15.9
◆氮肥（折含氮 100%）△	吨	215931	213546	1.1
其中：△尿素（折含氮 100%）	吨	128578	122628	4.9
◆钾肥（折氧化钾 100%）	吨	31497	0	–
化学农药原药（折有效成分 100%）◇	吨	18344	17914	2.4
其中：◇杀虫剂（杀螨剂）原药	吨	3821	3406	12.2
◇杀菌剂原药	吨	3792	5497	–31.0
◇除草剂原药	吨	2457	2158	13.9

10—1 续表 3　　（2020 年）

指标名称	计量单位	2020 年	2019 年	增长速度（%）
涂料	吨	66260	60618	9.3
初级形态塑料◇	吨	333638	337954	–1.3
其中：◇低密度聚乙烯树脂（LDPE）	吨	1181	4852	–75.7
◇聚丙烯树脂	吨	221468	244919	–9.6
合成纤维单体◇	吨	0	100167	–100.0
合成纤维聚合物◇	吨	21704	21766	–0.3
其中：◇聚酯	吨	21704	21766	–0.3
碳纤维及其复合材料	吨	3318	3522	–5.8
化学试剂	吨	74863	86817	–13.8
表面活性剂	吨	31633	27225	16.2
活性炭	吨	15898	15587	2.0
合成洗涤剂◇	吨	36433	34033	7.1
化学药品原药	吨	111012	100074	10.9
中成药	吨	12761	11553	10.5
兽用药品	吨	9580	7636	25.5
化学纤维◆	吨	161120	160240	0.6
◆人造纤维（纤维素纤维）△	吨	41354	32779	26.2
其中：△粘胶短纤维	吨	41354	32779	26.2
◆合成纤维△	吨	119766	127461	–6.0
△涤纶纤维	吨	63258	67702	–6.6
△腈纶纤维	吨	56508	59759	–5.4
摩托车充气橡胶轮胎外胎	条	3007734	2003559	50.1
塑料制品◇	吨	152975	172876	–11.5
其中：◇塑料薄膜△	吨	7211	6690	7.8
◇泡沫塑料	吨	15731	13756	14.4
◇塑料人造革、合成革	吨	27269	38334	–28.9
◇日用塑料制品	吨	30305	30517	–0.7
硅酸盐水泥熟料◇	吨	19523025	15366245	27.1
其中：◇窑外分解窑水泥熟料	吨	16421924	13804552	19.0
水泥◇	吨	20597755	18075172	14.0
其中：◇强度等级 42.5 水泥（含 R 型）	吨	6946070	6853983	1.3
◇强度等级 52.5 水泥（含 R 型）	吨	47053	44747	5.2

10—1 续表 4　　（2020 年）

指标名称	计量单位	2020 年	2019 年	增长速度（%）
商品混凝土	立方米	14138548	13733621	3.0
水泥混凝土排水管	千米	152	198	-23.2
天然大理石建筑板材	平方米	72968	142640	-48.8
沥青和改性沥青防水卷材	平方米	15289172	15924851	-4.0
隔热、隔音人造矿物材料及其制品	吨	88793	100084	-11.3
平板玻璃	重量箱	12458056	12572425	-0.9
日用玻璃制品	吨	8164	9676	-15.6
玻璃包装容器	吨	127715	109123	17.0
瓷质砖	平方米	175999422	172905418	1.8
耐火材料制品	吨	18958	14505	30.7
石墨及碳素制品	吨	278085	397928	-30.1
生铁	吨	16513256	14935478	10.6
粗钢	吨	18622481	17943052	3.8
钢材◆	吨	19243407	17848246	7.8
◆棒材	吨	1056880	1226029	-13.8
◆钢筋	吨	5894465	6014783	-2.0
◆线材（盘条）	吨	4681244	4259537	9.9
◆厚钢板	吨	4280	2175	96.78
◆中板	吨	2287854	2419706	-5.5
◆中厚宽钢带	吨	3274373	2732933	19.81
◆冷轧薄宽钢带	吨	508407	0	-
◆热轧窄钢带	吨	972246	986539	-1.5
◆焊接钢管	吨	407551	154236	164.2
◆其他钢材	吨	156107	52307	198.4
铜合金	吨	4898	4425	10.7
铜材	吨	3081	1157	166.3
铝材◇	吨	14582	12701	14.8
钢结构	吨	177964	128893	38.1
金属门窗及类似制品	吨	238012	197426	20.6
金属切削工具	万件	3804	5367	-29.1
金属压力容器	吨	4213	7905	-46.7
金属包装容器	吨	6841	7080	-3.4

10—1 续表 5　　（2020 年）

指标名称	计量单位	2020 年	2019 年	增长速度（%）
钢丝	吨	260	225	15.7
钢丝绳	吨	5592	3489	60.3
铸铁件	吨	207609	239541	–13.3
锻件	吨	9079	8080	12.4
金属成形机床◇	台	753	1209	–37.7
泵◇	台	76602	64193	19.3
其中：◇真空泵	台	72841	58141	25.3
气体压缩机◆	台	22952	30227	–24.1
◆制冷设备用压缩机	台	2446	4428	–44.8
◆非制冷设备用压缩机	台	20506	25799	–20.5
阀门	吨	57889	98289	–41.1
液压元件	件	666	1209	–44.9
滚动轴承	万套	861	801	7.5
齿轮	吨	2541	1945	30.6
减速机	台	3275	2480	32.1
风机◇	台	1449	1295	11.9
金属密封件	万件	6	6	0.4
矿山专用设备	吨	1897	7100	–73.3
石油钻井设备	台（套）	15	13	15.4
炼油、化工生产专用设备	吨	3373	3190	5.7
塑料加工专用设备	台	19358	18516	4.6
农产品初加工机械◇	台	1530	960	59.4
机械化农业及园艺机具◇	台	46364	56645	–18.2
◇种植施肥机械	台	45407	55680	–18.5
◇收获机械△	台	521	965	–46.0
△玉米收获机械	台	66	649	–89.8
医疗仪器设备及器械	台	2735	1678	63.0
眼镜成镜	副	443962	1077799	–58.8
环境污染防治专用设备◆	台（套）	4176	4633	–9.9
◆大气污染防治设备	台（套）	4176	4633	–9.9
汽车◇☆	辆	25	262	–90.5
其中：☆新能源汽车	辆	25	262	–90.5

10—1 续表 6　　　　（2020 年）

指标名称	计量单位	2020 年	2019 年	增长速度（%）
改装汽车	辆	3540	12087	-70.7
铁路货车	辆	641	868	-26.2
城市轨道车辆	辆	114	72	58.3
电动机◇	千瓦	3933056	4521688	-13.0
◇交流电动机	千瓦	2091756	2286688	-8.5
变压器◇	千伏安	23593	15364	53.6
互感器	台	58242276	58829207	-1.0
高压开关板	面	253	356	-28.9
低压开关板	面	2416	23061	-89.5
安全、自动化监控设备	台（套）	1076	4615	-76.7
电力电缆	千米	28290	71639	-60.5
光缆	芯千米	300059	492087	-39.0
绝缘制品	吨	1341	960	39.7
房间空气调节器	台	3647416	4442567	-17.9
家用电风扇	台	1061194	2019628	-47.5
家用电热取暖器具	台	655418	694326	-5.6
灯具及照明装置	套（台、个）	14964	71537	-79.1
程控交换机◇	线	482300	382000	26.3
其中：◇数字程控交换机	线	481800	382000	26.1
传感器	万只	118	121	-2.0
集成电路	万块	4529.8	435	940.3
光电子器件◇	万只（片套）	527772	726288	-27.3
其中：◇发光二极管（LED 管）	万只	527739	726248	-27.3
液晶显示屏	万片	34	39	-14.3
电子元件◇	万只	3467	3194	8.5
工业自动调节仪表与控制系统	台（套）	35714	122263	-70.8
电工仪器仪表	台	1874169	3138602	-40.3
环境监测专用仪器仪表	台	344902	242040	42.5
汽车仪器仪表	台	407337	341872	19.2
自来水生产量	万立方米	24966	23853	4.7

全市规模以上工业企业主要经济指标

10—2　　　　（2020 年）　　　　计量单位：千元

指标名称	工业企业单位数（个）	工业企业总产值	资产合计	# 流动资产合计
总　计	**2183**	**542901363**	**755683028**	**387982692**
一、按登记注册类型分组				
内资企业	2117	483120975	664724179	337829169
国有企业	20	4829987	12477266	4996866
集体企业	2	90701	39712	22656
股份合作企业	4	644656	1045717	635982
联营企业	0	0	0	0
有限责任公司	289	166270152	350113522	176015655
股份有限公司	61	59410946	92557488	44618837
私营企业	1741	251874533	208490474	111539173
其他企业	0	0	0	0
港、澳、台商投资企业	34	34372607	57779892	33622494
外商投资企业	32	25407781	33178957	16531029
二、按经济组织类型分组				
独资企业	104	55372059	71125972	39966069
股份有限公司	128	71103551	109279820	54315950
合作、合伙企业	25	4921939	4274245	1463322
有限责任公司	1926	411503814	571002991	292237351
三、在总计中：亏损企业	279	17475347	44316356	20917554
在总计中：国有控股企业	136	135728210	222827905	87626594
在总计中：大型企业	47	212597951	284482143	164458897
中型企业	200	131823683	172648201	88222146
小型企业	1611	186417806	283657112	127494348
微型企业	325	12061923	14895572	7807301

注：本表数据包含辛集市。

10—2 续表 1　　（2020 年）　　计量单位：千元

指标名称	固定资产原价	累计折旧
总　计	**315184788**	**140511169**
一、按登记注册类型分组		
内资企业	287861993	129419160
国有企业	9744952	3606210
集体企业	28057	11056
股份合作企业	291700	174785
联营企业	0	0
有限责任公司	160882764	75074922
股份有限公司	49280890	23604057
私营企业	67633630	26948130
其他企业	0	0
港、澳、台商投资企业	12295135	4944684
外商投资企业	15027660	6147325
二、按经济组织类型分组		
独资企业	35210497	16004037
股份有限公司	54719816	25736458
合作、合伙企业	1147154	470168
有限责任公司	224107321	98300506
三、在总计中：亏损企业	21517672	6021454
在总计中：国有控股企业	175637896	84431553
在总计中：大型企业	133491260	67282552
中型企业	105885332	49975897
小型企业	70559062	22330703
微型企业	5249134	922017

10—2 续表 2　　（2020 年）　　计量单位：千元

指标名称	负债合计	#流动负债合计	所有者权益	#实收资本
总　计	**450780648**	**388979509**	**304519053**	**116243446**
一、按登记注册类型分组				
内资企业	409131899	357805143	255208962	105671414
国有企业	8239156	6686423	4238111	1327411
集体企业	24988	19632	14724	6560
股份合作企业	580955	528488	464761	101433
联营企业	0	0	0	0
有限责任公司	257062345	224835259	92911364	60781854
股份有限公司	41282362	32386253	51275110	13741996
私营企业	101942093	93349088	106304892	29712160
其他企业	0	0	0	0
港、澳、台商投资企业	28736721	21343370	29043168	4906990
外商投资企业	12912028	9830996	20266923	5665042
二、按经济组织类型分组				
独资企业	30447831	25999578	40677311	8295924
股份有限公司	50274606	40307849	59031608	16763324
合作、合伙企业	1514665	1431758	2759578	310479
有限责任公司	368543546	321240324	202050556	90873719
三、在总计中：亏损企业	41674248	33890383	2486648	9146833
在总计中：国有控股企业	137363845	98849303	85464052	44820385
在总计中：大型企业	161436501	138091408	123045637	26032864
中型企业	103100036	88291762	69548154	32204819
小型企业	175858274	155200757	107821075	55513276
微型企业	10385837	7395582	4104187	2492487

10—2 续表 3　　（2020 年）　　计量单位：千元

指标名称	实收资本中：		营业收入	主营业务收入	营业成本	税金及附加
	# 国家资本	集体资本				
总　计	**22526625**	**1652230**	**569762351**	**552288328**	**450559026**	**15478328**
一、按登记注册类型分组						
内资企业	19542173	1649226	508313060	492809556	412753440	14981249
国有企业	1182295	87030	5174675	4971699	4121112	58731
集体企业	0	2860	91930	91518	86051	266
股份合作企业	0	0	895642	830193	712350	9473
联营企业	0	0	0	0	0	0
有限责任公司	14377813	1132323	192360815	182089347	158661737	6681335
股份有限公司	3861835	113050	61538345	60573437	41007611	7071872
私营企业	120230	313963	248251653	244253362	208164579	1159572
其他企业	0	0	0	0	0	0
港、澳、台商投资企业	1688390	0	34694496	33147898	17086129	352342
外商投资企业	1296062	3004	26754795	26330874	20719457	144737
二、按经济组织类型分组						
独资企业	2211256	663190	55546806	54937958	32622338	499424
股份有限公司	3868146	159250	73378116	72268219	50380799	7166066
合作、合伙企业	0	0	5117968	5048321	4097431	22378
有限责任公司	16447223	829790	435719461	420033830	363458458	7790460
三、在总计中：亏损企业	1682825	68204	15787162	15205976	15098078	133725
在总计中：国有控股企业	21859466	696063	150754187	141937909	120667670	13198634
在总计中：大型企业	8277071	0	245667258	234203916	180455811	13640362
中型企业	9453733	1097400	134125832	131530341	108729607	973293
小型企业	4649821	506220	177524458	175697214	149849714	805734
微型企业	146000	48610	12444803	10856857	11523894	58939

10—2 续表 4　（2020 年）　计量单位：千元

指标名称	管理费用	财务费用	营业利润
总　计	**18425908**	**6453701**	**42542778**
一、按登记注册类型分组			
内资企业	16501353	6331988	33531268
国有企业	432458	148328	178129
集体企业	2283	–16	2482
股份合作企业	43263	42418	26684
联营企业	0	0	0
有限责任公司	6106478	2702913	7978430
股份有限公司	2113978	904808	4279948
私营企业	7802893	2533537	21065595
其他企业	0	0	0
港、澳、台商投资企业	1231381	64972	5929445
外商投资企业	693174	56741	3082065
二、按经济组织类型分组			
独资企业	2255991	338927	8582796
股份有限公司	2693597	1039549	5250955
合作、合伙企业	207055	110511	444077
有限责任公司	13269265	4964714	28264950
三、在总计中：亏损企业	1150646	1065735	–2296078
在总计中：国有控股企业	5289234	2691616	4040217
在总计中：大型企业	7251289	1675090	18012042
中型企业	4693672	2342731	12333783
小型企业	6237676	2320294	11867671
微型企业	243271	115586	329282

10—2 续表 5　　（2020 年）　　计量单位：千元、人

指标名称	投资收益	利润总额	所得税费用	本年应付职工薪酬	全部从业人员年平均人数
总　计	**3542541**	**43276219**	**5296704**	**38655576**	**371603**
一、按登记注册类型分组					
内资企业	3165168	34251896	3869184	34203970	332127
国有企业	9915	243459	80574	1094743	8880
集体企业	0	2712	89	5740	119
股份合作企业	0	26792	586	75305	836
联营企业	0	0	0	0	0
有限责任公司	104076	8405309	1406049	12745289	97308
股份有限公司	912949	4218904	652931	4224159	40066
私营企业	2138228	21354720	1728955	16058734	184918
其他企业	0	0	0	0	0
港、澳、台商投资企业	86657	5942626	878373	2971639	25282
外商投资企业	290716	3081697	549147	1479967	14194
二、按经济组织类型分组					
独资企业	185670	8682751	1268492	5218160	41992
股份有限公司	977541	5213799	785848	5171817	56581
合作、合伙企业	0	443576	18827	462349	3352
有限责任公司	2379330	28936093	3223537	27803250	269678
三、在总计中：亏损企业	-34429	-2094488	3822	1045384	21142
在总计中：国有控股企业	664925	4334009	1280948	12233514	76294
在总计中：大型企业	1558397	18231733	2185307	17129232	133236
中型企业	1620254	12174033	1866619	9580741	103952
小型企业	363589	12526562	1207580	11761717	130433
微型企业	301	343891	37198	183886	3982

市区规模以上工业企业主要经济指标

10—3　　　　（2020 年）　　　　计量单位：千元

指标名称	工业企业单位数（个）	工业企业总产值	资产合计	# 流动资产合　计
总　计	**781**	**254383912**	**463211821**	**223223490**
一、按登记注册类型分组				
内资企业	740	201771105	380873654	177671854
国有企业	15	3934978	9684544	3966000
集体企业	2	90701	39712	22656
股份合作企业	2	88159	76526	50347
有限责任公司	161	100607049	245087062	102802728
股份有限公司	43	49460100	76523137	37903208
私营企业	517	47590118	49462673	32926915
其他企业	0	0	0	0
港、澳、台商投资企业	18	29283642	54292425	31942128
外商投资企业	23	23329165	28045742	13609508
二、按经济组织类型分组				
独资企业	58	45646012	61595635	36087064
合作、合伙企业	7	753133	397475	255161
股份有限公司	72	54110866	84536712	42387349
有限责任公司	644	153873901	316681999	144493916
三、在总计中：亏损企业	103	6530624	26152652	12629443
在总计中：国有控股企业	96	118010078	192875641	77234052
在总计中：大型企业	31	130565730	187921208	92159348
中型企业	91	62036953	99838604	47925129
小型企业	582	58529405	170911422	80617578
微型企业	77	3251824	4540587	2521435

10—3 续表 1　　（2020 年）　　计量单位：千元

指标名称	固定资产原价	累计折旧
总　计	**201407349**	**88973452**
一、按登记注册类型分组		
内资企业	178715868	79916157
国有企业	8004461	3011562
集体企业	28057	11056
股份合作企业	20101	13722
有限责任公司	120599991	55031979
股份有限公司	33553836	14927919
私营企业	16509422	6919919
其他企业	0	0
港、澳、台商投资企业	10242153	3906348
外商投资企业	12449328	5150947
二、按经济组织类型分组		
独资企业	30994617	14316082
合作、合伙企业	289754	177373
股份有限公司	36424736	16180075
有限责任公司	133698242	58299922
三、在总计中：亏损企业	14134931	3961087
在总计中：国有控股企业	141391672	64709370
在总计中：大型企业	105866365	53060943
中型企业	56799084	23101425
小型企业	36893624	12544549
微型企业	1848276	266535

10—3 续表 2 （2020 年） 计量单位：千元

指标名称	负债合计	# 流动负债	所有者权益	# 实收资本
总 计	**285498782**	**236576534**	**177760070**	**81583638**
一、按登记注册类型分组				
内资企业	247052506	208403545	133868186	73006838
国有企业	6867761	5690277	2816783	1008451
集体企业	24988	19632	14724	6560
股份合作企业	10285	10285	66240	39400
有限责任公司	177903533	151528947	67183514	50363384
股份有限公司	33034044	25137074	43489087	9625722
私营企业	29211895	26017330	20297838	11963321
其他企业	0	0	0	0
港、澳、台商投资企业	26693698	19324023	27598725	4388409
外商投资企业	11752578	8848966	16293159	4188391
二、按经济组织类型分组				
独资企业	26884020	23654903	34711596	6991693
合作、合伙企业	126860	126860	270614	115951
股份有限公司	36780712	28194393	47755987	11214949
有限责任公司	221707190	184600378	95021873	63261045
三、在总计中：亏损企业	26813539	21085486	–613764	5618194
在总计中：国有控股企业	121210636	85613488	71665000	34860434
在总计中：大型企业	98945882	78384654	88975323	22401975
中型企业	60451954	47811724	39386640	19340654
小型企业	123142502	108568273	47768836	38848952
微型企业	2958444	1811883	1629271	992057

10—3 续表 3　　（2020 年）　　计量单位：千元

指标名称	实收资本中：# 国家资本	集体资本	营业收入	主营业务收入	营业成本	税金及附加
总　计	**17125576**	**1241057**	**275212021**	**262524828**	**203882401**	**14262509**
一、按登记注册类型分组						
内资企业	14386164	1238053	220745973	209958626	171751164	13815154
国有企业	997281	830	4294375	4108268	3470057	48623
集体企业	0	2860	91930	91518	86051	266
股份合作企业	0	0	70878	70878	43095	568
有限责任公司	11784524	1083933	113837962	105987449	90414852	6423893
股份有限公司	1551058	27075	52548305	51720443	34922288	6985720
私营企业	53301	123355	49902523	47980070	42814821	356084
其他企业	0	0	0	0	0	0
港、澳、台商投资企业	1501350	0	29763101	28229864	12828426	320535
外商投资企业	1238062	3004	24702947	24336338	19302811	126820
二、按经济组织类型分组						
独资企业	1902787	576990	45895962	45371359	24888232	454148
合作、合伙企业	0	0	781410	778551	628714	4208
股份有限公司	1552359	73275	56919393	55996132	38032177	7043850
有限责任公司	13670430	590792	171615256	160378786	140333278	6760303
三、在总计中：亏损企业	1644825	3004	6825146	6380069	6405039	76915
在总计中：国有控股企业	16598193	593763	133067388	124520873	106596943	13022820
在总计中：大型企业	8150408	0	152074362	143059070	101636174	13310773
中型企业	5344374	1090300	65249530	63655334	53506215	565882
小型企业	3625794	150257	54087184	52988588	45208493	351824
微型企业	5000	500	3800945	2821836	3531519	34030

10—3 续表 4　　（2020 年）　　计量单位：千元

指标名称	管理费用	财务费用	营业利润
总　计	**9619724**	**2969044**	**16930236**
一、按登记注册类型分组			
内资企业	7957082	2847210	8655625
国有企业	329956	125011	97732
集体企业	2283	-16	2482
股份合作企业	7340	193	17921
有限责任公司	3953641	1822710	3102920
股份有限公司	1863972	620353	3217224
私营企业	1799890	278959	2217346
其他企业	0	0	0
港、澳、台商投资企业	1064017	28498	5602555
外商投资企业	598625	93336	2672056
二、按经济组织类型分组			
独资企业	1735687	238944	7630580
合作、合伙企业	43239	3065	51717
股份有限公司	2120471	665248	3801047
有限责任公司	5720327	2061787	5446892
三、在总计中：亏损企业	744482	839585	-1614508
在总计中：国有控股企业	4561580	2210719	2080719
在总计中：大型企业	4919047	1135259	9353511
中型企业	2329603	1157278	4459673
小型企业	2282719	661858	3025449
微型企业	88355	14649	91603

10—3 续表 5　　（2020 年）　　计量单位：千元、人

指标名称	投资收益	利润总额	所得税费用	本年应付职工薪酬	全部从业人员年平均人数
总　计	**1442474**	**17408336**	**3198321**	**20973632**	**185189**
一、按登记注册类型分组					
内资企业	1065101	9125195	1936781	16959154	150962
国有企业	9915	154808	61182	818893	6336
集体企业	0	2712	89	5740	119
股份合作企业	0	18240	40	2770	85
有限责任公司	96997	3485846	1023735	9597956	62649
股份有限公司	913126	3221783	475019	3687909	35178
私营企业	45063	2241806	376716	2845886	46595
其他企业	0	0	0	0	0
港、澳、台商投资企业	86657	5615485	815453	2677816	22132
外商投资企业	290716	2667656	446087	1336662	12095
二、按经济组织类型分组					
独资企业	153610	7677809	1185609	3999894	32327
合作、合伙企业	0	52348	5656	78845	1154
股份有限公司	974102	3821217	574205	4105729	39830
有限责任公司	314762	5856962	1432851	12789164	111878
三、在总计中：亏损企业	-35596	-1509543	1351	552152	8848
在总计中：国有控股企业	663219	2397334	926773	10428524	62710
在总计中：大型企业	810275	9483228	1561307	12766645	85677
中型企业	286408	4427754	1022072	4805541	48683
小型企业	345666	3378790	596580	3353188	49824
微型企业	125	118564	18362	48258	1005

全市规模以上工业企业分行业主要经济指标

10—4　　（2020 年）　　计量单位：千元

指标名称	工业企业单位数（个）	工业企业总产值	资产合计	#流动资产合计
总　计	**2183**	**542901363**	**755683028**	**387982692**
采矿业	3	250860	406598	193276
黑色金属矿采选业	1	20000	2761	1
有色金属矿采选业	1	205004	334912	129974
非金属矿采选业	1	25856	68925	63301
制造业	2084	481667639	652711436	366696711
农副食品加工业	132	17780314	8673586	5745041
食品制造业	43	14615575	17427399	8953922
酒、饮料和精制茶制造业	16	2350954	3654964	1986273
烟草制品业	1	8121766	8635617	7440336
纺织业	139	10474356	15942549	7060275
纺织服装、服饰业	29	2377061	2670775	2126979
皮革、毛皮、羽毛及其制品和制鞋业	206	80613087	49105422	7017430
木材加工和木、竹、藤、棕、草制品业	20	1118282	1234891	672395
家具制造业	18	943607	313023	158798
造纸和纸制品业	31	3195408	3247924	1907590
印刷和记录媒介复制业	38	4659142	5455707	3341176
文教、工美、体育和娱乐用品制造业	17	719424	630844	437207
石油加工、炼焦和核燃料加工业	22	33098222	18809221	7898509
化学原料和化学制品制造业	260	49345318	59099021	33906998
医药制造业	119	57494450	96350810	58795364
化学纤维制造业	19	2938178	2313314	1046573
橡胶和塑料制品业	110	13110148	7809419	5758426
非金属矿物制品业	240	29781772	33600123	17794461
黑色金属冶炼和压延加工业	18	72660762	115609995	85481867
有色金属冶炼和压延加工业	15	1808888	623596	476044
金属制品业	108	10056842	14813999	9047381
通用设备制造业	105	7439678	14378712	9396837
专用设备制造业	119	16541272	112710311	50497792
汽车制造业	48	5761513	9758056	6676015
铁路、船舶、航空航天和其他运输设备制造业	13	3724180	8136378	4576577
电气机械和器材制造业	108	13774096	13005765	8914573
计算机、通信和其他电子设备制造业	49	9047671	14575458	9736190
仪器仪表制造业	23	4943268	8053159	5781197
其他制造业	5	269573	297094	186033
废弃资源综合利用业	11	1587709	2797987	1641793
金属制品、机械和设备修理业	2	1315123	2976317	2236659
电力、热力、燃气及水生产和供应业	96	60982864	102564994	21092705
电力、热力生产和供应业	54	41987882	72193369	13083528
燃气生产和供应业	30	17494128	24161551	6125060
水的生产和供应业	12	1500854	6210074	1884117

注：本表数据包含辛集市。

10—4 续表 1　　（2020 年）　　计量单位：千元

指标名称	固定资产原价	累计折旧
总　计	**315184788**	**140511169**
采矿业	378576	210515
黑色金属矿采选业	2760	333
有色金属矿采选业	365847	205837
非金属矿采选业	9969	4345
制造业	193979082	83323946
农副食品加工业	3109752	1011510
食品制造业	5724990	2071550
酒、饮料和精制茶制造业	2477797	1155145
烟草制品业	2171598	1416126
纺织业	5979860	1898142
纺织服装、服饰业	801357	404101
皮革、毛皮、羽毛及其制品和制鞋业	7378338	1699513
木材加工和木、竹、藤、棕、草制品业	462146	180449
家具制造业	148366	40025
造纸和纸制品业	2844513	1646710
印刷和记录媒介复制业	4401339	2799185
文教、工美、体育和娱乐用品制造业	270070	123675
石油加工、炼焦和核燃料加工业	20568158	9917696
化学原料和化学制品制造业	25574955	10500148
医药制造业	30365621	12201573
化学纤维制造业	1392543	478318
橡胶和塑料制品业	2806652	1362774
非金属矿物制品业	19287343	8125201
黑色金属冶炼和压延加工业	26386954	13142807
有色金属冶炼和压延加工业	126067	78476
金属制品业	3624801	1752862
通用设备制造业	4209093	1990853
专用设备制造业	6092124	2126003
汽车制造业	2302707	905602
铁路、船舶、航空航天和其他运输设备制造业	2027031	802436
电气机械和器材制造业	4355952	1852349
计算机、通信和其他电子设备制造业	5660789	2104486
仪器仪表制造业	1028885	371663
其他制造业	85718	39263
废弃资源综合利用业	1112487	438535
金属制品、机械和设备修理业	1201076	686770
电力、热力、燃气及水生产和供应业	120827130	56976708
电力、热力生产和供应业	102368988	52801643
燃气生产和供应业	14548539	2295979
水的生产和供应业	3909603	1879086

10—4 续表 2　　（2020 年）　　计量单位：千元

指标名称	负债合计	#流动负债合计	所有者权益	#实收资本
总　计	**450780648**	**388979509**	**304519053**	**116243446**
采矿业	115314	87701	291284	45370
黑色金属矿采选业	2461	285	300	100
有色金属矿采选业	74091	48654	260821	15270
非金属矿采选业	38762	38762	30163	30000
制造业	384494323	345649547	267833793	92499891
农副食品加工业	5216954	4988597	3445528	1504262
食品制造业	11521999	9638341	5901395	4111131
酒、饮料和精制茶制造业	2279557	2183387	1375412	1356479
烟草制品业	3735778	3723790	4899839	1000000
纺织业	8899531	6345389	7042190	2856373
纺织服装、服饰业	1521172	1387267	1149598	510934
皮革、毛皮、羽毛及其制品和制鞋业	10867528	10593056	38237890	1551395
木材加工和木、竹、藤、棕、草制品业	812032	469162	283076	126797
家具制造业	176111	162330	136913	86720
造纸和纸制品业	2058402	1978632	1189510	1794552
印刷和记录媒介复制业	2079174	1958283	3376509	1906485
文教、工美、体育和娱乐用品制造业	326917	284946	303925	157430
石油加工、炼焦和核燃料加工业	12073501	10255854	6735718	1116637
化学原料和化学制品制造业	31201646	27204373	27866747	6895602
医药制造业	44084096	37864154	52266697	13257285
化学纤维制造业	2439010	1844112	-125700	488724
橡胶和塑料制品业	4010652	3780704	3772225	1378907
非金属矿物制品业	18634274	16905174	14745954	7935462
黑色金属冶炼和压延加工业	87036643	78176681	28573354	2980933
有色金属冶炼和压延加工业	278337	238548	345253	140394
金属制品业	8630434	7817675	6233149	2557885
通用设备制造业	8549008	7963196	5829691	4107624
专用设备制造业	87615583	83056347	25094709	20932732
汽车制造业	6698336	6183940	3059712	1659941
铁路、船舶、航空航天和其他运输设备制造业	3695821	2574337	4440557	2840404
电气机械和器材制造业	7094787	6722278	5910976	3125926
计算机、通信和其他电子设备制造业	6218290	5357824	8357165	4318739
仪器仪表制造业	2713670	2293997	5339488	1450329
其他制造业	119460	119460	177633	80500
废弃资源综合利用业	1953718	1936438	844265	198541
金属制品、机械和设备修理业	1951902	1641275	1024415	70768
电力、热力、燃气及水生产和供应业	66171011	43242261	36393976	23698185
电力、热力生产和供应业	46002438	31918364	26190937	17398858
燃气生产和供应业	15610848	8397372	8550693	4819664
水的生产和供应业	4557725	2926525	1652346	1479663

10—4 续表 3　　（2020 年）　　计量单位：千元

指标名称	实收资本中：国家资本	实收资本中：集体资本	营业收入	主营业务收入	营业成本	税金及附加
总　计	**22526625**	**1652230**	**569762351**	**552288328**	**450559026**	**15478328**
采矿业	15270	0	251939	251894	134288	4949
黑色金属矿采选业	0	0	20834	20834	18582	19
有色金属矿采选业	15270	0	205049	205004	93800	4869
非金属矿采选业	0	0	26056	26056	21906	61
制造业	9583441	1485415	507075861	490618626	394978945	15015214
农副食品加工业	0	0	19668898	19316558	18457653	36047
食品制造业	0	0	24259381	23634995	18270336	106699
酒、饮料和精制茶制造业	50000	0	3616349	3534378	2669226	139445
烟草制品业	0	0	14078694	8423484	7470385	5557838
纺织业	745296	33504	12170974	12013115	11767945	66675
纺织服装、服饰业	60000	0	2281010	2249876	1936578	10629
皮革、毛皮、羽毛及其制品和制鞋业	0	0	79349771	79311531	63528881	207535
木材加工和木、竹、藤、棕、草制品业	0	0	1067606	1063038	977831	9515
家具制造业	0	0	814428	811278	683185	13960
造纸和纸制品业	0	0	3026763	3016871	2822451	12711
印刷和记录媒介复制业	38511	0	4593631	4529126	3863602	32393
文教、工美、体育和娱乐用品制造业	0	0	693776	693549	596251	2655
石油加工、炼焦和核燃料加工业	42090	573300	33349890	32258294	25649251	6739097
化学原料和化学制品制造业	1492082	15600	48459074	47581874	39194491	270177
医药制造业	293221	79585	55648955	54713503	25019726	626295
化学纤维制造业	0	0	3033795	2953175	2853829	18332
橡胶和塑料制品业	0	52604	13157839	13005751	9430933	74162
非金属矿物制品业	2928000	519979	30001584	29465385	24856166	320764
黑色金属冶炼和压延加工业	1500000	5000	85068241	81127694	74912057	280078
有色金属冶炼和压延加工业	0	0	1758845	1757216	1673142	4266
金属制品业	295935	13000	11522539	11324448	10339470	54819
通用设备制造业	103938	2860	7677624	7236654	6233191	59138
专用设备制造业	83407	0	11455823	11297841	9074746	93415
汽车制造业	199208	2583	5938987	5798949	5134719	34843
铁路、船舶、航空航天和其他运输设备制造业	389265	0	3507360	3408482	2688525	38233
电气机械和器材制造业	0	116000	14107154	13484609	12167305	123885
计算机、通信和其他电子设备制造业	1296720	0	8566331	8512086	6488667	43528
仪器仪表制造业	0	46200	4579921	4530035	3050884	28557
其他制造业	0	0	232694	232628	195202	981
废弃资源综合利用业	0	25200	2068702	2055744	1922276	7101
金属制品、机械和设备修理业	65768	0	1319222	1276459	1050041	1441
电力、热力、燃气及水生产和供应业	12927914	166815	62434551	61417808	55445793	458165
电力、热力生产和供应业	11363065	20140	43406530	43022257	38988971	313767
燃气生产和供应业	1373815	60475	17453297	16842917	15514938	27461
水的生产和供应业	191034	86200	1574724	1552634	941884	116937

10—4 续表 4　　（2020 年）　　计量单位 : 千元

指标名称	管理费用	财务费用	营业利润
总　计	**18425908**	**6453701**	**42542778**
采矿业	37959	–363	63021
黑色金属矿采选业	116	1	50
有色金属矿采选业	36415	–537	62928
非金属矿采选业	1428	173	43
制造业	17104659	4760211	38688041
农副食品加工业	265173	66757	292038
食品制造业	487144	94103	608278
酒、饮料和精制茶制造业	84537	–11026	245294
烟草制品业	612001	–2046	–261262
纺织业	250054	209556	–33311
纺织服装、服饰业	140888	21281	72687
皮革、毛皮、羽毛及其制品和制鞋业	3299697	1349688	8296957
木材加工和木、竹、藤、棕、草制品业	42091	16378	–963
家具制造业	36481	4610	53523
造纸和纸制品业	89633	14526	–6561
印刷和记录媒介复制业	333580	16290	247131
文教、工美、体育和娱乐用品制造业	23921	11401	20363
石油加工、炼焦和核燃料加工业	741539	35961	–185645
化学原料和化学制品制造业	1943707	746595	4165228
医药制造业	2339774	660657	9666125
化学纤维制造业	58237	104558	–65161
橡胶和塑料制品业	456120	99366	2769251
非金属矿物制品业	1034963	344943	2596265
黑色金属冶炼和压延加工业	1431823	436948	6659902
有色金属冶炼和压延加工业	26139	1965	19824
金属制品业	358761	61603	306358
通用设备制造业	536908	116590	259470
专用设备制造业	640835	166494	401991
汽车制造业	263719	60891	207091
铁路、船舶、航空航天和其他运输设备制造业	324269	38736	309925
电气机械和器材制造业	453218	38205	518501
计算机、通信和其他电子设备制造业	291502	36647	931389
仪器仪表制造业	327514	–5895	509023
其他制造业	14019	3904	9492
废弃资源综合利用业	44412	25519	47906
金属制品、机械和设备修理业	152000	–4994	26932
电力、热力、燃气及水生产和供应业	1283290	1693853	3791716
电力、热力生产和供应业	731885	1348217	2062024
燃气生产和供应业	319192	259448	1601481
水的生产和供应业	232213	86188	128211

10—4 续表 5　　　　（2020 年）　　　　计量单位：千元、人

指标名称	投资收益	利润总额	所得税费用	本年应付职工薪酬	全部从业人员年平均人数
总　计	**3542541**	**43276219**	**5296704**	**38655576**	**371603**
采矿业	0	61896	9087	39338	476
黑色金属矿采选业	0	50	2	138	6
有色金属矿采选业	0	61805	9084	38688	455
非金属矿采选业	0	41	1	512	15
制造业	3257253	39034778	4430747	33745614	350051
农副食品加工业	–836	339332	49862	463750	7848
食品制造业	20593	624308	122055	1227593	13926
酒、饮料和精制茶制造业	1100	243785	61378	311343	3402
烟草制品业	355	–286945	–19549	659583	1239
纺织业	5722	–47911	8285	707851	16426
纺织服装、服饰业	358	67218	12079	382640	6133
皮革、毛皮、羽毛及其制品和制鞋业	170	8317034	22191	8903884	38542
木材加工和木、竹、藤、棕、草制品业	115	10078	332	50779	1182
家具制造业	0	54904	517	41964	928
造纸和纸制品业	19	2290	4350	140481	2433
印刷和记录媒介复制业	16891	258123	44236	618140	5685
文教、工美、体育和娱乐用品制造业	0	25972	1178	41004	1364
石油加工、炼焦和核燃料加工业	–739	–337956	79712	712210	5907
化学原料和化学制品制造业	1059367	4326948	672354	2952053	40971
医药制造业	627034	9691027	1386630	5457824	55238
化学纤维制造业	1663	–48053	3199	169910	2405
橡胶和塑料制品业	10319	2752965	505996	495259	10028
非金属矿物制品业	43299	2671952	565642	1413572	26383
黑色金属冶炼和压延加工业	1290667	6562266	396563	2164264	25280
有色金属冶炼和压延加工业	0	23012	2285	31702	815
金属制品业	12037	306160	57661	748749	12413
通用设备制造业	37565	280626	49705	1097093	14818
专用设备制造业	11316	500046	66037	1127980	15647
汽车制造业	13362	218422	39997	416529	6714
铁路、船舶、航空航天和其他运输设备制造业	72429	343472	63060	513702	5036
电气机械和器材制造业	1718	526761	69949	1028773	12666
计算机、通信和其他电子设备制造业	4591	977282	116039	757909	6632
仪器仪表制造业	24504	533442	33506	625819	6402
其他制造业	0	10269	1443	16200	311
废弃资源综合利用业	0	49797	13027	66748	1098
金属制品、机械和设备修理业	3634	38152	1028	400306	2179
电力、热力、燃气及水生产和供应业	285288	4179545	856870	4870624	21076
电力、热力生产和供应业	23757	2452138	479257	3861744	13919
燃气生产和供应业	252484	1599810	349022	503462	2980
水的生产和供应业	9047	127597	28591	505418	4177

市区规模以上工业企业分行业主要经济指标

10—5　　（2020 年）　　计量单位：千元

指标名称	工业企业单位数（个）	工业企业总产值	资产合计	# 流动资产合　计
总　计	**781**	**254383912**	**463211821**	**223223490**
制造业	737	207072302	389374101	211096309
农副食品加工业	39	6947118	4453461	2978092
食品制造业	20	9583084	11151957	5206669
酒、饮料和精制茶制造业	9	1994801	2947714	1660803
烟草制品业	1	8121766	8635617	7440336
纺织业	30	2324282	11207110	4565965
纺织服装、服饰业	11	431881	500664	309219
皮革、毛皮、羽毛及其制品和制鞋业	6	923984	1309992	937212
木材加工和木、竹、藤、棕、草制品业	5	435063	424621	207803
家具制造业	1	24555	51360	12596
造纸和纸制品业	9	452993	739940	663726
印刷和记录媒介复制业	25	3451237	4324415	2591268
文教、工美、体育和娱乐用品制造业	5	188340	121844	99251
石油加工、炼焦和核燃料加工业	6	29466128	17083278	6954855
化学原料和化学制品制造业	84	21957240	29971059	16421650
医药制造业	64	48046973	84647639	51601354
化学纤维制造业	2	1319741	1478017	578655
橡胶和塑料制品业	38	2046236	1686595	1119475
非金属矿物制品业	61	12044639	13408395	7984932
黑色金属冶炼和压延加工业	6	5750144	22638501	10000011
有色金属冶炼和压延加工业	3	261860	272949	196399
金属制品业	50	5168184	10258505	5821641
通用设备制造业	55	4602984	10130290	6840226
专用设备制造业	65	12286136	108205439	47519360
汽车制造业	12	2095432	2611587	2126814
铁路、船舶、航空航天和其他运输设备制造业	9	3221927	7214541	4042902
电气机械和器材制造业	55	9254875	9547019	6271062
计算机、通信和其他电子设备制造业	43	8569292	13314912	8802616
仪器仪表制造业	18	4332056	7455402	5335931
其他制造业	2	54881	65825	61701
废弃资源综合利用业	1	399347	539136	507126
金属制品、机械和设备修理业	2	1315123	2976317	2236659
电力、热力、燃气及水生产和供应业	44	47311610	73837720	12127181
电力、热力生产和供应业	23	31175457	47771187	5647121
燃气生产和供应业	15	14832126	21250564	4829541
水的生产和供应业	6	1304027	4815969	1650519

10—5 续表 1　　　　（2020 年）　　　　计量单位：千元

指标名称	固定资产原价	累计折旧
总　计	**201407349**	**88973452**
制造业	113661761	49668728
农副食品加工业	1659027	580576
食品制造业	2897661	1085020
酒、饮料和精制茶制造业	2052612	1014131
烟草制品业	2171598	1416126
纺织业	3634612	1098493
纺织服装、服饰业	282946	105822
皮革、毛皮、羽毛及其制品和制鞋业	228069	123265
木材加工和木、竹、藤、棕、草制品业	281333	137634
家具制造业	23386	13987
造纸和纸制品业	166667	33030
印刷和记录媒介复制业	4001427	2675105
文教、工美、体育和娱乐用品制造业	39844	27041
石油加工、炼焦和核燃料加工业	19707631	9598145
化学原料和化学制品制造业	14598647	5530380
医药制造业	26691983	11053560
化学纤维制造业	1076624	367262
橡胶和塑料制品业	796905	362521
非金属矿物制品业	8213761	4394136
黑色金属冶炼和压延加工业	1812984	242026
有色金属冶炼和压延加工业	62028	44882
金属制品业	2427779	1344546
通用设备制造业	2492176	1089892
专用设备制造业	4720047	1593448
汽车制造业	653711	387095
铁路、船舶、航空航天和其他运输设备制造业	1689408	615061
电气机械和器材制造业	3689669	1643151
计算机、通信和其他电子设备制造业	5429769	2061549
仪器仪表制造业	916032	323453
其他制造业	17456	13590
废弃资源综合利用业	24893	7031
金属制品、机械和设备修理业	1201076	686770
电力、热力、燃气及水生产和供应业	87745588	39304724
电力、热力生产和供应业	71152915	35458427
燃气生产和供应业	13266068	2063579
水的生产和供应业	3326605	1782718

10—5 续表 2　　（2020 年）　　计量单位 : 千元

指标名称	负债合计	# 流动负债合计	所有者权益	# 实收资本
总　计	**285498782**	**236576534**	**177760070**	**81583638**
制造业	237920877	207697463	151500262	64586292
农副食品加工业	2793355	2728461	1660100	669656
食品制造业	9358175	8019603	1793782	1039520
酒、饮料和精制茶制造业	1844079	1771877	1103635	1152870
烟草制品业	3735778	3723790	4899839	1000000
纺织业	5505936	3313847	5701161	2087793
纺织服装、服饰业	189345	189339	311313	83376
皮革、毛皮、羽毛及其制品和制鞋业	562050	519326	747943	258076
木材加工和木、竹、藤、棕、草制品业	306595	243949	118025	55520
家具制造业	49420	42351	1940	1940
造纸和纸制品业	647518	645378	92420	64505
印刷和记录媒介复制业	1488806	1413734	2835606	1665579
文教、工美、体育和娱乐用品制造业	34296	34296	87548	59817
石油加工、炼焦和核燃料加工业	11137596	9332084	5945682	670390
化学原料和化学制品制造业	19555972	16722297	10415080	3651458
医药制造业	38514819	33022899	46132807	10863196
化学纤维制造业	1949367	1355719	–471351	253928
橡胶和塑料制品业	1077024	987624	607097	366912
非金属矿物制品业	8111304	7457907	5297089	3050045
黑色金属冶炼和压延加工业	13463911	6386615	9174592	2094045
有色金属冶炼和压延加工业	68761	68761	204187	59700
金属制品业	5431398	4991491	4876699	1672031
通用设备制造业	6101391	5695041	4028891	3497495
专用设备制造业	85265901	80891813	22939526	19946191
汽车制造业	1405128	1375132	1206456	335464
铁路、船舶、航空航天和其他运输设备制造业	3393662	2345377	3820878	2685950
电气机械和器材制造业	5280881	5147059	4266140	1654262
计算机、通信和其他电子设备制造业	5713561	5041067	7601348	4165239
仪器仪表制造业	2517921	2125751	4937479	1349566
其他制造业	12679	12679	53145	56000
废弃资源综合利用业	452346	450921	86790	5000
金属制品、机械和设备修理业	1951902	1641275	1024415	70768
电力、热力、燃气及水生产和供应业	47577905	28879071	26259808	16997346
电力、热力生产和供应业	30570778	19872829	17200408	11529297
燃气生产和供应业	13325848	6435914	7924711	4397126
水的生产和供应业	3681279	2570328	1134689	1070923

10—5 续表 3　　　　（2020 年）　　　　计量单位：千元

指标名称	实收资本中：		营业收入	主营业务收　入	营业成本	税金及附加
	国家资本	集体资本				
总　计	**17125576**	**1241057**	**275212021**	**262524828**	**203882401**	**14262509**
制造业	7346546	1237007	226922593	215056187	159657047	13938045
农副食品加工业	0	0	8314682	8287748	7691041	18511
食品制造业	0	0	19398862	18851027	14320688	76610
酒、饮料和精制茶制造业	0	0	3260896	3179455	2364147	133518
烟草制品业	0	0	14078694	8423484	7470385	5557838
纺织业	745296	8004	6269674	6218601	6178917	42784
纺织服装、服饰业	60000	0	388172	365659	314186	3396
皮革、毛皮、羽毛及其制品和制鞋业	0	0	1100291	1090032	967944	4495
木材加工和木、竹、藤、棕、草制品业	0	0	449197	447924	426360	4916
家具制造业	0	0	26643	26643	11688	181
造纸和纸制品业	0	0	486975	477391	425689	1660
印刷和记录媒介复制业	38511	0	3415449	3351636	2848774	29082
文教、工美、体育和娱乐用品制造业	0	0	194927	194700	154273	943
石油加工、炼焦和核燃料加工业	42090	573300	29710167	28666368	22348205	6724775
化学原料和化学制品制造业	1055928	0	21280415	20915610	16835023	131505
医药制造业	279991	72485	46924009	46064229	19559718	566600
化学纤维制造业	0	0	1449645	1386801	1312927	11350
橡胶和塑料制品业	0	44000	2151366	2132235	1782743	9385
非金属矿物制品业	1517000	474575	13029716	12643691	10301508	177861
黑色金属冶炼和压延加工业	1500000	0	6721907	5412461	6181616	61826
有色金属冶炼和压延加工业	0	0	240416	238787	192598	2256
金属制品业	287480	13000	6305374	6139844	5517231	35837
通用设备制造业	39194	2860	4554432	4410667	3595689	42694
专用设备制造业	15597	0	7916962	7776374	6163151	74254
汽车制造业	13706	2583	2134891	2069051	1670455	12637
铁路、船舶、航空航天和其他运输设备制造业	389265	0	3115777	3027609	2430575	32098
电气机械和器材制造业	0	0	9859750	9242568	8180687	111878
计算机、通信和其他电子设备制造业	1296720	0	8191395	8137150	6202229	42160
仪器仪表制造业	0	46200	4168278	4138802	2766675	25097
其他制造业	0	0	47996	47943	42570	302
废弃资源综合利用业	0	0	416413	415238	349314	155
金属制品、机械和设备修理业	65768	0	1319222	1276459	1050041	1441
电力、热力、燃气及水生产和供应业	9779030	4050	48289428	47468641	44225354	324464
电力、热力生产和供应业	8397288	4050	32065147	31810942	30311849	189407
燃气生产和供应业	1257600	0	14862236	14310266	13092500	24908
水的生产和供应业	124142	0	1362045	1347433	821005	110149

10—5 续表 4　　（2020 年）　　计量单位：千元

指标名称	管理费用	财务费用	营业利润
总　计	**9619724**	**2969044**	**16930236**
制造业	8804910	2028724	14724465
农副食品加工业	123200	21400	248473
食品制造业	314848	72647	265500
酒、饮料和精制茶制造业	68190	–17796	239317
烟草制品业	612001	–2046	–261262
纺织业	156877	143849	–39828
纺织服装、服饰业	90405	89	–25688
皮革、毛皮、羽毛及其制品和制鞋业	36093	1259	32793
木材加工和木、竹、藤、棕、草制品业	16888	8983	–11976
家具制造业	3263	2863	–100
造纸和纸制品业	44427	872	–7030
印刷和记录媒介复制业	300285	7516	178479
文教、工美、体育和娱乐用品制造业	11387	2219	3878
石油加工、炼焦和核燃料加工业	669003	22030	–270896
化学原料和化学制品制造业	984271	601491	1185144
医药制造业	1931266	514414	8805950
化学纤维制造业	33688	98945	–62045
橡胶和塑料制品业	74027	28150	187233
非金属矿物制品业	524652	114070	1434078
黑色金属冶炼和压延加工业	262505	42535	–65927
有色金属冶炼和压延加工业	11694	–1680	14177
金属制品业	260443	61055	168238
通用设备制造业	349995	90964	155282
专用设备制造业	472230	127139	231185
汽车制造业	86265	26916	199300
铁路、船舶、航空航天和其他运输设备制造业	284366	26648	228632
电气机械和器材制造业	352847	16826	467288
计算机、通信和其他电子设备制造业	266343	33053	899528
仪器仪表制造业	299142	–10131	452766
其他制造业	3015	88	167
废弃资源综合利用业	9294	–650	44877
金属制品、机械和设备修理业	152000	–4994	26932
电力、热力、燃气及水生产和供应业	814814	940320	2205771
电力、热力生产和供应业	353100	635460	616506
燃气生产和供应业	253217	248313	1492126
水的生产和供应业	208497	56547	97139

10—5 续表 5　　　　（2020 年）　　　　计量单位：千元、人

指标名称	投资收益	利润总额	所得税费用	本年应付职工薪酬	全部从业人员年平均人数
总　计	**1442474**	**17408336**	**3198321**	**20973632**	**185189**
制造业	1158993	14869241	2601937	16882110	169489
农副食品加工业	-1140	252041	33990	223007	2612
食品制造业	20360	257586	49520	886373	9086
酒、饮料和精制茶制造业	1100	237894	60441	284296	2757
烟草制品业	355	-286945	-19549	659583	1239
纺织业	5068	-82145	1653	269616	5330
纺织服装、服饰业	0	-21972	65	74650	1068
皮革、毛皮、羽毛及其制品和制鞋业	0	40814	8389	76715	1127
木材加工和木、竹、藤、棕、草制品业	115	-1551	44	18064	503
家具制造业	0	1866	12	5986	132
造纸和纸制品业	0	-6825	2221	55510	587
印刷和记录媒介复制业	16880	188649	34816	538435	3942
文教、工美、体育和娱乐用品制造业	0	2954	198	17362	329
石油加工、炼焦和核燃料加工业	-739	-411310	72796	660811	4536
化学原料和化学制品制造业	322212	1203687	301390	1409035	16063
医药制造业	625461	8834014	1255781	4942623	47845
化学纤维制造业	1663	-54164	9	113530	1239
橡胶和塑料制品业	0	191215	33872	124261	2677
非金属矿物制品业	42413	1463933	354192	571734	7526
黑色金属冶炼和压延加工业	10069	-41875	899	643187	4660
有色金属冶炼和压延加工业	0	13729	1994	12602	255
金属制品业	11987	158705	28921	489464	7058
通用设备制造业	35507	158749	30912	675601	8466
专用设备制造业	-14204	319724	44685	793629	10136
汽车制造业	7361	203759	31635	198268	2722
铁路、船舶、航空航天和其他运输设备制造业	40369	262359	57682	485856	4433
电气机械和器材制造业	1427	483191	66256	934436	9519
计算机、通信和其他电子设备制造业	4591	944832	111187	729159	6021
仪器仪表制造业	24504	473199	25457	559969	5085
其他制造业	0	250	37	7075	121
废弃资源综合利用业	0	44726	11404	20967	236
金属制品、机械和设备修理业	3634	38152	1028	400306	2179
电力、热力、燃气及水生产和供应业	283481	2539095	596384	4091522	15700
电力、热力生产和供应业	22328	951247	246391	3160333	9634
燃气生产和供应业	252106	1489276	323341	446886	2211
水的生产和供应业	9047	98572	26652	484303	3855

分县（市、区）规模以上工业企业主要经济指标

10—6　　　　（2020 年）　　　　计量单位：个、千元

县（市、区）	企业单位数	工业总产值	资产合计	# 流动资产合计
石家庄市	**2183**	**542901363**	**755683028**	**387982692**
市　区	781	254383912	463211821	223223490
长安区	20	9844722	41341150	18476597
桥西区	11	9068736	12689584	3604701
新华区	13	1523130	7878730	1463049
裕华区	12	2494277	3086371	2077879
井陉矿区	26	15922729	32454536	15978981
藁城区	235	61535121	74358757	47363087
鹿泉区	134	34522500	48909244	28591800
栾城区	119	18163511	26813016	14861231
高新区	175	46539463	163808122	79130450
循环化工园区	34	32302388	27384211	11075355
井陉县	50	8812367	18560188	5535078
正定县	156	15226824	21697553	12978837
行唐县	40	4372829	6286549	3282632
灵寿县	55	3971080	4890388	2471455
高邑县	61	7605748	5594658	2601292
深泽县	50	4085899	2293500	1595894
赞皇县	29	5304898	5285324	2333803
无极县	180	11860120	7549183	5452985
平山县	40	56645760	98926180	78959998
元氏县	75	14926275	17716269	11036700
赵　县	89	10391132	9972122	5722243
晋州市	196	20210672	10984062	7477393
新乐市	135	11557339	11572868	7195533
辛集市	246	113546508	71142363	18115359

10—6 续表 1　　　（2020 年）　　　计量单位：千元

县（市、区）	固定资产原价	累计折旧
石家庄市	**315184788**	**140511169**
市　　区	201407349	88973452
长 安 区	18528911	8139847
桥 西 区	6717834	1934107
新 华 区	7011707	795203
裕 华 区	3070101	2258539
井陉矿区	6670066	2494715
藁 城 区	28069732	11115098
鹿 泉 区	19692542	8978302
栾 城 区	13445080	5631988
高 新 区	24923763	10134367
循环化工园区	26608181	11704155
井 陉 县	17826858	9145353
正 定 县	6358246	2025357
行 唐 县	3358834	1217625
灵 寿 县	2872744	966788
高 邑 县	3092113	1024306
深 泽 县	867250	403232
赞 皇 县	3992519	1484312
无 极 县	1833230	509565
平 山 县	34493802	18994211
元 氏 县	5143966	2039742
赵　　县	5734908	2628135
晋 州 市	3761083	1331456
新 乐 市	4043245	1505302
辛 集 市	20398641	8262333

10—6 续表 2　　（2020 年）　　计量单位：千元

县（市、区）	负债合计	#流动负债合计	所有者权益合计	#实收资本
石家庄市	**450780648**	**388979509**	**304519053**	**116243446**
市　区	285498782	236576534	177760070	81583638
长安区	26308132	15920951	15033014	6186459
桥西区	8167978	3275061	4521605	2782337
新华区	5600495	1454378	2278234	2361419
裕华区	658482	386631	2477488	1467501
井陉矿区	20875746	12607741	11576331	3596766
藁城区	37261558	34580063	37097167	12916409
鹿泉区	29379764	25716554	19529466	8587457
栾城区	11838354	9281463	14974636	6023941
高新区	108150269	101636699	55657826	29464565
循环化工园区	21844097	19332427	5540109	2722512
井陉县	12760170	11622188	5769579	3764396
正定县	12241130	9538131	9318827	3923249
行唐县	4224816	3316126	2061733	1448771
灵寿县	3041968	2634423	1769099	1521107
高邑县	2620841	2372794	2858384	1097237
深泽县	1351512	1251668	913645	508078
赞皇县	2413115	2152038	2872206	1160714
无极县	3931139	3855205	3615707	1529486
平山县	80172931	77051369	18753246	3695563
元氏县	5600599	4611260	12115662	1414023
赵　县	5446130	4717134	4488810	3680506
晋州市	7351922	6873836	3627216	2320392
新乐市	5780973	4951526	5791881	4003422
辛集市	18344620	17455277	52802988	4592864

10—6 续表 3　　　　（2020 年）　　　　计量单位：千元

县（市、区）	实收资本中：		营业收入	主营业务收入	营业成本	税金及附加
	国家资本	集体资本				
石家庄市	**22526625**	**1652230**	**569762351**	**552288328**	**450559026**	**15478328**
市　区	17125576	1241057	275212021	262524828	203882401	14262509
长安区	519002	0	15414494	15155467	12878924	273949
桥西区	1336017	0	9143254	9031054	8466856	12708
新华区	311304	0	1443210	1388770	1029020	7512
裕华区	0	2583	2531842	2460260	2018780	23792
井陉矿区	1560683	617300	17976133	16261020	15974429	171514
藁城区	1928673	18000	70734237	63308045	42998169	6057551
鹿泉区	2967210	551594	43991607	43042122	32907743	292472
栾城区	1429189	4550	17216523	16858166	13692343	170479
高新区	619962	47030	41500028	40083091	27124898	431149
循环化工园区	979264	0	32046664	31738241	24334476	6722347
井陉县	2113146	25200	8503438	8387992	7019301	87832
正定县	62700	203175	13465759	13338491	10316473	84473
行唐县	305000	0	4534859	4492726	3887667	16623
灵寿县	602300	7580	3797674	3762123	3018830	27214
高邑县	0	0	5816581	5779958	5152812	41512
深泽县	0	3600	4080860	3862558	3453979	17212
赞皇县	700000	15000	5139253	5086402	3725376	55043
无极县	8455	0	9472930	9395765	8640160	37840
平山县	981610	16090	70396750	67781893	62162957	192554
元氏县	0	10804	14768613	14610577	11424512	66701
赵　县	80000	9480	10493931	10081052	8951575	50589
晋州市	21215	116000	17983612	17840556	16833371	67147
新乐市	391704	3020	11433540	11323477	9109375	70043
辛集市	134919	1224	114662530	114019930	92980237	401036

10—6 续表 4　　（2020 年）　　计量单位：千元

县（市、区）	管理费用	财务费用	营业利润
石家庄市	**18425908**	**6453701**	**42542778**
市　　区	9619724	2969044	16930236
长 安 区	651593	634311	248573
桥 西 区	131110	180876	662671
新 华 区	95476	183848	74881
裕 华 区	236914	–554	194160
井陉矿区	521047	108420	532015
藁 城 区	2303692	380568	7039312
鹿 泉 区	1479989	171541	3239437
栾 城 区	813286	183742	1381776
高 新 区	1991268	313933	4652260
循环化工园区	1102430	527797	–1140952
井 陉 县	267940	304606	665801
正 定 县	582670	165407	794976
行 唐 县	142564	93039	255244
灵 寿 县	192803	64637	209400
高 邑 县	189367	58919	195446
深 泽 县	99752	38625	371316
赞 皇 县	193054	111553	987519
无 极 县	166860	47181	358813
平 山 县	1374353	833575	5447907
元 氏 县	461086	61706	2500348
赵　　县	372252	95334	427659
晋 州 市	398435	137150	290379
新 乐 市	439915	84888	1252790
辛 集 市	3925133	1388037	11854944

10—6 续表 5　　　　（2020 年）　　　　计量单位：千元、人

县（市、区）	投资收益	利润总额	所得税费用	本年应付职工薪酬	全部从业人员年平均人数
石家庄市	**3542541**	**43276219**	**5296704**	**38655576**	**371603**
市　区	1442474	17408336	3198321	20973632	185189
长安区	285196	246286	27586	1673717	14131
桥西区	226058	761482	138537	230363	1610
新华区	531	81298	28495	81082	1491
裕华区	8646	186327	47008	388344	2037
井陉矿区	11720	423333	112338	1080845	10396
藁城区	321570	7082765	1162520	4519976	44191
鹿泉区	122198	3361191	556314	3218065	30126
栾城区	94464	1482142	268046	1588554	19347
高新区	286729	4735355	682029	4608931	47630
循环化工园区	56545	−1148770	113160	1093711	8911
井陉县	388	608802	140706	795262	9010
正定县	24118	794526	114120	818592	13772
行唐县	39	291182	65010	221594	4448
灵寿县	346	204161	25139	288360	4441
高邑县	266	176245	8767	347455	9363
深泽县	2267	389845	71717	166112	3598
赞皇县	160	991875	210570	284925	6567
无极县	807	376971	44690	301562	7069
平山县	1267758	5358593	208190	1837404	21389
元氏县	739516	2525060	269779	755825	11227
赵　县	1181	461567	92439	650053	12654
晋州市	−873	326452	67076	638716	13734
新乐市	13892	1313541	183279	579770	10617
辛集市	50202	12049063	596901	9996314	58525

分县（市、区）规模以上国有控股工业企业主要经济指标

10—7　（2020 年）　计量单位：个、千元

县（市、区）	企业单位数	工业总产值	资产合计	# 流动资产合　计
石家庄市	**136**	**135728210**	**222827905**	**87626594**
市　区	96	118010078	192875641	77234052
长 安 区	7	8039333	39227028	16686435
桥 西 区	5	8149488	8433928	2117084
新 华 区	2	690663	7227914	970067
裕 华 区	3	1973202	2293629	1503797
井陉矿区	7	10557623	27348372	13100437
藁 城 区	17	19025662	24509330	14244322
鹿 泉 区	20	12106496	19294667	10611697
栾 城 区	14	4754596	10656800	4324041
高 新 区	13	4819893	8094634	5534113
循环化工园区	6	25425787	21301239	7541699
井 陉 县	4	5599382	10077764	3408488
正 定 县	5	195782	1677549	548072
行 唐 县	3	314884	1302240	411274
灵 寿 县	3	659546	1408994	389460
高 邑 县	0	0	0	0
深 泽 县	0	0	0	0
赞 皇 县	1	1133711	1672724	636568
无 极 县	1	92000	54562	50318
平 山 县	6	4875693	6523749	2375766
元 氏 县	2	81203	673660	26839
赵　县	3	414850	1087531	231592
晋 州 市	4	592617	491195	174000
新 乐 市	4	1837434	3761591	1996110
辛 集 市	4	1921030	1220705	144055

10—7 续表 1　　（2020 年）　　计量单位：千元

县（市、区）	固定资产原价	累计折旧
石家庄市	**175637896**	**84431553**
市　区	141391672	64709370
长安区	17816391	7587807
桥西区	3851866	1337365
新华区	6762719	652171
裕华区	2780785	2065918
井陉矿区	4107574	1309387
藁城区	14578413	6382066
鹿泉区	10815856	5021871
栾城区	7617469	3011215
高新区	2829021	1331196
循环化工园区	23562146	10223243
井陉县	14188961	8416963
正定县	128860	24372
行唐县	687704	117734
灵寿县	1377491	533823
高邑县	0	0
深泽县	0	0
赞皇县	1713156	785364
无极县	4567	998
平山县	12506530	8992131
元氏县	568079	6402
赵　县	746995	63725
晋州市	515620	198298
新乐市	1594681	537922
辛集市	213580	44451

10—7 续表 2　　（2020 年）　　计量单位：千元

县（市、区）	负债合计	#流动负债合计	所有者权益合计	#实收资本
石家庄市	**137363845**	**98849303**	**85464052**	**44820385**
市　区	121210636	85613488	71665000	34860434
长安区	25081494	14719636	14145532	5823719
桥西区	4916688	2248183	3517240	1829304
新华区	5119505	1018915	2108409	2206304
裕华区	230131	229639	2063497	1322565
井陉矿区	17133777	9472495	10214596	2691983
藁城区	13895905	12863084	10613422	5335733
鹿泉区	9682921	8069191	9611747	3958085
栾城区	6565662	4461134	4091137	3496632
高新区	4160361	3594640	3934272	1665318
循环化工园区	19010285	16552005	2290954	1056519
井陉县	6310243	5853172	3767522	2501721
正定县	1031431	303784	646117	269900
行唐县	864093	366190	438147	368100
灵寿县	817627	710681	591366	649407
高邑县	0	0	0	0
深泽县	0	0	0	0
赞皇县	548482	510056	1124243	700000
无极县	41178	41178	13384	8455
平山县	3076412	2485856	3447335	2247347
元氏县	587227	587227	86433	92746
赵　县	747890	521361	339641	350000
晋州市	677766	640040	-186571	109715
新乐市	1110501	875911	2651090	2637960
辛集市	340359	340359	880345	24600

10—7 续表 3　　（2020 年）　　计量单位：千元

县（市、区）	实收资本中：国家资本	营业收入	主营业务收入	营业成本	税金及附加
石家庄市	**21859466**	**150754187**	**141937909**	**120667670**	**13198634**
市　区	16598193	133067388	124520873	106596943	13022820
长 安 区	519002	13240608	13065115	11243796	221735
桥 西 区	1086904	8199991	8091965	7673632	11552
新 华 区	311304	672913	639729	352061	4515
裕 华 区	0	1971961	1962785	1569956	18862
井陉矿区	1560683	11404387	10053770	10472449	103230
藁 城 区	1906673	26830911	20715084	17898533	5668515
鹿 泉 区	2927210	12348727	12166627	9218320	86940
栾 城 区	1399189	4950973	4776204	4207367	68369
高 新 区	433692	5163689	5040903	3131163	46373
循环化工园区	979264	25069199	24810099	18372903	6693693
井 陉 县	2112721	5638178	5543027	4553173	55790
正 定 县	62700	206423	206273	139648	2995
行 唐 县	305000	320634	319654	192562	3195
灵 寿 县	589070	667242	665345	425661	9524
高 邑 县	0	0	0	0	0
深 泽 县	0	0	0	0	0
赞 皇 县	700000	1150580	1146370	661211	18596
无 极 县	8455	38122	38122	28699	360
平 山 县	981610	4793061	4751408	3958791	54532
元 氏 县	0	67106	66048	71817	482
赵　县	80000	493586	471474	464357	5116
晋 州 市	21215	598780	565446	526627	2554
新 乐 市	385502	1776637	1722839	1513246	19353
辛 集 市	15000	1936450	1921030	1534935	3317

10—7 续表 4　　（2020 年）　　计量单位：千元

县（市、区）	管理费用	财务费用	营业利润
石家庄市	**5289234**	**2691616**	**4040217**
市　区	4561580	2210719	2080719
长 安 区	551151	626067	78006
桥 西 区	107833	54669	686407
新 华 区	57469	179599	74888
裕 华 区	203221	–1532	160955
井陉矿区	397167	68687	560
藁 城 区	928562	242186	316029
鹿 泉 区	571743	89911	1553968
栾 城 区	336054	116392	54747
高 新 区	238147	57719	594872
循环化工园区	877314	492459	–1485816
井 陉 县	126900	221395	618282
正 定 县	20630	17979	21565
行 唐 县	18211	33267	68098
灵 寿 县	79045	22798	112643
高 邑 县	0	0	0
深 泽 县	0	0	0
赞 皇 县	66107	13562	418516
无 极 县	1716	–11	6867
平 山 县	212852	62506	507707
元 氏 县	8775	14276	–28240
赵　县	32603	18439	–34227
晋 州 市	22529	26293	7583
新 乐 市	69123	5839	34869
辛 集 市	69163	44554	225835

10—7 续表 5　　　　（2020 年）　　　　计量单位：千元、人

县（市、区）	投资收益	利润总额	所得税费用	本年应付职工薪酬	全部从业人员年平均人数
石家庄市	**664925**	**4334009**	**1280948**	**12233514**	**76294**
市　区	663219	2397334	926773	10428524	62710
长安区	285176	73334	1500	1400842	11778
桥西区	226058	776216	137668	206576	1193
新华区	531	61439	21967	30869	367
裕华区	8646	159317	41963	342411	1218
井陉矿区	10069	13254	14681	880103	6891
藁城区	6930	297663	158879	1712791	10870
鹿泉区	44724	1615479	274434	1364018	9611
栾城区	6819	128125	60269	782726	6580
高新区	45376	585949	97151	554953	4923
循环化工园区	73	-1510369	55973	663191	3960
井陉县	388	558812	127987	629183	5667
正定县	0	21906	-305	20542	317
行唐县	0	68227	10639	12969	168
灵寿县	0	110344	8508	104816	791
高邑县	0	0	0	0	0
深泽县	0	0	0	0	0
赞皇县	0	421961	107754	61492	560
无极县	0	6867	1000	5105	63
平山县	1200	546648	82582	418136	2267
元氏县	0	-28238	-2	12843	104
赵　县	0	-35761	2233	59848	666
晋州市	220	5449	6590	29348	238
新乐市	-102	34625	7168	193959	2420
辛集市	0	225835	21	256749	323

分县（市、区）规模以上集体工业企业主要经济指标

10—8　　　　（2020 年）　　　　计量单位：个、千元

县（市、区）	企业单位数	工业总产值	资产合计	#流动资产合计
石家庄市	**2**	**90701**	**39712**	**22656**
市　区	2	90701	39712	22656
长安区	0	0	0	0
桥西区	0	0	0	0
新华区	0	0	0	0
裕华区	0	0	0	0
井陉矿区	0	0	0	0
藁城区	1	68873	5609	2407
鹿泉区	1	21828	34103	20249
栾城区	0	0	0	0
高新区	0	0	0	0
循环化工园区	0	0	0	0
井陉县	0	0	0	0
正定县	0	0	0	0
行唐县	0	0	0	0
灵寿县	0	0	0	0
高邑县	0	0	0	0
深泽县	0	0	0	0
赞皇县	0	0	0	0
无极县	0	0	0	0
平山县	0	0	0	0
元氏县	0	0	0	0
赵　县	0	0	0	0
晋州市	0	0	0	0
新乐市	0	0	0	0
辛集市	0	0	0	0

10—8 续表 1　　　　（2020 年）　　　　计量单位：千元

县（市、区）	固定资产原价	累计折旧
石家庄市	**28057**	**11056**
市　　区	28057	11056
长 安 区	0	0
桥 西 区	0	0
新 华 区	0	0
裕 华 区	0	0
井陉矿区	0	0
藁 城 区	4120	918
鹿 泉 区	23937	10138
栾 城 区	0	0
高 新 区	0	0
循环化工园区	0	0
井 陉 县	0	0
正 定 县	0	0
行 唐 县	0	0
灵 寿 县	0	0
高 邑 县	0	0
深 泽 县	0	0
赞 皇 县	0	0
无 极 县	0	0
平 山 县	0	0
元 氏 县	0	0
赵　　县	0	0
晋 州 市	0	0
新 乐 市	0	0
辛 集 市	0	0

10—8 续表 2　　（2020 年）　　计量单位：千元

县（市、区）	负债合计	#流动负债合计	所有者权益合计	#实收资本
石家庄市	**24988**	**19632**	**14724**	**6560**
市　区	24988	19632	14724	6560
长 安 区	0	0	0	0
桥 西 区	0	0	0	0
新 华 区	0	0	0	0
裕 华 区	0	0	0	0
井陉矿区	0	0	0	0
藁 城 区	817	817	4792	3700
鹿 泉 区	24171	18815	9932	2860
栾 城 区	0	0	0	0
高 新 区	0	0	0	0
循环化工园区	0	0	0	0
井 陉 县	0	0	0	0
正 定 县	0	0	0	0
行 唐 县	0	0	0	0
灵 寿 县	0	0	0	0
高 邑 县	0	0	0	0
深 泽 县	0	0	0	0
赞 皇 县	0	0	0	0
无 极 县	0	0	0	0
平 山 县	0	0	0	0
元 氏 县	0	0	0	0
赵　县	0	0	0	0
晋 州 市	0	0	0	0
新 乐 市	0	0	0	0
辛 集 市	0	0	0	0

10—8 续表 3　　　　（2020 年）　　　　计量单位：千元

县（市、区）	实收资本中：集体资本	营业收入	主营业务收入	营业成本	税金及附加
石家庄市	**2860**	**91930**	**91518**	**86051**	**266**
市　区	2860	91930	91518	86051	266
长安区	0	0	0	0	0
桥西区	0	0	0	0	0
新华区	0	0	0	0	0
裕华区	0	0	0	0	0
井陉矿区	0	0	0	0	0
藁城区	0	69835	69835	68753	73
鹿泉区	2860	22095	21683	17298	193
栾城区	0	0	0	0	0
高新区	0	0	0	0	0
循环化工园区	0	0	0	0	0
井陉县	0	0	0	0	0
正定县	0	0	0	0	0
行唐县	0	0	0	0	0
灵寿县	0	0	0	0	0
高邑县	0	0	0	0	0
深泽县	0	0	0	0	0
赞皇县	0	0	0	0	0
无极县	0	0	0	0	0
平山县	0	0	0	0	0
元氏县	0	0	0	0	0
赵　县	0	0	0	0	0
晋州市	0	0	0	0	0
新乐市	0	0	0	0	0
辛集市	0	0	0	0	0

10—8 续表 4　　（2020 年）　　计量单位：千元

县（市、区）	管理费用	财务费用	营业利润
石家庄市	**2283**	**–16**	**2482**
市　区	2283	–16	2482
长安区	0	0	0
桥西区	0	0	0
新华区	0	0	0
裕华区	0	0	0
井陉矿区	0	0	0
藁城区	543	0	466
鹿泉区	1740	–16	2016
栾城区	0	0	0
高新区	0	0	0
循环化工园区	0	0	0
井陉县	0	0	0
正定县	0	0	0
行唐县	0	0	0
灵寿县	0	0	0
高邑县	0	0	0
深泽县	0	0	0
赞皇县	0	0	0
无极县	0	0	0
平山县	0	0	0
元氏县	0	0	0
赵　县	0	0	0
晋州市	0	0	0
新乐市	0	0	0
辛集市	0	0	0

10—8 续表 5　　　　（2020 年）　　　　计量单位：千元、人

县（市、区）	投资收益	利润总额	所得税费用	本年应付职工薪酬	全部从业人员年平均人数
石家庄市	**0**	**2712**	**89**	**5740**	**119**
市　　区	0	2712	89	5740	119
长 安 区	0	0	0	0	0
桥 西 区	0	0	0	0	0
新 华 区	0	0	0	0	0
裕 华 区	0	0	0	0	0
井陉矿区	0	0	0	0	0
藁 城 区	0	466	22	1492	14
鹿 泉 区	0	2246	67	4248	105
栾 城 区	0	0	0	0	0
高 新 区	0	0	0	0	0
循环化工园区	0	0	0	0	0
井 陉 县	0	0	0	0	0
正 定 县	0	0	0	0	0
行 唐 县	0	0	0	0	0
灵 寿 县	0	0	0	0	0
高 邑 县	0	0	0	0	0
深 泽 县	0	0	0	0	0
赞 皇 县	0	0	0	0	0
无 极 县	0	0	0	0	0
平 山 县	0	0	0	0	0
元 氏 县	0	0	0	0	0
赵　　县	0	0	0	0	0
晋 州 市	0	0	0	0	0
新 乐 市	0	0	0	0	0
辛 集 市	0	0	0	0	0

历年规模以上工业总产值、工业增加值指数

10—9　　（上年 = 100）　　计量单位 :%

年份	工业总产值	年份	工业总产值	工业增加值
1953	131.85	1987	117.69	
1954	132.48	1988	117.15	
1955	119.29	1989	106.14	
1956	119.97	1990	103.07	
1957	109.47	1991	115.30	
1958	157.78	1992	115.41	
1959	167.58	1993	119.56	117.11
1960	110.79	1994	112.20	110.67
1961	59.75	1995	117.01	114.89
1962	68.62	1996	123.51	120.57
1963	100.13	1997	119.10	116.71
1964	121.64	1998	102.73	102.39
1965	134.86	1999	117.40	115.23
1966	113.18	2000	112.82	111.22
1967	104.34	2001	114.79	112.94
1968	131.46	2002	116.91	114.80
1969	118.92	2003	124.23	121.20
1970	115.84	2004	128.62	125.04
1971	96.74	2005	127.94	122.85
1972	97.12	2006	126.60	119.80
1973	111.47	2007	128.63	120.40
1974	108.05	2008	127.07	113.20
1975	118.80	2009	107.99	113.00
1976	111.41	2010	132.90	116.50
1977	114.86	2011	130.40	116.20
1978	98.54	2012	111.10	113.50
1979	103.44	2013	109.40	110.80
1980	105.44	2014	105.70	108.00
1981	103.20	2015	103.80	106.00
1982	104.17	2016	105.40	104.60
1983	109.92	2017	108.80	103.60
1984	116.80	2018	108.60	105.40
1985	113.55	2019	106.47	101.30
1986	108.66	2020	106.53	102.20

注：本表数据包含辛集市。

营运车辆拥有量

10—10　　　　（2020 年）　　　　计量单位：辆

指标名称	2020 年
客运车辆总计	2842
载客汽车	2842
# 大型	1612
# 班车客运客车	1794
包车客车	1048
货运车辆总计	210241
载货汽车	210241
# 大型	112314
箱式货车	2373
集装箱挂车	1677
罐式整车	878
罐式挂车	3234
牵引车	83546
普通挂车（按车型结构分）	63123
# 普通载货汽车（按经营范围分类）	114278
专用载货汽车（按经营范围分类）	7904
其它载货机动车	0

注：本表数据包含辛集市。

公路长度及运输量

10—11　（2020 年）

指标名称	单位	2020 年	2019 年	2018 年
境内公路里程	公里	19327	18319	18112
#境内等级公路里程	公里	19299	17635	17344
境内高速公路里程	公里	830.4	728.0	678.6
公路客运量	万人	1071.5	2983.8	3303.1
公路货运量	万吨	50610	52404	52291
公路客运周转量	万人公里	78163	219267	226196
公路货运周转量	万吨公里	19671806	23697576	23456950

注：本表数据不含辛集市。

邮政业务量

10—12　（2020 年）

指标名称	单位	2020 年	2019 年	2018 年	2017 年	2016 年	2015 年	2014 年
邮政业务总量合计	**亿元**	**253.8**	**162.2**	**115.5**	**80.5**	**58.5**	**36.2**	**24.8**
函件	万件	1441.2	2047.6	1501.3	1980.7	2391.5	2778.0	7264.4
包裹	万件	62.4	50.5	44.8	43.0	40.6	47.7	54.7
快递	万件	113498	68540	52268	35960	27643	16373	9989
报纸	万件	11008	11849	12448	12214	12978	13566	13693
杂志	万件	470.4	486.5	523.8	484.2	566.2	755.2	892.1
汇兑	万笔	6.5	7.2	11.7	15.6	14.1	24.7	48.5

注：本表数据包含辛集市。

十一　贸易　外经

资料来源：市统计局

全市限额以上住宿和餐饮业企业经营状况

11—1 （2020 年） 计量单位：个、人、万元

指标名称	法人企业	从业人员期末人数	营业额				
				# 客房收入	餐费收入	商品销售收入	其他收入
总　计	**180**	**19270**	**359749**	**94441**	**205819**	**10978**	**48511**
一、住宿业	101	11397	197547	85078	81848	3638	26983
旅游饭店	57	9189	160682	65514	68179	3170	23820
旅游饭店	57	9189	160682	65514	68179	3170	23820
一般旅馆	43	2197	36611	19311	13669	469	3163
经济型连锁酒店	11	180	2752	2559	61	28	104
其他一般旅馆	32	2017	33859	16752	13608	441	3059
其他住宿业	1	11	254	254	0	0	0
其他住宿业	1	11	254	254	0	0	0
内资企业	99	11254	195952	84249	81394	3635	26674
国有企业	18	2047	29067	11400	10430	564	6673
集体企业	1	20	944	308	243	0	393
有限责任公司	33	6181	106298	42723	45560	1822	16194
国有独资公司	3	420	6361	2492	2719	4	1147
其他有限责任公司	30	5761	99937	40231	42842	1818	15047
私营企业	47	3006	59643	29819	25161	1249	3414
私营独资企业	4	658	3976	3213	763	0	0
私营有限责任公司	43	2348	55667	26606	24398	1249	3414
港、澳、台商投资企业	2	143	1595	829	454	3	309
与港澳台商合资经营企业	2	143	1595	829	454	3	309
国有控股	30	4429	71225	28569	26933	859	14865
集体控股	1	20	944	308	243	0	393
私人控股	62	6255	109395	49144	46943	2591	10718
港澳台商控股	1	82	795	433	349	0	13
其他	7	611	15188	6625	7380	189	994
独立门店	89	11161	194000	82345	81254	3610	26791
连锁总店（总部）	1	13	294	294	0	0	0
连锁直营店	1	13	205	111	0	0	94
连锁加盟店	9	151	2228	2125	65	28	10
其他	1	59	821	204	529	0	88
大型	2	1278	27061	11179	13650	471	1760
中型	24	6884	111594	42251	47337	2474	19532
小型	66	3209	53266	29034	20200	693	3339
微型	9	26	5627	2614	662	0	2351
五星	5	1661	40915	14266	20367	1216	5067
四星	20	3516	60734	24724	23153	451	12405
三星	11	1498	20993	8109	9739	893	2252

注：本表数据包含辛集市。

11—1 续表　　　　（2020 年）　　　　计量单位：个、人、万元

指标名称	法人企业	从业人员期末人数	营业额	# 客房收入	餐费收入	商品销售收　入	其他收入
二星	2	89	601	309	291	0	1
其他	63	4633	74305	37670	28299	1078	7258
城镇	98	10758	189883	82016	79023	3526	25319
其中：城区	68	8842	158751	69173	63252	2120	24207
乡村	3	639	7664	3062	2825	113	1664
二、餐饮业	79	7873	162202	9363	123971	7340	21528
正餐服务	73	7630	158119	9363	119892	7340	21524
正餐服务	73	7630	158119	9363	119892	7340	21524
快餐服务	3	59	2406	0	2402	0	4
快餐服务	3	59	2406	0	2402	0	4
餐饮配送及外卖送餐服务	3	184	1677	0	1677	0	0
餐饮配送服务	2	174	1451	0	1451	0	0
外卖送餐服务	1	10	225	0	225	0	0
内资企业	78	7532	155997	7028	122404	7340	19225
国有企业	2	96	836	240	596	0	0
有限责任公司	19	1655	33790	3754	28779	54	1203
国有独资公司	1	38	1272	340	926	3	4
其他有限责任公司	18	1617	32519	3414	27854	51	1199
股份有限公司	1	0	0	0	0	0	0
私营企业	56	5781	121371	3035	93029	7286	18021
私营独资企业	6	302	4208	501	3593	96	18
私营合伙企业	2	22	736	0	736	0	0
私营有限责任公司	47	2268	42894	2534	36186	3845	330
私营股份有限公司	1	3189	73532	0	52514	3344	17674
港、澳、台商投资企业	1	341	6205	2335	1566	0	2304
港澳台商投资股份有限公司	1	341	6205	2335	1566	0	2304
国有控股	6	475	7604	2710	4689	47	157
私人控股	69	6805	143856	4176	113572	7293	18815
港澳台商控股	1	341	6205	2335	1566	0	2304
其他	3	252	4537	142	4143	0	253
独立门店	70	4111	72829	9363	55616	3995	3854
连锁直营店	3	215	9720	0	9720	0	0
连锁加盟店	1	19	260	0	260	0	0
其他	5	3528	79394	0	58376	3344	17674
大型	1	3189	73532	0	52514	3344	17674
中型	9	1635	37470	4597	27056	3463	2355
小型	59	3008	47665	4767	41197	207	1494
微型	10	41	3534	0	3204	325	5
城镇	79	7873	162202	9363	123971	7340	21528
其中：城区	62	3934	79624	7326	64649	3923	3726

市区限额以上住宿和餐饮业企业经营状况

11—2　　　　（2020 年）　　　　计量单位：个、人、万元

指标名称	法人企业	从业人员期末人数	营业额	# 客房收入	餐费收入	商品销售收入	其他收入
总　计	**135**	**13501**	**248982**	**80662**	**135814**	**3479**	**29026**
一、住宿业	73	9659	172131	73534	70252	3019	25326
旅游饭店	43	7771	142615	57956	59525	2913	22221
旅游饭店	43	7771	142615	57956	59525	2913	22221
一般旅馆	29	1877	29262	15325	10727	106	3105
经济型连锁酒店	8	145	2052	1887	44	20	101
其他一般旅馆	21	1732	27210	13437	10683	86	3004
其他住宿业	1	11	254	254	0	0	0
其他住宿业	1	11	254	254	0	0	0
内资企业	72	9598	171330	73138	70146	3016	25030
国有企业	14	1894	26710	10528	9301	209	6672
集体企业	1	20	944	308	243	0	393
有限责任公司	28	5389	97546	39268	41953	1572	14753
国有独资公司	3	420	6361	2492	2719	4	1147
其他有限责任公司	25	4969	91185	36776	39234	1568	13607
私营企业	29	2295	46131	23035	18650	1235	3211
私营独资企业	2	635	3028	2814	214	0	0
私营有限责任公司	27	1660	43103	20221	18436	1235	3211
港、澳、台商投资企业	1	61	800	396	106	3	296
与港澳台商合资经营企业	1	61	800	396	106	3	296
国有控股	25	4239	68601	27572	25694	504	14831
集体控股	1	20	944	308	243	0	393
私人控股	40	4789	87398	39029	36934	2326	9108
其他	7	611	15188	6625	7380	189	994
独立门店	63	9448	169011	71200	69675	2999	25137
连锁总店（总部）	1	13	294	294	0	0	0
连锁直营店	1	13	205	111	0	0	94
连锁加盟店	7	126	1801	1726	48	20	7
其他	1	59	821	204	529	0	88
大型	2	1278	27061	11179	13650	471	1760
中型	22	6440	104914	40237	43825	2370	18482
小型	43	1934	35984	20661	12413	178	2732
微型	6	7	4172	1457	364	0	2351
五星	4	1571	40040	13808	20005	1216	5011
四星	13	2542	49202	19993	18028	195	10985
三星	10	1410	19623	7496	8982	893	2252
二星	1	54	224	94	130	0	0
其他	45	4082	63043	32144	23106	715	7078
城镇	72	9369	169011	72158	69159	3011	24683
其中：城区	64	8671	156214	67812	62132	2120	24150
乡村	1	290	3119	1377	1092	8	642

11—2 续表　　（2020 年）　　计量单位：个、人、万元

指标名称	法人企业	从业人员期末人数	营业额	# 客房收入	餐费收入	商品销售收入	其他收入
二、餐饮业	62	3842	76851	7128	65562	460	3701
正餐服务	58	3769	73806	7128	62521	460	3696
正餐服务	58	3769	73806	7128	62521	460	3696
快餐服务	2	40	2146	0	2142	0	4
快餐服务	2	40	2146	0	2142	0	4
餐饮配送及外卖送餐服务	2	33	899	0	899	0	0
餐饮配送服务	1	23	673	0	673	0	0
外卖送餐服务	1	10	225	0	225	0	0
内资企业	61	3501	70646	4793	63996	460	1397
有限责任公司	17	1549	31863	3043	27569	51	1199
其他有限责任公司	17	1549	31863	3043	27569	51	1199
股份有限公司	1		0	0	0	0	0
私营企业	43	1952	38784	1750	36427	409	198
私营独资企业	4	203	2816	0	2782	34	0
私营合伙企业	2	22	736	0	736	0	0
私营有限责任公司	37	1727	35232	1750	32909	375	198
港、澳、台商投资企业	1	341	6205	2335	1566	0	2304
港澳台商投资股份有限公司	1	341	6205	2335	1566	0	2304
国有控股	3	341	5496	2131	3168	44	153
私人控股	55	2908	60613	2520	56686	416	992
港澳台商控股	1	341	6205	2335	1566	0	2304
其他	3	252	4537	142	4143	0	253
独立门店	56	3439	62047	7128	50759	460	3701
连锁直营店	3	215	9720	0	9720	0	0
其他	3	188	5084	0	5084	0	0
中型	8	1523	33425	4466	26630	0	2329
小型	44	2278	39892	2662	35729	135	1366
微型	10	41	3534	0	3204	325	5
城镇	62	3842	76851	7128	65562	460	3701
其中：城区	58	3727	74772	7128	63483	460	3701

全市亿元以上商品交易市场基本情况

11—3　　　　（2020 年）　　　　计量单位：个、万元

指标名称	市场数量（个）	成交额
总　计	**39**	**13245902**
一、按市场类别分组		
1. 综合市场	11	6784250
2. 专业市场	28	6461652
生产资料市场	2	120946
农产品市场	8	183295
纺织、服装、鞋帽市场	2	5026005
电器、通讯器材、电子设备市场	1	44380
家具、五金及装饰材料市场	12	587992
汽车、摩托车及零配件市场	3	499034
二、按营业状态分组		
1. 常年营业	39	13245902
三、按经营方式分组		
1. 以批发为主	30	12507941
2. 以零售为主	9	737961
四、按经营环境分组		
1. 露天式	7	170458
2. 封闭式	23	11253735
3. 其他	9	1821709

注：本表数据包含辛集市。

全市限额以上批发贸易业商品购销存总额

11—4 （2020 年） 计量单位：个、万元

指标名称	法人企业	商品购进额	商品销售额			期末商品库存额
				# 批发	零售	
总 计	**684**	**40661046**	**42286447**	**41680982**	**564843**	**6565724**
农、林、牧、渔产品批发	31	532342	508643	507014	1629	82548
谷物、豆及薯类批发	9	224742	225052	223423	1629	19622
种子批发	4	16568	20439	20439	0	6738
畜牧渔业饲料批发	9	109482	111581	111581	0	1047
棉、麻批发	1	150031	117626	117626	0	47027
林业产品批发	2	4473	6042	6042	0	1185
牲畜批发	1	14176	15800	15800	0	925
其他农牧产品批发	5	12871	12103	12103	0	6005
食品、饮料及烟草制品批发	51	1273820	1642242	1612530	26749	123356
米、面制品及食用油批发	12	226816	231989	231989	0	47722
糕点、糖果及糖批发	3	69318	73027	52823	20204	8288
果品、蔬菜批发	9	36492	47959	47951	8	7360
肉、禽、蛋、奶及水产品批发	5	28886	34991	31013	1015	1128
盐及调味品批发	3	38961	48787	48787	0	1970
营养和保健品批发	3	7430	15172	15172	0	826
酒、饮料及茶叶批发	9	104394	112780	108101	4679	21315
烟草制品批发	1	714036	1022367	1022367	0	30652
其他食品批发	6	47488	55170	54328	843	4095
纺织、服装及家庭用品批发	68	1260433	1269116	1217933	49014	258924
纺织品、针织品及原料批发	19	345693	361881	360541	1177	21505
服装批发	20	188825	213046	189518	23528	39504
鞋帽批发	2	9013	10627	10427	200	2737
化妆品及卫生用品批发	5	70740	89102	85567	3535	7717
厨具卫具及日用杂品批发	3	21550	24122	24122	0	2952
灯具、装饰物品批发	3	19273	20828	20828	0	2566
家用视听设备批发	3	10495	11320	11275	45	570
日用家电批发	12	575709	517813	495483	20325	179293
其他家庭用品批发	1	19137	20377	20173	204	2080
文化、体育用品及器材批发	19	509080	694623	542473	152150	52293
文具用品批发	11	149963	160752	152602	8150	21460
体育用品及器材批发	2	23239	39950	39950	0	9137

注：本表数据包含辛集市。

11—4 续表 1　　（2020 年）　　计量单位：个、万元

指标名称	法人企业	商品购进额	商品销售额			期末商品库存额
				# 批发	零售	
图书批发	2	307953	462000	318000	144000	18785
报刊批发	1	3306	3426	3426	0	0
首饰、工艺品及收藏品批发	2	14937	18029	18029	0	2908
其他文化用品批发	1	9682	10466	10466	0	4
医药及医疗器材批发	133	5939777	6360740	6282914	76816	5194241
西药批发	62	4969282	5241997	5189578	52420	426235
中药批发	17	364207	401769	400420	1349	4706850
动物用药品批发	5	48833	50514	50514	0	1033
医疗用品及器材批发	49	557454	666459	642402	23047	60123
矿产品、建材及化工产品批发	232	23666972	24176569	23955931	190579	548985
煤炭及制品批发	31	3007931	3189136	3161847	4452	176083
石油及制品批发	20	980353	1011615	939734	69415	43884
非金属矿及制品批发	2	16000	15597	15597	0	575
金属及金属矿批发	58	17099665	17240545	17145098	93053	181864
建材批发	21	300111	315204	314162	1043	16200
化肥批发	7	887634	958186	958186	0	69278
农药批发	12	165619	174968	174968	0	18062
其他化工产品批发	81	1209660	1271318	1246341	22616	43039
机械设备、五金产品及电子产品批发	139	7189485	7332384	7262000	65963	299501
农业机械批发	4	12443	16264	14822	1442	996
汽车及零配件批发	39	750284	803105	781190	17494	83175
五金产品批发	13	236855	251695	251695	0	1925
电气设备批发	6	77916	86741	86741	0	2925
计算机、软件及辅助设备批发	14	180627	185727	182639	3088	13467
通讯设备批发	17	505403	516056	505823	10234	14124
广播影视设备批发	1	2389	2971	2971	0	233
其他机械设备及电子产品批发	45	5423567	5469827	5436121	33705	182656
贸易经纪与代理	4	104555	115376	115376	0	5733
贸易代理	4	104555	115376	115376	0	5733
其他批发业	7	184582	186754	184810	1944	144
其他未列明批发业	7	184582	186754	184810	1944	144

11—4续表2　　（2020年）　　计量单位：个、万元

指标名称	法人企业	商品购进额	商品销售额			期末商品库存额
				#批发	零售	
内资企业	682	40490253	42106336	41500871	564843	6555417
国有企业	8	1149507	1466743	1373025	93717	38574
集体企业	1	10592	13240	13240	0	1818
有限责任公司	142	23363658	24154104	23829540	324552	1039731
国有独资公司	21	2219422	2302221	2301527	694	72994
其他有限责任公司	121	21144236	21851883	21528013	323858	966737
股份有限公司	5	2032377	2121628	2121628	0	175631
私营企业	526	13934120	14350622	14163438	146574	5299663
私营独资企业	2	5630	6153	6150	3	1006
私营有限责任公司	519	13897685	14291803	14107675	143518	5287750
私营股份有限公司	5	30805	52666	49613	3053	10907
港、澳、台商投资企业	1	125888	136491	136491	0	5126
港澳台商独资企业	1	125888	136491	136491	0	5126
外商投资企业	1	44905	43620	43620	0	5181
外资企业	1	44905	43620	43620	0	5181
国有控股	79	18958234	19795769	19455850	339920	748866
集体控股	4	198306	189239	189239	0	55525
私人控股	588	20681054	21297578	21034991	221965	5696668
港澳台商控股	2	424612	547227	547227	0	52051
外商控股	1	44905	43620	43620	0	5181
其他	10	353935	413015	410056	2959	7433
独立门店	484	28362138	29588021	29089202	462266	1374109
连锁总店（总部）	1	109290	134297	81257	53041	4833
连锁直营店	1	3680	3976	3578	398	570
其他	198	12185938	12560153	12506945	49139	5186212
大型	17	11904715	12667036	12417259	249777	643184
中型	257	24109641	24729294	24448451	280842	5633203
小型	321	3869221	4104044	4074204	29840	245281
微型	89	777469	786074	741068	4384	44056
城镇	652	39677985	41159223	40581558	538087	6529504
其中：城区	417	23877164	24886456	24599256	274258	1366430
乡村	32	983061	1127224	1099424	26757	36220

全市限额以上零售贸易业商品购销存总额

11—5　　（2020 年）　　计量单位：个、万元

指标名称	法人企业	购进总额	销售总额	# 批发	零售	期末商品库存额
总　计	**403**	**7592617**	**8041013**	**569470**	**7467227**	**902363**
综合零售	60	2307618	2509970	7337	2502633	228363
百货零售	36	2178817	2372133	7282	2364851	215863
超级市场零售	19	95801	104423	55	104368	10523
便利店零售	3	26323	26518	0	26518	826
其他综合零售	2	6677	6896	0	6896	1151
食品、饮料及烟草制品专门零售	20	128460	163776	25576	138200	26522
粮油零售	5	15191	12090	0	12090	8966
糕点、面包零售	3	10621	20006	682	19324	256
果品、蔬菜零售	2	0	1107	0	1107	33
肉、禽、蛋、奶及水产品零售	2	4486	5238	1961	3278	64
营养和保健品零售	2	13839	17537	0	17537	73
酒、饮料及茶叶零售	6	84324	107798	22934	84864	17131
纺织、服装及日用品专门零售	21	211386	261752	3872	256608	28961
纺织品及针织品零售	2	889	1628	575	1053	346
服装零售	11	69871	77529	0	76256	12589
鞋帽零售	3	83210	104342	3297	101045	10221
化妆品及卫生用品零售	3	32459	48340	0	48340	5479
钟表、眼镜零售	1	638	928	0	928	314
其他日用品零售	1	24319	28985	0	28985	12
文化、体育用品及器材专门零售	13	95993	109502	7426	102076	60310
文具用品零售	2	2117	2737	0	2737	623
图书、报刊零售	3	49954	51096	2031	49065	5781
珠宝首饰零售	4	33669	43787	1888	41899	44094
工艺美术品及收藏品零售	1	3086	2624	1902	723	5316
乐器零售	3	7168	9257	1605	7652	4497
医药及医疗器材专门零售	25	309483	367587	345	366545	48158
西药零售	22	296762	351159	345	350814	46403
中药零售	3	12721	16429	0	15732	1755
汽车、摩托车、零配件和燃料及其他动力销售	200	4094106	4165449	405275	3757827	483018
汽车新车零售	152	3070591	3083113	76258	3006855	436406
汽车旧车零售	1	8090	7360	0	7360	1038
汽车零配件零售	1	50314	61816	0	61816	4745
摩托车及零配件零售	2	5663	4694	797	3897	1297
机动车燃油零售	43	943624	988251	315945	669960	39507

注：本表数据包含辛集市。

11—5 续表 1　　（2020 年）　　计量单位：个、万元

指标名称	法人企业	购进总额	销售总额			期末商品库存额
				# 批发	零售	
机动车燃气零售	1	15824	20215	12275	7941	24
家用电器及电子产品专门零售	47	349613	325402	64788	260614	23028
家用视听设备零售	19	148703	104716	3474	101242	8483
日用家电零售	11	77949	87120	3900	83220	1956
计算机、软件及辅助设备零售	6	12898	14570	430	14140	3310
通信设备零售	10	107763	116697	56984	59713	9183
其他电子产品零售	1	2300	2299	0	2299	95
五金、家具及室内装饰材料专门零售	4	8217	12275	592	11683	599
家具零售	2	6944	9191	592	8600	474
涂料零售	1	1052	1710	0	1710	125
木质装饰材料零售	1	221	1374	0	1374	0
货摊、无店铺及其他零售业	13	87741	125301	54259	71041	3403
互联网零售	8	73048	102389	51917	50472	2640
邮购及电视、电话零售	1	3408	10001	0	10001	96
生活用燃料零售	3	10505	12141	2322	9818	617
宠物食品用品零售	1	780	770	20	750	50
内资企业	397	6645392	7075285	392709	6678260	831896
国有企业	2	13083	16790	739	16051	1086
集体企业	6	9614	12415	0	12415	1908
股份合作企业	4	3542	4393	0	4393	219
有限责任公司	120	2896372	3126289	121262	3002680	381323
国有独资公司	7	62465	60362	0	60362	14888
其他有限责任公司	113	2833907	3065927	121262	2942319	366435
股份有限公司	4	1331007	1334769	70356	1264413	105842
私营企业	261	2391775	2580629	200352	2378308	341519
私营独资企业	20	20950	40154	1991	38163	3423
私营合伙企业	6	6458	8875	0	8875	321
私营有限责任公司	233	2360251	2527001	197734	2327297	336865
私营股份有限公司	2	4117	4599	627	3972	910
港、澳、台商投资企业	4	303918	309788	0	309788	34931
与港澳台商合资经营企业	1	174503	174637	0	174637	3623
港澳台商独资企业	3	129414	135151	0	135151	31308

11—5 续表 2　　（2020 年）　　计量单位：个、万元

指标名称	法人企业	购进总额	销售总额			期末商品库存额
				# 批发	零售	
外商投资企业	2	643308	655940	176761	479180	35536
外资企业	1	34157	39354	0	39354	4818
外商投资股份有限公司	1	609151	616587	176761	439826	30718
国有控股	40	2517998	2620349	327144	2290858	266184
集体控股	13	80363	101290	0	101290	6789
私人控股	333	4288508	4590336	228163	4360202	562725
港澳台商控股	4	131954	138902	1888	137014	32510
外商控股	2	49981	59569	12275	47295	4842
其他	11	523813	530568	0	530568	29313
独立门店	359	6404367	6740320	343123	6393578	773120
连锁总店（总部）	17	802467	877835	184694	693141	58244
连锁直营店	4	80363	79355	3297	76058	10389
连锁加盟店	3	29986	39602	0	39602	41328
其他	20	275434	303901	38356	264848	19282
大型	29	3327016	3594832	265317	3329515	337304
中型	144	3318223	3355085	124103	3230982	450428
小型	170	776908	874309	124090	750219	95805
微型	60	170470	216788	55960	156512	18826
有店铺零售	389	7500934	7910423	516872	7389932	896619
便利店	5	31086	31798	98	31700	1465
超市	20	53407	54351	55	54295	5454
大型超市	6	304868	386912	0	386912	42482
百货店	34	1680541	1801941	10405	1791537	177096
专业店	155	2118640	2254300	403310	1848643	230676
专卖店	162	3029391	3097579	102297	2994009	434698
购物中心	3	267548	267876	0	267876	4015
厂家直销中心	4	15454	15667	707	14959	735
无店铺零售	14	91683	130590	52598	77295	5744
网上商店	8	73048	102389	51917	50472	2640
电话购物	1	3408	10001	0	10001	96
其他	5	15228	18200	682	16822	3008
城镇	395	7579984	8025377	568519	7453239	901455
其中：城区	295	6313494	6644595	328685	6312291	806527
乡村	8	12633	15636	951	13988	908

市区限额以上批发贸易业商品购销存总额

11—6　　（2020 年）　　计量单位：个、万元

指标名称	法人企业	商品购进额	商品销售额	# 批发	零售	期末商品库存额
总　计	**606**	**28011203**	**29437277**	**28877982**	**528584**	**6377088**
农、林、牧、渔产品批发	23	490560	467303	465674	1629	69512
谷物、豆及薯类批发	6	191803	194610	192981	1629	7817
种子批发	4	16568	20439	20439	0	6738
畜牧渔业饲料批发	9	109482	111581	111581	0	1047
棉、麻批发	1	150031	117626	117626	0	47027
林业产品批发	1	3290	3359	3359	0	2
牲畜批发	1	14176	15800	15800	0	925
其他农牧产品批发	1	5211	3888	3888	0	5957
食品、饮料及烟草制品批发	42	1211630	1569195	1542595	23638	102476
米、面制品及食用油批发	10	190746	199817	199817	0	35412
糕点、糖果及糖批发	3	69318	73027	52823	20204	8288
果品、蔬菜批发	4	23819	23661	23661	0	909
肉、禽、蛋、奶及水产品批发	5	28886	34991	31013	1015	1128
盐及调味品批发	3	38961	48787	48787	0	1970
营养和保健品批发	2	3837	8033	8033	0	407
酒、饮料及茶叶批发	8	94539	103343	101766	1576	19615
烟草制品批发	1	714036	1022367	1022367	0	30652
其他食品批发	6	47488	55170	54328	843	4095
纺织、服装及家庭用品批发	67	1256026	1264244	1213106	48969	258473
纺织品、针织品及原料批发	19	345693	361881	360541	1177	21505
服装批发	20	188825	213046	189518	23528	39504
鞋帽批发	2	9013	10627	10427	200	2737
化妆品及卫生用品批发	5	70740	89102	85567	3535	7717
厨具卫具及日用杂品批发	3	21550	24122	24122	0	2952
灯具、装饰物品批发	3	19273	20828	20828	0	2566
家用视听设备批发	2	6088	6448	6448	0	119
日用家电批发	12	575709	517813	495483	20325	179293
其他家庭用品批发	1	19137	20377	20173	204	2080
文化、体育用品及器材批发	17	503422	687453	535854	151599	52065
文具用品批发	10	145906	155236	147086	8150	21450
体育用品及器材批发	2	23239	39950	39950	0	9137

11—6 续表 1　　　　（2020 年）　　　　计量单位：个、万元

指标名称	法人企业	商品购进额	商品销售额	# 批发	零售	期末商品库存额
图书批发	1	306352	460345	316897	143448	18566
报刊批发	1	3306	3426	3426	0	0
首饰、工艺品及收藏品批发	2	14937	18029	18029	0	2908
其他文化用品批发	1	9682	10466	10466	0	4
医药及医疗器材批发	128	5900047	6319283	6243206	75068	5191571
西药批发	58	4931979	5203340	5151319	52021	423620
中药批发	16	361781	398970	398970	0	4706794
动物用药品批发	5	48833	50514	50514	0	1033
医疗用品及器材批发	49	557454	666459	642402	23047	60123
矿产品、建材及化工产品批发	195	16154908	16493523	16303887	165066	504216
煤炭及制品批发	21	2576986	2656938	2634143	3052	173141
石油及制品批发	17	295042	334884	271552	60866	6356
非金属矿及制品批发	1	14778	14141	14141	0	453
金属及金属矿批发	51	10950887	11040894	10947841	93053	181218
建材批发	17	248303	254248	253751	497	14770
化肥批发	5	832155	902383	902383	0	68934
农药批发	11	93972	100785	100785	0	17015
其他化工产品批发	72	1142786	1189250	1179290	7598	42330
机械设备、五金产品及电子产品批发	123	2205471	2334145	2273473	60672	192899
农业机械批发	2	6243	6832	6832		17
汽车及零配件批发	29	469883	498737	482797	15940	47411
五金产品批发	12	232662	247720	247720		1662
电气设备批发	5	74353	82718	82718		2870
计算机、软件及辅助设备批发	14	180627	185727	182639	3088	13467
通讯设备批发	16	471938	482119	471885	10234	14124
广播影视设备批发	1	2389	2971	2971		233
其他机械设备及电子产品批发	44	767376	827322	795912	31410	113116
贸易经纪与代理	4	104555	115376	115376		5733
贸易代理	4	104555	115376	115376		5733
其他批发业	7	184582	186754	184810	1944	144
其他未列明批发业	7	184582	186754	184810	1944	144
内资企业	604	27840410	29257166	28697870	528584	6366781

11—6续表2 （2020年） 计量单位：个、万元

指标名称	法人企业	商品购进额	商品销售额	#批发	零售	期末商品库存额
国有企业	7	1148414	1465652	1372333	93319	38571
集体企业	1	10592	13240	13240		1818
有限责任公司	129	18130947	18850093	18529091	320990	938545
国有独资公司	18	2176123	2262904	2262210	694	60303
其他有限责任公司	111	15954825	16587188	16266881	320296	878242
股份有限公司	5	2032377	2121628	2121628		175631
私营企业	462	6518080	6806554	6661578	114275	5212216
私营独资企业	2	5630	6153	6150	3	1006
私营有限责任公司	457	6489230	6761383	6619463	111220	5205486
私营股份有限公司	3	23220	39018	35965	3053	5724
港、澳、台商投资企业	1	125888	136491	136491		5126
港澳台商独资企业	1	125888	136491	136491		5126
外商投资企业	1	44905	43620	43620		5181
外资企业	1	44905	43620	43620		5181
国有控股	70	18751844	19575795	19236274	339521	719715
集体控股	4	198306	189239	189239		55525
私人控股	519	8237601	8668383	8451567	186104	5537183
港澳台商控股	2	424612	547227	547227		52051
外商控股	1	44905	43620	43620		5181
其他	10	353935	413015	410056	2959	7433
独立门店	425	21021715	22197961	21740354	428912	1267081
连锁总店（总部）	1	109290	134297	81257	53041	4833
连锁直营店	1	3680	3976	3578	398	570
其他	179	6876517	7101043	7052793	46234	5104604
大型	16	11625212	12386672	12138162	248510	643180
中型	232	12432314	12925014	12668927	256087	5467366
小型	279	3217231	3382567	3362958	19608	223467
微型	79	736446	743025	707935	4379	43075
城镇	594	27844662	29265745	28716392	518641	6350535
其中：城区	407	23797391	24791598	24504444	274213	1353873
乡村	12	166541	171532	161590	9943	26552

市区限额以上零售贸易业商品购销存总额

11—7　　　　（2020 年）　　　　计量单位：个、万元

指标名称	法人企业	商品购进额	商品销售额			期末商品库存额
				# 批发	零售	
总　计	**291**	**7035806**	**7371460**	**556402**	**6813785**	**823895**
综合零售	28	1951126	2072410	7337	2065073	179163
百货零售	17	1858876	1974289	7282	1967007	169696
超级市场零售	8	64909	70431	55	70376	7911
便利店零售	2	26210	26444	0	26444	826
其他综合零售	1	1131	1246	0	1246	730
食品、饮料及烟草制品专门零售	13	117680	150448	25267	125181	25461
粮油零售	3	9867	6660	0	6660	8177
糕点、面包零售	2	8861	17450	682	16768	18
肉、禽、蛋、奶及水产品零售	1	3548	4080	1961	2119	64
营养和保健品零售	2	13839	17537	0	17537	73
酒、饮料及茶叶零售	5	81565	104722	22625	82097	17131
纺织、服装及日用品专门零售	18	203524	253655	3872	248510	28741
纺织品及针织品零售	1	889	1628	575	1053	346
服装零售	10	62541	70005	0	68732	12377
鞋帽零售	3	83210	104342	3297	101045	10221
化妆品及卫生用品零售	2	31927	47767	0	47767	5471
钟表、眼镜零售	1	638	928	0	928	314
其他日用品零售	1	24319	28985	0	28985	12
文化、体育用品及器材专门零售	11	89774	103126	7338	95787	59538
文具用品零售	2	2117	2737	0	2737	623
图书、报刊零售	2	46110	47379	2031	45347	5102
珠宝首饰零售	4	33669	43787	1888	41899	44094
工艺美术品及收藏品零售	1	3086	2624	1902	723	5316
乐器零售	2	4793	6599	1517	5081	4403
医药及医疗器材专门零售	19	298736	355352	0	355352	46149
西药零售	17	288299	341617	0	341617	44394
中药零售	2	10437	13735	0	13735	1755
汽车、摩托车、零配件和燃料及其他动力销售	170	3975262	4024917	399422	3625495	465108
汽车新车零售	133	2965781	2959944	71335	2888609	418983
汽车旧车零售	1	8090	7360	0	7360	1038
汽车零配件零售	1	50314	61816	0	61816	4745

11—7 续表 1　　（2020 年）　　计量单位：个、万元

指标名称	法人企业	商品购进额	商品销售额	# 批发	零售	期末商品库存额
摩托车及零配件零售	2	5663	4694	797	3897	1297
机动车燃油零售	32	929589	970888	315015	655873	39021
机动车燃气零售	1	15824	20215	12275	7941	24
家用电器及电子产品专门零售	19	311191	281417	59168	222249	16242
家用视听设备零售	5	132213	85995	1977	84018	4421
日用家电零售	5	69164	75663	777	74886	907
计算机、软件及辅助设备零售	2	9940	10529	0	10529	2848
通信设备零售	7	99873	109231	56414	52817	8066
五金、家具及室内装饰材料专门零售	4	8217	12275	592	11683	599
家具零售	2	6944	9191	592	8600	474
涂料零售	1	1052	1710	0	1710	125
木质装饰材料零售	1	221	1374	0	1374	0
货摊、无店铺及其他零售业	9	80298	117859	53405	64455	2892
互联网零售	6	70885	99860	51917	47943	2600
邮购及电视、电话零售	1	3408	10001	0	10001	96
生活用燃料零售	2	6004	7999	1488	6511	196
内资企业	285	6088581	6405732	379641	6024818	753428
国有企业	1	4145	6104	739	5364	196
集体企业	5	9261	12020	0	12020	1828
股份合作企业	4	3542	4393	0	4393	219
有限责任公司	102	2731630	2916916	120299	2796617	365896
国有独资公司	5	54823	51566	0	51566	13727
其他有限责任公司	97	2676807	2865350	120299	2745051	352169
股份有限公司	4	1331007	1334769	70356	1264413	105842
私营企业	169	2008997	2131530	188247	1942011	279447
私营独资企业	11	14661	30456	1586	28870	3063
私营合伙企业	5	5935	8144	0	8144	288
私营有限责任公司	152	1987385	2091534	186034	1904226	275499
私营股份有限公司	1	1015	1397	627	770	597
港、澳、台商投资企业	4	303918	309788	0	309788	34931
与港澳台商合资经营企业	1	174503	174637	0	174637	3623
港澳台商独资企业	3	129414	135151	0	135151	31308

11—7 续表 2　　　　（2020 年）　　　　计量单位：个、万元

指标名称	法人企业	商品购进额	商品销售额			期末商品库存额
				# 批发	零售	
外商投资企业	2	643308	655940	176761	479180	35536
外资企业	1	34157	39354	0	39354	4818
外商投资股份有限公司	1	609151	616587	176761	439826	30718
国有控股	32	2472360	2557712	327144	2230568	262872
集体控股	8	16592	19637	0	19637	2203
私人控股	234	3841105	4065072	215095	3848703	492154
港澳台商控股	4	131954	138902	1888	137014	32510
外商控股	2	49981	59569	12275	47295	4842
其他	11	523813	530568	0	530568	29313
独立门店	258	5970908	6220982	330400	5889309	708001
连锁总店（总部）	13	741577	798195	184694	613501	53316
连锁直营店	4	80363	79355	3297	76058	10389
连锁加盟店	3	29986	39602	0	39602	41328
其他	13	212972	233326	38011	195315	10859
大型	22	3063317	3263352	265317	2998035	299018
中型	125	3191444	3202969	123758	3079212	429201
小型	110	646183	728872	114296	614577	80071
微型	34	134863	176266	53031	121962	15605
有店铺零售	281	6959079	7257527	503803	6752451	819646
便利店	3	27318	27972	98	27874	886
超市	8	28710	28250	55	28194	3832
大型超市	4	295154	375691	0	375691	41347
百货店	13	1346193	1388881	7282	1381599	130171
专业店	104	2028629	2144625	394835	1749790	210674
专卖店	146	2966092	3024732	100942	2922517	428728
购物中心	2	266572	266786	0	266786	3978
厂家直销中心	1	411	592	592	0	31
无店铺零售	10	76728	113932	52598	61334	4249
网上商店	6	70885	99860	51917	47943	2600
电话购物	1	3408	10001	0	10001	96
其他	3	2435	4072	682	3391	1552
城镇	291	7035806	7371460	556402	6813785	823895
其中：城区	263	6076347	6369257	324207	6043777	762524

分县（市、区）限额以上批发零售贸易业商品购销存总额

11—8　　　　（2020 年）　　　　计量单位：个、万元

县（市、区）	法人企业	购进总额	销售总额			年末库存总额
				# 批发	零售	
石家庄市	**1087**	**48253663**	**50327460**	**42250452**	**8032070**	**7468087**
市　　区	899	35083337	36844581	29470227	7342369	7203259
长安区	128	5278312	5584616	4080047	1504405	427235
桥西区	144	4742792	5193188	3056654	2133519	523663
新华区	165	12486670	12667927	11540847	1127081	430651
裕华区	144	5582723	5791484	4713540	1067073	525977
井陉矿区	11	60532	63463	48100	2753	2434
藁城区	32	791244	867433	649141	218291	55867
鹿泉区	60	1366873	1445541	982003	460575	181715
栾城区	23	415739	445481	414948	30533	28061
高新区	168	4031653	4456270	3659332	794740	5014043
循环化工园区	24	326799	329178	325616	3398	13613
井陉县	20	865890	973409	939383	30932	40987
正定县	44	531841	590731	422541	165796	51181
行唐县	6	24499	27814	24216	3598	237
灵寿县	10	49002	48059	28433	19626	8055
高邑县	2	4857	5034	2311	2723	478
深泽县	10	14833	18300	3477	14823	582
赞皇县	4	8495	9159	834	7628	1667
无极县	17	60594	63499	32726	30773	2901
平山县	10	11072827	11112452	11090155	22296	72506
元氏县	9	137458	161448	109706	47321	11990
赵　　县	7	58345	77185	2673	74512	9277
晋州市	22	122246	159941	46345	113596	33432
新乐市	8	74104	82825	28169	54656	7959
辛集市	19	145333	153023	49255	101422	23578

全市限额以上批发贸易企业财务状况

11—9　　　　（2020 年）　　　　计量单位：个、万元

指标名称	企业数	流动资产合计	#存货	固定资产原价	累计折旧	#本年折旧
总　计	**684**	**17248342**	**1746109**	**644755**	**246344**	**39582**
农、林、牧、渔产品批发	31	244671	76727	22953	7843	1085
谷物、豆及薯类批发	9	118638	19637	13867	2969	398
种子批发	4	26023	6738	3295	1718	207
畜牧渔业饲料批发	9	9925	704	1869	602	187
棉、麻批发	1	64919	43144	971	308	87
林业产品批发	2	10531	64	2587	1932	194
牲畜批发	1	4412	925	332	310	12
其他农牧产品批发	5	10225	5516	33	4	2
食品、饮料及烟草制品批发	51	715749	105410	126855	40370	4886
米、面制品及食用油批发	12	161775	50044	29225	4813	729
糕点、糖果及糖批发	3	20825	7938	3572	593	135
果品、蔬菜批发	9	20732	7226	5706	2412	284
肉、禽、蛋、奶及水产品批发	5	11821	229	365	175	26
盐及调味品批发	3	151130	1970	38967	5168	745
营养和保健品批发	3	5913	802	35	25	18
酒、饮料及茶叶批发	9	50164	5675	6307	4485	444
烟草制品批发	1	271880	27304	39141	21206	2386
其他食品批发	6	21510	4223	3538	1493	120
纺织、服装及家庭用品批发	68	779067	226914	24406	14752	2887
纺织品、针织品及原料批发	19	87626	17412	9363	4465	871
服装批发	20	84880	30350	6434	4313	1063
鞋帽批发	2	8580	2737	336	303	15
化妆品及卫生用品批发	5	28169	5966	1854	1537	705
厨具卫具及日用杂品批发	3	9865	2952	1977	624	128
灯具、装饰物品批发	3	7707	2599	176	94	34
家用视听设备批发	3	2403	789	33	18	6
日用家电批发	12	547597	162031	3476	2733	58
其他家庭用品批发	1	2241	2080	758	665	8
文化、体育用品及器材批发	19	405122	52426	32673	12352	1127
文具用品批发	11	73093	21094	1255	896	90
体育用品及器材批发	2	12022	9057	1029	505	189
图书批发	2	306849	18937	29666	10364	812
报刊批发	1	917	0	19	17	3
首饰、工艺品及收藏品批发	2	9995	3335	628	535	27
其他文化用品批发	1	2245	4	77	36	6
医药及医疗器材批发	133	3077743	513229	186739	56678	10820
西药批发	62	2476088	415121	168043	46168	8091
中药批发	17	159346	38297	3791	2738	326
动物用药品批发	5	7859	766	385	354	270
医疗用品及器材批发	49	434449	59044	14520	7418	2133
矿产品、建材及化工产品批发	232	10184325	502650	196333	85701	14869
煤炭及制品批发	31	4267980	157274	33147	8072	2298
石油及制品批发	20	404674	44541	78638	46448	7309
非金属矿及制品批发	2	5711	523	186	185	25
金属及金属矿批发	58	4557449	153850	42709	18159	2659
建材批发	21	66242	16024	1791	1216	458
化肥批发	7	486023	69113	25275	3953	546

注：本表数据包含辛集市。

11—9 续表 1　　（2020 年）　　计量单位：个、万元

指标名称	企业数	流动资产合　计	#存货	固定资产原　价	累计折旧	#本年折旧
农药批发	12	52182	17472	703	453	61
其他化工产品批发	81	344063	43853	13885	7216	1513
机械设备、五金产品及电子产品批发	139	1789274	262828	47469	25937	3438
农业机械批发	4	6390	532	1051	422	61
汽车及零配件批发	**39**	252753	57445	11250	6917	856
五金产品批发	13	104462	1668	5538	4157	394
电气设备批发	6	22396	2664	1700	1137	51
计算机、软件及辅助设备批发	14	63369	13088	7832	1103	410
通讯设备批发	17	68620	15228	1837	1014	93
广播影视设备批发	1	3071	233	26	25	4
其他机械设备及电子产品批发	45	1268214	171971	18236	11163	1571
贸易经纪与代理	4	30399	5733	1970	766	106
贸易代理	4	30399	5733	1970	766	106
其他批发业	7	21993	192	5357	1946	364
其他未列明批发业	7	21993	192	5357	1946	364
内资企业	682	17153923	1736988	644487	246158	39539
国有企业	8	444831	40246	51572	27956	2756
集体企业	1	128293	1818	38626	4852	754
有限责任公司	142	8000183	982280	350584	114055	14429
国有独资公司	21	849921	73069	36829	7201	1051
其他有限责任公司	121	7150262	909210	313755	106854	13377
股份有限公司	5	4177998	143310	30944	10770	1324
私营企业	526	4402618	569334	172762	88525	20276
私营独资企业	2	1029	1006	61	30	30
私营有限责任公司	519	4353163	556152	160468	82594	19638
私营股份有限公司	5	48426	12177	12232	5901	608
港、澳、台商投资企业	1	70532	4536	0	0	0
港、澳、台商独资经营企业	1	70532	4536	0	0	0
外商投资企业	1	23887	4585	268	186	43
外资企业	1	23887	4585	268	186	43
国有控股	79	10376237	712159	252514	100898	9459
集体控股	4	215315	37402	45794	9830	1047
私人控股	588	6277369	938396	246973	122015	26272
港澳台商控股	2	276932	46877	280	106	62
外商控股	1	23887	4585	268	186	43
其他	10	78602	6690	98926	13309	2699
独立门店	484	10263388	1270181	487274	178372	25833
连锁总店（总部）	1	15677	4277	36752	18046	2800
连锁直营店	1	4895	517	43	18	10
其他	198	6964383	471134	120687	49908	10940
大型	17	8253964	593060	267066	86885	11529
中型	257	7440180	883234	291275	126284	22467
小型	321	1168355	226617	82032	30798	4947
微型	89	385842	43198	4382	2378	640
城镇	652	17015777	1725993	605769	231645	37665
其中：城区	417	12159378	1283180	337955	157046	24578
乡村	32	232565	20116	38986	14699	1917

11—9 续表 2　　（2020 年）　　计量单位：万元

指标名称	资产总计	负债合计	所有者权益合计	# 实收资本
总　计	**23734273**	**16219799**	**7506060**	**2050447**
农、林、牧、渔产品批发	332270	240032	92238	37949
谷物、豆及薯类批发	197389	133780	63609	19368
种子批发	30659	15830	14829	12686
畜牧渔业饲料批发	11562	6784	4779	1225
棉、麻批发	66608	62746	3862	2000
林业产品批发	11365	8742	2623	1920
牲畜批发	4433	3958	475	100
其他农牧产品批发	10254	8192	2063	650
食品、饮料及烟草制品批发	947096	495760	451336	70816
米、面制品及食用油批发	226942	164205	62737	26245
糕点、糖果及糖批发	32045	20900	11146	11000
果品、蔬菜批发	31986	15003	16983	7003
肉、禽、蛋、奶及水产品批发	12080	12640	–560	850
盐及调味品批发	247524	171210	76315	14420
营养和保健品批发	5954	4813	1141	330
酒、饮料及茶叶批发	61528	33370	28158	3828
烟草制品批发	299429	45524	253904	231
其他食品批发	29609	28096	1513	6909
纺织、服装及家庭用品批发	815883	573905	241978	49700
纺织品、针织品及原料批发	101464	78228	23236	16305
服装批发	90140	67123	23017	14143
鞋帽批发	8613	7494	1120	501
化妆品及卫生用品批发	31511	14645	16866	5936
厨具卫具及日用杂品批发	12575	10820	1754	1310
灯具、装饰物品批发	7794	5839	1955	1600
家用视听设备批发	2419	1805	614	236
日用家电批发	559075	387091	171984	8670
其他家庭用品批发	2294	861	1432	1000
文化、体育用品及器材批发	650215	367655	282559	17422
文具用品批发	76347	58564	17783	8700
体育用品及器材批发	14472	3053	11418	1150
图书批发	545788	295087	250701	6752
报刊批发	924	824	100	120
首饰、工艺品及收藏品批发	10398	8154	2244	400
其他文化用品批发	2286	1973	313	300
医药及医疗器材批发	3410087	2872580	535997	260951
西药批发	2771415	2377704	392594	200280
中药批发	161090	136672	24418	14950
动物用药品批发	9737	7502	2235	550
医疗用品及器材批发	467846	350703	116750	45171
矿产品、建材及化工产品批发	15610539	9908146	5696070	1487408
煤炭及制品批发	9145629	3922974	5216369	1100969
石油及制品批发	589349	485483	103838	87565
非金属矿及制品批发	5712	4635	1077	160
金属及金属矿批发	4862941	4665294	197647	201294

11—9 续表 3　　（2020 年）　　计量单位：万元

指标名称	资产总计	负债合计	所有者权益合计	# 实收资本
建材批发	67812	55713	12099	8821
化肥批发	525182	487987	37196	11060
农药批发	53323	42078	11245	7999
其他化工产品批发	360592	243983	116599	69540
机械设备、五金产品及电子产品批发	1909300	1712036	196684	115490
农业机械批发	7652	6196	1455	810
汽车及零配件批发	281343	249361	31982	24100
五金产品批发	149532	103972	45560	12411
电气设备批发	23251	15845	7406	2228
计算机、软件及辅助设备批发	80897	55800	25097	16321
通讯设备批发	77693	58954	18158	16461
广播影视设备批发	3071	1365	1706	1000
其他机械设备及电子产品批发	1285862	1220544	65318	42159
贸易经纪与代理	31764	27143	4621	3150
贸易代理	31764	27143	4621	3150
其他批发业	27119	22542	4577	7562
其他未列明批发业	27119	22542	4577	7562
内资企业	23639037	16147892	7482731	2027447
国有企业	481928	214091	267837	11273
集体企业	220760	158943	61816	12170
有限责任公司	9165564	7788201	1376601	549193
国有独资公司	1017314	792586	224728	101833
其他有限责任公司	8148250	6995615	1151873	447360
股份有限公司	9058890	3861028	5197861	1068339
私营企业	4711897	4125629	578615	386472
私营独资企业	1029	933	96	0
私营有限责任公司	4641699	4071190	562856	374112
私营股份有限公司	69169	53506	15663	12360
港、澳、台商投资企业	70532	50246	20287	20000
港、澳、台商独资经营企业	70532	50246	20287	20000
外商投资企业	24703	21661	3042	3000
外资企业	24703	21661	3042	3000
国有控股	16158739	9728513	6430226	1479571
集体控股	322863	232747	90116	18048
私人控股	6739658	5835000	896244	494863
港澳台商控股	292370	223222	69149	49916
外商控股	24703	21661	3042	3000
其他	195940	178656	17283	5049
独立门店	11596069	9776655	1812449	661736
连锁总店（总部）	119356	91732	27624	29000
连锁直营店	4933	4646	287	300
其他	12013915	6346766	5665701	1359411
大型	13945794	7705837	6239957	1249449
中型	8121915	7192204	929711	561991
小型	1261090	967753	293338	212149
微型	405475	354006	43055	26857
城镇	23391639	15981198	7402357	2011594
其中：城区	17966701	11228400	6734812	1750123
乡村	342634	238601	103704	38853

11—9 续表 4　　（2020 年）　　计量单位：万元

指标名称	主营业务收入	主营业务税金及附加	其他业务利润
总　计	**37848767**	**156856**	**20551**
农、林、牧、渔产品批发	478658	297	209
谷物、豆及薯类批发	216553	145	131
种子批发	20352	30	78
畜牧渔业饲料批发	102643	37	0
棉、麻批发	107935	51	0
林业产品批发	5434	14	0
牲畜批发	14762	11	0
其他农牧产品批发	10978	9	0
食品、饮料及烟草制品批发	1474908	127608	7140
米、面制品及食用油批发	220596	348	5764
糕点、糖果及糖批发	65782	17	183
果品、蔬菜批发	42085	22	120
肉、禽、蛋、奶及水产品批发	28963	67	0
盐及调味品批发	45701	211	0
营养和保健品批发	13428	84	29
酒、饮料及茶叶批发	100021	439	743
烟草制品批发	908633	126235	18
其他食品批发	49699	185	282
纺织、服装及家庭用品批发	1138275	960	1950
纺织品、针织品及原料批发	337219	277	667
服装批发	199309	112	26
鞋帽批发	9846	10	0
化妆品及卫生用品批发	78882	195	0
厨具卫具及日用杂品批发	21767	36	0
灯具、装饰物品批发	18461	21	324
家用视听设备批发	10018	13	51
日用家电批发	444736	274	882
其他家庭用品批发	18038	21	0
文化、体育用品及器材批发	671951	763	0
文具用品批发	143791	139	0
体育用品及器材批发	35409	150	0
图书批发	462000	459	0
报刊批发	3143	6	0
首饰、工艺品及收藏品批发	17144	6	0
其他文化用品批发	10466	3	0
医药及医疗器材批发	5703506	9634	3568
西药批发	4701573	7765	3888
中药批发	359773	318	0
动物用药品批发	45686	45	0
医疗用品及器材批发	596474	1507	–319
矿产品、建材及化工产品批发	21582933	13953	4931
煤炭及制品批发	2837771	3375	913
石油及制品批发	888672	632	1313
非金属矿及制品批发	13803	10	0
金属及金属矿批发	15374154	8206	933
建材批发	284866	150	8
化肥批发	880624	157	0

11—9 续表 5　　（2020 年）　　计量单位：万元

指标名称	主营业务收入	主营业务税金及附加	其他业务利润
农药批发	168537	56	5
其他化工产品批发	1134506	1368	1759
机械设备、五金产品及电子产品批发	6523993	3484	2680
农业机械批发	15498	4	0
汽车及零配件批发	712034	429	1724
五金产品批发	243891	31	54
电气设备批发	80179	114	0
计算机、软件及辅助设备批发	166175	178	0
通讯设备批发	474540	268	0
广播影视设备批发	3539	9	0
其他机械设备及电子产品批发	4828138	2452	902
贸易经纪与代理	106536	40	48
贸易代理	106536	40	48
其他批发业	168007	118	25
其他未列明批发业	168007	118	25
内资企业	37689294	156683	20422
国有企业	1314231	126764	89
集体企业	12147	172	0
有限责任公司	21693191	13715	11482
国有独资公司	2066737	2456	5153
其他有限责任公司	19626454	11260	6329
股份有限公司	1888778	1960	662
私营企业	12780947	14072	8189
私营独资企业	5448	2	0
私营有限责任公司	12726039	13979	7772
私营股份有限公司	49460	90	417
港、澳、台商投资企业	120795	155	0
港、澳、台商独资经营企业	120795	155	0
外商投资企业	38678	19	129
外资企业	38678	19	129
国有控股	17794374	136177	11300
集体控股	171795	566	26
私人控股	18989305	18561	9061
港澳台商控股	487421	677	0
外商控股	38678	19	129
其他	367194	856	36
独立门店	26497981	141485	11221
连锁总店（总部）	118847	115	0
连锁直营店	3639	2	0
其他	11228300	15254	9330
大型	11383946	132912	2301
中型	22109101	15819	14593
小型	3700128	7569	2599
微型	655592	557	1059
城镇	36815117	150411	19029
其中：城区	22290210	140381	13233
乡村	1033650	6445	1523

11—9 续表 6　　（2020 年）　　计量单位：万元

指标名称	销售费用	管理费用	财务费用	利息费用
总　计	**562925**	**278644**	**163008**	**157887**
农、林、牧、渔产品批发	7100	7464	5659	4520
谷物、豆及薯类批发	2942	2559	4608	3402
种子批发	939	2511	182	179
畜牧渔业饲料批发	1304	945	56	45
棉、麻批发	540	437	681	864
林业产品批发	194	485	116	14
牲畜批发	1159	160	14	14
其他农牧产品批发	22	370	3	3
食品、饮料及烟草制品批发	36099	44826	3868	11229
米、面制品及食用油批发	3695	5388	2518	1694
糕点、糖果及糖批发	1132	966	646	660
果品、蔬菜批发	1461	833	716	663
肉、禽、蛋、奶及水产品批发	4926	1094	2	0
盐及调味品批发	1049	3501	7111	8066
营养和保健品批发	5337	1718	40	37
酒、饮料及茶叶批发	4436	2138	–153	2
烟草制品批发	13140	26328	–7172	0
其他食品批发	924	2861	160	107
纺织、服装及家庭用品批发	39273	23937	10361	1422
纺织品、针织品及原料批发	8849	6945	2051	1107
服装批发	10433	6014	2755	203
鞋帽批发	381	531	28	50
化妆品及卫生用品批发	4918	3344	105	23
厨具卫具及日用杂品批发	967	1067	59	30
灯具、装饰物品批发	933	902	18	1
家用视听设备批发	537	453	46	0
日用家电批发	11097	4588	5307	6
其他家庭用品批发	1158	93	–8	1
文化、体育用品及器材批发	34506	16154	245	780
文具用品批发	2588	3123	612	654
体育用品及器材批发	3298	2593	14	1

11—9 续表 7　（2020 年）　计量单位：万元

指标名称	销售费用	管理费用	财务费用	利息费用
图书批发	26430	8211	–917	0
报刊批发	186	786	0	–1
首饰、工艺品及收藏品批发	1668	1100	241	126
其他文化用品批发	336	342	296	0
医药及医疗器材批发	236576	76317	29164	30701
西药批发	188014	53157	24580	27532
中药批发	9901	3753	776	430
动物用药品批发	201	771	58	2
医疗用品及器材批发	38460	18636	3749	2736
矿产品、建材及化工产品批发	135214	64732	108641	105461
煤炭及制品批发	28813	9901	34351	52555
石油及制品批发	42501	12793	3495	1287
非金属矿及制品批发	1543	69	59	59
金属及金属矿批发	22228	21940	68802	37744
建材批发	7573	1911	968	636
化肥批发	2144	2637	–2526	11648
农药批发	4201	2050	758	155
其他化工产品批发	26209	13431	2733	1376
机械设备、五金产品及电子产品批发	68634	43309	5496	3639
农业机械批发	353	451	131	0
汽车及零配件批发	8053	6759	1390	1039
五金产品批发	8802	4896	–1560	10
电气设备批发	4575	1314	747	695
计算机、软件及辅助设备批发	684	3722	138	134
通讯设备批发	5589	3370	588	186
广播影视设备批发	4	52	–18	3
其他机械设备及电子产品批发	40575	22746	4081	1572
贸易经纪与代理	4216	1067	–640	126
贸易代理	4216	1067	–640	126
其他批发业	1307	838	213	8
其他未列明批发业	1307	838	213	8
内资企业	548903	278236	163120	157886

11—9 续表 8　　（2020 年）　　计量单位：万元

指标名称	销售费用	管理费用	财务费用	利息费用
国有企业	17419	30726	–5997	2377
集体企业	474	2109	8057	7974
有限责任公司	291464	106693	81216	87763
国有独资公司	45841	14705	15125	9789
其他有限责任公司	245623	91988	66091	77974
股份有限公司	5642	10243	32306	52048
私营企业	233903	128466	47540	7724
私营独资企业	0	661	25	0
私营有限责任公司	232548	124627	46009	6830
私营股份有限公司	1355	3178	1506	893
港、澳、台商投资企业	13442	186	–113	1
港、澳、台商独资经营企业	13442	186	–113	1
外商投资企业	580	222	0	0
外资企业	580	222	0	0
国有控股	138607	102802	93921	138009
集体控股	3705	3482	8625	8838
私人控股	363579	164945	57040	8892
港澳台商控股	18257	2225	2048	1447
外商控股	580	222	0	0
其他	38197	4968	1374	700
独立门店	375993	199823	114177	100314
连锁总店（总部）	22325	7865	2385	0
连锁直营店	128	70	2	0
其他	164479	70886	46444	57572
大型	140720	91124	64391	91332
中型	333432	136983	87081	62249
小型	80062	46498	8031	4090
微型	8711	4040	3504	216
城镇	529737	272631	160363	155716
其中：城区	313091	199339	108892	137854
乡村	33189	6013	2645	2170

11—9 续表 9　　（2020 年）　　计量单位：万元

指标名称	营业利润	利润总额	应交所得税	应付职工薪酬（本年贷方累计发生额）	应交增值税
总　计	**234286**	**246881**	**69491**	**189039**	**238966**
农、林、牧、渔产品批发	3839	4801	205	4452	20172
谷物、豆及薯类批发	1705	2537	28	2000	8
种子批发	414	424	1	752	12
畜牧渔业饲料批发	620	629	5	461	387
棉、麻批发	546	638	135	200	19594
林业产品批发	83	81	2	150	6
牲畜批发	201	210	20	529	91
其他农牧产品批发	271	283	14	360	75
食品、饮料及烟草制品批发	109784	112710	29143	15624	37641
米、面制品及食用油批发	776	2655	462	3663	144
糕点、糖果及糖批发	395	397	156	1146	151
果品、蔬菜批发	694	901	1	829	96
肉、禽、蛋、奶及水产品批发	–699	–696	13	2245	204
盐及调味品批发	–4509	–3829	510	334	499
营养和保健品批发	422	423	33	1706	492
酒、饮料及茶叶批发	4195	4159	865	2404	932
烟草制品批发	107680	107580	26895	2862	34192
其他食品批发	829	1120	209	436	932
纺织、服装及家庭用品批发	8740	8097	2727	19278	3665
纺织品、针织品及原料批发	97	312	373	5143	351
服装批发	–113	–29	104	4889	401
鞋帽批发	–11	50	6	541	53
化妆品及卫生用品批发	7721	7689	1925	2913	451
厨具卫具及日用杂品批发	276	279	30	690	278
灯具、装饰物品批发	205	196	16	673	116
家用视听设备批发	148	152	8	261	83
日用家电批发	234	–710	238	3785	1800
其他家庭用品批发	183	157	26	384	132
文化、体育用品及器材批发	43784	43731	679	12492	1647
文具用品批发	1478	1506	30	2445	581
体育用品及器材批发	2613	2575	571	680	717

11—9 续表 10　　　　（2020 年）　　　　计量单位：万元

指标名称	营业利润	利润总额	应交所得税	应付职工薪酬（本年贷方累计发生额）	应交增值税
图书批发	39569	39221	1	8075	292
报刊批发	93	90	0	782	53
首饰、工艺品及收藏品批发	205	317	76	350	4
其他文化用品批发	–172	23	1	159	0
医药及医疗器材批发	105438	104707	21894	48313	66751
西药批发	71399	70835	14246	32190	48908
中药批发	5600	5569	1196	3876	1238
动物用药品批发	451	453	37	282	163
医疗用品及器材批发	27988	27850	6415	11964	16442
矿产品、建材及化工产品批发	–58315	–52556	10621	47146	93623
煤炭及制品批发	18491	19308	–1463	9872	30634
石油及制品批发	–44828	–45707	322	8127	1034
非金属矿及制品批发	–1036	–1034	2	40	43
金属及金属矿批发	–62824	–57637	7426	17844	53908
建材批发	421	478	135	1099	470
化肥批发	–68	131	54	1378	30
农药批发	697	852	143	1282	1
其他化工产品批发	30832	31053	4004	7504	7502
机械设备、五金产品及电子产品批发	20857	24939	4169	40138	13564
农业机械批发	0	79	3	285	1
汽车及零配件批发	2005	2073	427	6471	4093
五金产品批发	2924	6198	1147	2489	142
电气设备批发	964	1024	181	2777	555
计算机、软件及辅助设备批发	1325	1401	149	1837	693
通讯设备批发	638	656	57	3126	398
广播影视设备批发	440	491	0	256	53
其他机械设备及电子产品批发	12560	13019	2204	22899	7630
贸易经纪与代理	487	547	49	815	191
贸易代理	487	547	49	815	191
其他批发业	–328	–95	6	781	1713
其他未列明批发业	–328	–95	6	781	1713
内资企业	233989	246584	69385	188554	237781

11—9 续表 11　　（2020 年）　　计量单位：万元

指标名称	营业利润	利润总额	应交所得税	应付职工薪酬（本年贷方累计发生额）	应交增值税
国有企业	109811	110056	27342	9156	34603
集体企业	–4932	–4252	0	179	190
有限责任公司	129212	130629	29741	95877	90821
国有独资公司	33192	35048	9380	17101	10089
其他有限责任公司	96021	95581	20361	78776	80732
股份有限公司	16047	16149	–1911	9422	17350
私营企业	–16149	–5999	14213	73919	94816
私营独资企业	35	35	0	43	407
私营有限责任公司	–15531	–5672	14183	72033	93963
私营股份有限公司	–652	–361	29	1843	446
港、澳、台商投资企业	267	268	98	319	1029
港、澳、台商独资经营企业	267	268	98	319	1029
外商投资企业	30	30	9	166	156
外资企业	30	30	9	166	156
国有控股	235774	239018	47195	71102	91449
集体控股	–2356	–1616	688	964	20131
私人控股	–5473	3478	19419	108861	115466
港澳台商控股	5485	5176	1426	2585	4448
外商控股	30	30	9	166	156
其他	827	797	755	5362	7314
独立门店	149319	157806	51017	128677	128899
连锁总店（总部）	–10857	–11336	0	3403	0
连锁直营店	–26	–26	0	89	1
其他	95850	100437	18474	56870	110065
大型	208681	207004	34114	49998	76562
中型	15759	23906	28324	108201	90504
小型	8087	14193	6734	29433	69979
微型	1759	1778	320	1407	1921
城镇	236569	244577	64182	183042	182008
其中：城区	205358	210760	50541	130679	131666
乡村	–2284	2304	5309	5997	56957

全市限额以上零售贸易企业财务状况

11—10　　（2020 年）　　计量单位：个、万元

指标名称	企业数	流动资产合计	#存货	固定资产原价	累计折旧	#本年折旧
总　计	**403**	**2613805**	**787437**	**1032849**	**433086**	**70036**
综合零售	60	751168	219342	610966	234896	34302
百货零售	36	684513	206203	583374	215718	32162
超级市场零售	19	35033	11443	26610	18817	2058
便利店零售	3	29969	791	220	85	27
其他综合零售	2	1653	904	762	275	56
食品、饮料及烟草制品专门零售	20	94622	26104	21295	6219	2145
粮油零售	5	15965	8333	7746	2145	456
糕点、面包零售	3	19926	1540	1504	991	313
果品、蔬菜零售	2	2553	58	1661	526	85
肉、禽、蛋、奶及水产品零售	2	682	93	1028	138	52
营养和保健品零售	2	10172	75	66	37	14
酒、饮料及茶叶零售	6	45325	16005	9289	2382	1224
纺织、服装及日用品专门零售	21	49648	25623	8533	4509	792
纺织品及针织品零售	2	439	346	22	5	5
服装零售	11	10639	11950	1353	648	86
鞋帽零售	3	26466	8164	1101	736	346
化妆品及卫生用品零售	3	1682	4837	4533	2093	129
钟表、眼镜零售	1	342	314	186	159	14
其他日用品零售	1	10080	12	1339	869	212
文化、体育用品及器材专门零售	13	116832	60874	17591	9138	959
文具用品零售	2	1233	539	5	5	0
图书、报刊零售	3	48135	5166	12867	5722	509
珠宝首饰零售	4	55840	45636	4123	2875	413
工艺美术品及收藏品零售	1	5130	4835	56	51	0
乐器零售	3	6495	4698	541	485	36
医药及医疗器材专门零售	25	190141	49112	14816	7867	1743
西药零售	22	177320	44244	11575	6414	1530
中药零售	3	12821	4868	3240	1453	212
汽车、摩托车、零配件和燃料及其他动力销售	200	1273417	377201	341909	158168	28251
汽车新车零售	152	974344	331794	185432	78065	20257
汽车旧车零售	1	2774	1038	12	9	1
汽车零配件零售	1	26316	4745	1902	298	298

注：本表数据包含辛集市。

11—10 续表 1　　（2020 年）　　计量单位：个、万元

指标名称	企业数	流动资产合计	#存货	固定资产原价	累计折旧	#本年折旧
摩托车及零配件零售	2	1823	1297	36	0	0
机动车燃油零售	43	264366	38255	147939	76965	7692
机动车燃气零售	1	3794	71	6589	2832	2
家用电器及电子产品专门零售	47	93531	25575	5138	3494	1549
家用视听设备零售	19	50619	8242	1667	1264	457
日用家电零售	11	12656	4818	1128	813	131
计算机、软件及辅助设备零售	6	8078	3427	1580	964	953
通信设备零售	10	21952	8993	755	446	8
其他电子产品零售	1	226	95	8	8	0
五金、家具及室内装饰材料专门零售	4	8001	753	568	348	56
家具零售	2	6965	628	568	348	56
涂料零售	1	518	125	0	0	0
木质装饰材料零售	1	517	0	0	0	0
货摊、无店铺及其他零售业	13	36445	2853	12034	8448	241
互联网零售	8	26425	2486	183	87	37
邮购及电视、电话零售	1	1573	86	8	0	0
生活用燃料零售	3	8303	231	11829	8356	202
宠物食品用品零售	1	145	50	14	4	1
内资企业	397	2456619	729343	860436	354712	61983
国有企业	2	10245	859	12162	8567	218
集体企业	6	6819	1021	1795	857	68
股份合作企业	4	1676	206	376	184	7
有限责任公司	120	1024802	352711	411173	161068	29899
国有独资公司	7	64701	15240	22057	8749	1032
其他有限责任公司	113	960101	337471	389117	152319	28867
股份有限公司	4	557138	95916	275418	115136	11084
私营企业	261	855939	278631	159512	68901	20707
私营独资企业	20	14692	3529	2395	1047	150
私营合伙企业	6	1270	306	389	190	83
私营有限责任公司	233	838047	273357	156676	67651	20471
私营股份有限公司	2	1929	1438	52	13	3
港、澳、台商投资企业	4	61090	22508	74497	30309	2768
合资经营企业（港或澳、台资）	1	43014	3206	67470	26976	2079
港、澳、台商独资经营企业	3	18076	19302	7027	3332	689
外商投资企业	2	96096	35586	97916	48066	5285

11—10 续表 2　　　　（2020 年）　　　　计量单位：个、万元

指标名称	企业数	流动资产合计	#存货	固定资产原价	累计折旧	#本年折旧
外资企业	1	7284	4617	9078	6382	1163
外商投资股份有限公司	1	88812	30969	88838	41684	4122
国有控股	40	934302	247997	503849	241773	23795
集体控股	13	40927	6719	18292	11677	885
私人控股	333	1494344	478115	300194	121657	35309
港澳台商控股	4	19650	20504	7057	3332	689
外商控股	2	11078	4688	15667	9214	1166
其他	11	113505	29415	187790	45433	8191
独立门店	359	2283180	660743	781352	355526	57373
连锁总店（总部）	17	217850	58903	108298	54064	5400
连锁直营店	4	18873	9095	1017	312	293
连锁加盟店	3	45465	36579	3874	2647	417
其他	20	48437	22118	138307	20538	6552
大型	29	1186282	323166	560942	244221	34191
中型	144	1057058	354450	415483	164522	29661
小型	170	306092	89569	49329	18950	5262
微型	60	64373	20252	7095	5394	922
有店铺零售	389	2571444	778744	1029310	431635	69847
便利店	5	30455	874	612	244	86
超市	20	22695	6460	3116	1684	547
大型超市	6	88372	41659	48171	29794	4309
百货店	34	570269	168095	381244	162218	22740
专业店	155	790884	176207	230587	117007	14735
专卖店	162	1018106	380891	186031	79197	20407
家居建材商店	3	44695	3732	179154	41446	6985
购物中心	4	5970	828	394	45	39
厂家直销中心	14	42361	8693	3539	1451	189
无店铺零售	8	26425	2486	183	87	37
网上商店	1	1573	86	8	0	0
其他	5	14363	6121	3349	1364	151
城镇	13	33638	4132	298	178	46
其中：城区	6	10426	2429	139	104	44
乡村	1	5085	3113	2943	1221	89

11—10 续表 3　　（2020 年）　　计量单位：万元

指标名称	资产总计	负债合计	所有者权益合计	#实收资本
总　计	**3950424**	**2840060**	**1101794**	**780849**
综合零售	1469125	1022428	446697	366541
百货零售	1389181	894188	494993	295972
超级市场零售	47538	98062	−50524	60406
便利店零售	30267	28491	1776	10000
其他综合零售	2140	1688	452	163
食品、饮料及烟草制品专门零售	118615	68495	50120	15399
粮油零售	23937	19545	4392	2200
糕点、面包零售	23233	24137	−904	1848
果品、蔬菜零售	3740	1998	1743	700
肉、禽、蛋、奶及水产品零售	1906	719	1187	1000
营养和保健品零售	10209	9101	1108	1100
酒、饮料及茶叶零售	55590	12996	42594	8551
纺织、服装及日用品专门零售	62522	53573	9035	10154
纺织品及针织品零售	675	999	−324	500
服装零售	14612	19193	−4495	4000
鞋帽零售	28412	21643	6769	2947
化妆品及卫生用品零售	7532	3260	4272	2157
钟表、眼镜零售	381	277	103	50
其他日用品零售	10910	8202	2709	500
文化、体育用品及器材专门零售	145611	86291	59320	14420
文具用品零售	1313	353	960	400
图书、报刊零售	64198	29421	34777	3500
珠宝首饰零售	68210	50159	18051	5240
工艺美术品及收藏品零售	5134	1002	4132	4100
乐器零售	6757	5356	1400	1180
医药及医疗器材专门零售	301574	158657	137133	93458
西药零售	286373	149189	137184	86908
中药零售	15201	9468	−51	6550
汽车、摩托车、零配件和燃料及其他动力销售	1701091	1341477	357258	224299
汽车新车零售	1127817	966261	161469	187864
汽车旧车零售	2793	2089	704	500
汽车零配件零售	27928	21782	6145	3000
摩托车及零配件零售	1862	1578	284	260
机动车燃油零售	532443	345543	184633	32575

11—10 续表 4　　　　（2020 年）　　　　计量单位：万元

指标名称	资产总计	负债合计	所有者权益合计	# 实收资本
机动车燃气零售	8248	4224	4024	100
家用电器及电子产品专门零售	102713	61693	41020	42672
家用视听设备零售	51728	40288	11440	14987
日用家电零售	17922	9213	8709	9422
计算机、软件及辅助设备零售	8691	5625	3066	721
通信设备零售	24146	7153	16993	17242
其他电子产品零售	226	–586	811	300
五金、家具及室内装饰材料专门零售	8094	2721	4856	2622
家具零售	7058	2691	4368	2222
涂料零售	518	30	488	400
木质装饰材料零售	517	0	0	0
货摊、无店铺及其他零售业	41081	44725	–3644	11284
互联网零售	27488	24865	2623	1586
邮购及电视、电话零售	1580	269	1312	1000
生活用燃料零售	11858	19555	–7697	8648
宠物食品用品零售	154	37	118	50
内资企业	3589163	2640876	939716	717445
国有企业	14075	18901	–4827	8148
集体企业	7812	5110	2703	756
股份合作企业	2544	1385	1158	297
有限责任公司	1510627	1027284	480558	392193
国有独资公司	89433	52307	37126	5700
其他有限责任公司	1421195	974977	443432	386493
股份有限公司	1015687	795809	219877	65856
私营企业	1038419	792386	240247	250195
私营独资企业	16070	13019	3051	1670
私营合伙企业	1927	1806	120	210
私营有限责任公司	1018459	776197	236476	247715
私营股份有限公司	1964	1364	600	600
港、澳、台商投资企业	113973	46542	67431	10405
合资经营企业（港或澳、台资）	87632	32046	55587	550
港、澳、台商独资经营企业	26341	14497	11844	9855
外商投资企业	247289	152642	94647	53000
外资企业	13055	65020	–51966	53000
外商投资股份有限公司	234234	87622	146612	0

11—10 续表 5　　（2020 年）　　计量单位：万元

指标名称	资产总计	负债合计	所有者权益合计	# 实收资本
国有控股	1677027	1180433	494326	150092
集体控股	49196	16850	32346	16927
私人控股	1872152	1432823	433025	413761
港澳台商控股	28252	14838	13415	11055
外商控股	21303	69244	–47942	53100
其他	302495	125871	176624	135914
独立门店	3223801	2481939	739075	581152
连锁总店（总部）	406132	178508	227624	40490
连锁直营店	31430	35940	–4510	3983
连锁加盟店	57691	44068	13623	1400
其他	231372	99606	125982	153825
大型	2059323	1397574	661749	283007
中型	1460641	1125690	334950	395862
小型	355311	279563	75748	80794
微型	75150	37233	29346	21187
有店铺零售	3904454	2804780	1096887	777108
便利店	30841	28641	2200	10030
超市	25248	23843	1405	1686
大型超市	129988	163628	–33640	79597
百货店	1072442	743173	329268	157199
专业店	1237087	819318	415502	216521
专卖店	1184045	956129	227396	190427
家居建材商店	218603	65020	153583	120650
购物中心	6200	5028	1172	1000
厂家直销中心	45971	35280	4907	3741
无店铺零售	27488	24865	2623	1586
网上商店	1580	269	1312	1000
其他	16902	10146	972	1155
城镇	34726	28532	6194	3741
其中：城区	10462	6166	4296	2680
乡村	7360	1576	0	0

11—10 续表 6　　　　（2020 年）　　　　计量单位：万元

指标名称	主营业务收入	主营业务税金及附加	其他业务利润
总　计	**7272034**	**27946**	**82665**
综合零售	2310583	16682	43507
百货零售	2184494	16089	37774
超级市场零售	96409	524	4049
便利店零售	23551	42	1684
其他综合零售	6129	27	0
食品、饮料及烟草制品专门零售	144462	757	179
粮油零售	9736	9	0
糕点、面包零售	17799	62	4
果品、蔬菜零售	1107	0	0
肉、禽、蛋、奶及水产品零售	5052	10	46
营养和保健品零售	15675	367	0
酒、饮料及茶叶零售	95093	310	129
纺织、服装及日用品专门零售	225660	617	5193
纺织品及针织品零售	1451	22	0
服装零售	57315	214	818
鞋帽零售	94096	160	3746
化妆品及卫生用品零售	42987	167	629
钟表、眼镜零售	822	3	0
其他日用品零售	28989	53	0
文化、体育用品及器材专门零售	103054	438	163
文具用品零售	2422	11	0
图书、报刊零售	50848	263	163
珠宝首饰零售	39290	144	0
工艺美术品及收藏品零售	2365	0	0
乐器零售	8130	19	0
医药及医疗器材专门零售	326584	1302	5528
西药零售	314404	1299	5528
中药零售	12179	2	0
汽车、摩托车、零配件和燃料及其他动力销售	3756292	7240	25927
汽车新车零售	2860202	5604	24500
汽车旧车零售	7693	8	0
汽车零配件零售	54281	58	417
摩托车及零配件零售	4154	2	0
机动车燃油零售	812277	1535	1009

11—10 续表 7　　（2020 年）　　计量单位：万元

指标名称	主营业务收入	主营业务税金及附加	其他业务利润
机动车燃气零售	17684	33	0
家用电器及电子产品专门零售	279882	378	1142
家用视听设备零售	89560	92	994
日用家电零售	77515	176	0
计算机、软件及辅助设备零售	14803	44	0
通信设备零售	95970	59	110
其他电子产品零售	2033	5	39
五金、家具及室内装饰材料专门零售	13641	93	0
家具零售	12128	73	0
涂料零售	1513	3	0
木质装饰材料零售	0	17	0
货摊、无店铺及其他零售业	111877	441	1027
互联网零售	91180	295	0
邮购及电视、电话零售	8894	71	0
生活用燃料零售	11036	70	1027
宠物食品用品零售	767	6	0
内资企业	6464432	24766	82014
国有企业	15751	103	1917
集体企业	11020	71	0
股份合作企业	4072	27	1
有限责任公司	2853604	10440	43063
国有独资公司	59115	315	164
其他有限责任公司	2794489	10126	42898
股份有限公司	1247185	7490	7406
私营企业	2332801	6635	29628
私营独资企业	36230	128	36
私营合伙企业	7854	24	0
私营有限责任公司	2284646	6477	29591
私营股份有限公司	4070	7	0
港、澳、台商投资企业	274991	2311	649
合资经营企业（港或澳、台资）	154940	2100	0
港、澳、台商独资经营企业	120052	210	649
外商投资企业	532610	869	3

11—10 续表 8　　（2020 年）　　计量单位：万元

指标名称	主营业务收入	主营业务税金及附加	其他业务利润
外资企业	35648	125	3
外商投资股份有限公司	496962	744	0
国有控股	2345979	10625	19616
集体控股	90370	299	1987
私人控股	4188690	11762	58953
港澳台商控股	123647	218	649
外商控股	53332	158	3
其他	470016	4885	1458
独立门店	6168099	23918	77793
连锁总店（总部）	729799	1572	3832
连锁直营店	72827	219	0
连锁加盟店	35046	130	0
其他	266262	2107	1040
大型	3228323	16416	42341
中型	3097184	9362	35949
小型	777035	1630	4174
微型	169492	538	201
有店铺零售	7158574	27571	82244
便利店	26783	55	1684
超市	49403	155	1369
大型超市	359043	971	22228
百货店	1666303	12050	19171
专业店	1970142	4735	12801
专卖店	2835469	6034	24991
购物中心	236980	3562	0
厂家直销中心	14451	8	0
无店铺零售	113460	375	422
网上商店	91180	295	0
电话购物	8894	71	0
其他	13386	9	422
城镇	104918	380	0
其中：城区	28600	89	0
乡村	0	0	0

11—10 续表 9 （2020 年） 计量单位：万元

指标名称	销售费用	管理费用	财务费用	# 利息支出
总 计	**557081**	**218601**	**39518**	**22955**
综合零售	230200	113611	16804	10632
百货零售	216923	101073	13740	8291
超级市场零售	9555	9957	2919	2203
便利店零售	3448	2223	144	138
其他综合零售	274	358	2	0
食品、饮料及烟草制品专门零售	7558	8265	804	999
粮油零售	618	1365	369	355
糕点、面包零售	2594	2861	259	337
果品、蔬菜零售	17	103	193	193
肉、禽、蛋、奶及水产品零售	239	159	2	–1
营养和保健品零售	1608	1318	6	0
酒、饮料及茶叶零售	2483	2459	–25	116
纺织、服装及日用品专门零售	37012	5959	335	262
纺织品及针织品零售	676	56	1	0
服装零售	10201	1528	311	251
鞋帽零售	10990	992	–141	10
化妆品及卫生用品零售	10151	2732	124	0
钟表、眼镜零售	130	99	3	0
其他日用品零售	4865	553	36	0
文化、体育用品及器材专门零售	10796	9268	4	0
文具用品零售	275	339	6	0
图书、报刊零售	5884	4871	–56	0
珠宝首饰零售	3583	3456	27	0
工艺美术品及收藏品零售	24	42	1	0
乐器零售	1030	560	26	0
医药及医疗器材专门零售	71116	10361	–491	377
西药零售	69719	9751	–505	377
中药零售	1397	610	14	0
汽车、摩托车、零配件和燃料及其他动力销售	149772	59388	21207	10552
汽车新车零售	80377	49062	15499	8030
汽车旧车零售	20	231	–10	0
汽车零配件零售	1116	491	469	448
摩托车及零配件零售	0	115	1	0

11—10 续表 10　　　　（2020 年）　　　　计量单位：万元

指标名称	销售费用	管理费用	财务费用	# 利息支出
机动车燃油零售	68058	8985	5247	2074
机动车燃气零售	201	504	3	0
家用电器及电子产品专门零售	16749	8277	826	85
家用视听设备零售	7239	3562	244	6
日用家电零售	7299	2748	230	22
计算机、软件及辅助设备零售	996	359	21	0
通信设备零售	1132	1522	325	58
其他电子产品零售	83	86	6	0
五金、家具及室内装饰材料专门零售	3382	47	26	45
家具零售	3142	11	48	45
涂料零售	121	26	–19	0
木质装饰材料零售	119	10	–3	0
货摊、无店铺及其他零售业	30496	3425	3	4
互联网零售	24691	2047	26	3
邮购及电视、电话零售	4902	579	–4	1
生活用燃料零售	898	798	–19	0
宠物食品用品零售	5	2	0	0
内资企业	502780	199839	33835	20755
国有企业	1759	1631	22	0
集体企业	1913	724	145	0
股份合作企业	612	123	8	4
有限责任公司	241217	70812	13481	8356
国有独资公司	7544	6026	483	517
其他有限责任公司	233673	64786	12998	7839
股份有限公司	83095	72610	10915	8586
私营企业	174184	53938	9265	3809
私营独资企业	1098	1337	36	0
私营合伙企业	669	827	4	0
私营有限责任公司	172270	51617	9204	3790
私营股份有限公司	147	156	20	19
港、澳、台商投资企业	18708	11041	549	0
合资经营企业（港或澳、台资）	4290	7055	309	0
港、澳、台商独资经营企业	14418	3986	240	0
外商投资企业	35594	7721	5133	2200

11—10 续表 11　　（2020 年）　　计量单位：万元

指标名称	销售费用	管理费用	财务费用	# 利息支出
外资企业	5018	3591	2330	2200
外商投资股份有限公司	30576	4130	2803	0
国有控股	169728	97912	17373	10706
集体控股	8481	3473	–362	138
私人控股	332222	88733	18584	9552
港澳台商控股	14772	4278	242	0
外商控股	5219	4095	2333	2200
其他	26658	20110	1348	359
独立门店	438441	188475	35424	21638
连锁总店（总部）	71408	10920	2044	582
连锁直营店	15456	2086	335	73
连锁加盟店	3365	3046	27	0
其他	28412	14075	1687	663
大型	345435	114633	18893	11823
中型	152070	77991	17014	9652
小型	34007	23812	3149	1311
微型	25569	2164	462	169
有店铺零售	526971	215287	39419	22952
便利店	3487	2457	146	138
超市	3196	3437	537	3
大型超市	66648	10233	2835	2200
百货店	150327	82904	12852	8344
专业店	201207	45509	7620	3700
专卖店	94020	55012	14889	8567
购物中心	7870	15636	533	0
厂家直销中心	216	99	9	0
无店铺零售	30109	3313	98	4
网上商店	24691	2047	26	3
电话购物	4902	579	–4	1
其他	516	688	76	0
城镇	29722	3803	127	4
其中：城区	5785	2606	8	3
乡村	69	122	10	0

11—10 续表 12　　　　（2020 年）　　　　计量单位：万元

指标名称	营业利润	利润总额	应交所得税	应付职工薪酬（本年贷方累计发生额）	应交增值税
总　计	**76297**	**78840**	**35545**	**294339**	**85788**
综合零售	61675	61241	20946	130437	40396
百货零售	69605	69699	20935	116879	39428
超级市场零售	−5883	−5996	10	10680	632
便利店零售	−2072	−2475	1	2683	319
其他综合零售	25	13	1	195	16
食品、饮料及烟草制品专门零售	17424	18749	5028	6373	2278
粮油零售	−1791	89	1	786	−13
糕点、面包零售	215	480	188	3523	476
果品、蔬菜零售	197	225	0	303	0
肉、禽、蛋、奶及水产品零售	56	56	3	254	43
营养和保健品零售	−30	11	2	244	50
酒、饮料及茶叶零售	18778	17888	4835	1263	1722
纺织、服装及日用品专门零售	−369	−92	1070	10182	2676
纺织品及针织品零售	−236	−237	0	257	113
服装零售	−1937	−1666	21	4348	726
鞋帽零售	−527	−507	329	2720	662
化妆品及卫生用品零售	1558	1532	477	2425	792
钟表、眼镜零售	7	10	1	160	18
其他日用品零售	766	776	242	272	366
文化、体育用品及器材专门零售	7999	8479	171	6611	1157
文具用品零售	185	185	9	99	66
图书、报刊零售	4470	4883	2	2132	−47
珠宝首饰零售	3455	3523	117	3869	662
工艺美术品及收藏品零售	1	1	0	24	−191
乐器零售	−112	−112	43	487	666
医药及医疗器材专门零售	11286	11292	3432	42292	15078
西药零售	10885	10920	3350	41691	9014
中药零售	400	372	82	601	6064
汽车、摩托车、零配件和燃料及其他动力销售	−16203	−16015	4334	80709	19500
汽车新车零售	−5801	−4253	3796	53097	16818
汽车旧车零售	179	177	13	28	6
汽车零配件零售	312	245	62	951	167
摩托车及零配件零售	13	13	0	54	3
机动车燃油零售	−10003	−11049	506	22185	2500

11—10 续表 13　　（2020 年）　　计量单位：万元

指标名称	营业利润	利润总额	应交所得税	应付职工薪酬（本年贷方累计发生额）	应交增值税
机动车燃气零售	–903	–1148	–43	4394	6
家用电器及电子产品专门零售	–5171	–5287	195	9607	1724
家用视听设备零售	–3789	–3783	143	2984	499
日用家电零售	–1769	–1945	5	4672	819
计算机、软件及辅助设备零售	107	111	6	574	151
通信设备零售	213	264	37	1325	216
其他电子产品零售	67	67	3	53	38
五金、家具及室内装饰材料专门零售	1035	1035	253	1032	689
家具零售	1109	1109	261	983	526
涂料零售	21	21	1	48	26
木质装饰材料零售	–96	–96	–9	0	136
货摊、无店铺及其他零售业	–1378	–563	116	7098	2290
互联网零售	–57	–66	11	360	2124
邮购及电视、电话零售	415	416	104	2458	0
生活用燃料零售	–1742	–919	1	4270	166
宠物食品用品零售	6	6	0	10	0
内资企业	77346	80629	32330	266290	82090
国有企业	–1828	–1001	0	4969	267
集体企业	–309	–322	15	1125	77
股份合作企业	–86	12	1	383	93
有限责任公司	26601	30148	11528	107331	29725
国有独资公司	2226	4515	–2	3050	–6
其他有限责任公司	24375	25633	11531	104281	29731
股份有限公司	40704	37496	11078	68398	18959
私营企业	12264	14296	9708	84084	32968
私营独资企业	400	394	53	681	369
私营合伙企业	91	90	3	418	151
私营有限责任公司	11516	13554	9652	82827	32444
私营股份有限公司	257	257	0	158	5
港、澳、台商投资企业	11641	11677	3216	8892	3547
合资经营企业（港或澳、台资）	10730	10699	2698	4120	2480

11—10 续表 14 （2020 年） 计量单位：万元

指标名称	营业利润	利润总额	应交所得税	应付职工薪酬（本年贷方累计发生额）	应交增值税
港、澳、台商独资经营企业	911	978	518	4772	1067
外商投资企业	−12690	−13466	0	19157	151
外资企业	−5024	−5077	0	6240	134
外商投资股份有限公司	−7667	−8389	0	12917	17
国有控股	43688	42597	14411	111841	24934
集体控股	1653	1898	580	5698	1270
私人控股	24197	27845	15890	146887	54020
港澳台商控股	1209	1276	543	5169	1127
外商控股	−5926	−6225	−43	10634	140
其他	11476	11448	4165	14111	4297
独立门店	75335	78482	31358	231335	77572
连锁总店（总部）	3191	2632	3537	39518	5654
连锁直营店	−5587	−5622	0	7017	119
连锁加盟店	3249	3224	90	3385	625
其他	109	123	560	13085	1818
大型	82793	80345	25463	178253	49569
中型	−16885	−11939	5243	95664	23501
小型	2643	2317	2360	19439	9578
微型	7746	8116	2479	983	3140
有店铺零售	76095	78605	35416	291052	83610
便利店	−1973	−2376	9	2733	357
超市	219	280	132	2709	483
大型超市	−9471	−8280	313	9878	6030
百货店	66246	64997	17935	111768	31302
专业店	−227	1265	6745	93827	23270
专卖店	13321	14667	7585	64514	19653
购物中心	7972	7949	2698	5401	2500
厂家直销中心	6	104	1	222	14
无店铺零售	202	235	130	3287	2178
网上商店	−57	−66	11	360	2124
电话购物	415	416	104	2458	0
其他	−155	−115	15	469	54
城镇	719	749	129	3607	2323
其中：城区	616	609	116	2868	75
乡村	271	272	0	0	0

市区限额以上批发贸易企业财务状况

11—11　　（2020 年）　　计量单位：个、万元

指标名称	企业数	流动资产合计	#存货	固定资产原价	累计折旧	#本年折旧
总　计	**606**	**14148734**	**1582966**	**582560**	**222224**	**34324**
农、林、牧、渔产品批发	23	221101	64855	8042	3877	648
谷物、豆及薯类批发	6	102823	7817	1557	924	152
种子批发	4	26023	6738	3295	1718	207
畜牧渔业饲料批发	9	9925	704	1869	602	187
棉、麻批发	1	64919	43144	971	308	87
林业产品批发	1	7105	64	18	14	4
牲畜批发	1	4412	925	332	310	12
其他农牧产品批发	1	5896	5465	0	0	0
食品、饮料及烟草制品批发	42	676244	83831	117602	37073	4412
米、面制品及食用油批发	10	142108	37723	25842	3985	613
糕点、糖果及糖批发	3	20825	7938	3572	593	135
果品、蔬菜批发	4	6487	837	25	19	2
肉、禽、蛋、奶及水产品批发	5	11821	229	365	175	26
盐及调味品批发	3	151130	1970	38967	5168	745
营养和保健品批发	2	3036	382	21	12	4
酒、饮料及茶叶批发	8	47448	3226	6132	4423	382
烟草制品批发	1	271880	27304	39141	21206	2386
其他食品批发	6	21510	4223	3538	1493	120
纺织、服装及家庭用品批发	67	777043	226231	24376	14737	2882
纺织品、针织品及原料批发	19	87626	17412	9363	4465	871
服装批发	20	84880	30350	6434	4313	1063
鞋帽批发	2	8580	2737	336	303	15
化妆品及卫生用品批发	5	28169	5966	1854	1537	705
厨具卫具及日用杂品批发	3	9865	2952	1977	624	128
灯具、装饰物品批发	3	7707	2599	176	94	34
家用视听设备批发	2	379	105	3	3	1
日用家电批发	12	547597	162031	3476	2733	58
其他家庭用品批发	1	2241	2080	758	665	8
文化、体育用品及器材批发	17	402396	52198	32593	12316	1112
文具用品批发	10	71170	21084	1245	894	88
体育用品及器材批发	2	12022	9057	1029	505	189
图书批发	1	306046	18719	29596	10330	799
报刊批发	1	917	0	19	17	3
首饰、工艺品及收藏品批发	2	9995	3335	628	535	27
其他文化用品批发	1	2245	4	77	36	6
医药及医疗器材批发	128	3062979	507543	185390	56294	10782
西药批发	58	2462360	409491	166694	45784	8054
中药批发	16	158311	38242	3791	2738	326
动物用药品批发	5	7859	766	385	354	270
医疗用品及器材批发	49	434449	59044	14520	7418	2133
矿产品、建材及化工产品批发	195	8107321	456245	164006	71795	10847
煤炭及制品批发	21	4204755	153334	27047	6397	1287
石油及制品批发	17	63825	6537	67114	38055	5760
非金属矿及制品批发	1	3251	401	186	185	25
金属及金属矿批发	51	2934575	153324	29136	15095	1304
建材批发	17	53483	14377	1161	715	432
化肥批发	5	483954	68769	25232	3935	546

11—11 续表 1　　（2020 年）　　计量单位：个、万元

指标名称	企业数	流动资产合计	#存货	固定资产原价	累计折旧	#本年折旧
农药批发	11	40609	16438	634	395	52
其他化工产品批发	72	322869	43066	13497	7019	1441
机械设备、五金产品及电子产品批发	123	849259	186138	43223	23420	3171
农业机械批发	2	1508	14	494	128	25
汽车及零配件批发	29	159713	42981	7670	4785	627
五金产品批发	12	104039	1625	5524	4152	392
电气设备批发	5	20680	2615	1700	1137	51
计算机、软件及辅助设备批发	14	63369	13088	7832	1103	410
通讯设备批发	16	54442	15228	1826	1013	92
广播影视设备批发	1	3071	233	26	25	4
其他机械设备及电子产品批发	44	442438	110354	18151	11078	1571
贸易经纪与代理	4	30399	5733	1970	766	106
贸易代理	4	30399	5733	1970	766	106
其他批发业	7	21993	192	5357	1946	364
其他未列明批发业	7	21993	192	5357	1946	364
内资企业	604	14054315	1573845	582291	222037	34281
国有企业	7	438421	37077	51226	27876	2754
集体企业	1	128293	1818	38626	4852	754
有限责任公司	129	7050799	889326	330865	109670	13237
国有独资公司	18	828429	60377	29736	6064	938
其他有限责任公司	111	6222371	828949	301129	103606	12299
股份有限公司	5	4177998	143310	30944	10770	1324
私营企业	462	2258805	502314	130631	68869	16212
私营独资企业	2	1029	1006	61	30	30
私营有限责任公司	457	2219625	494316	122546	64291	15801
私营股份有限公司	3	38151	6993	8024	4548	382
港、澳、台商投资企业	1	70532	4536	0	0	0
港、澳、台商独资经营企业	1	70532	4536	0	0	0
外商投资企业	1	23887	4585	268	186	43
外资企业	1	23887	4585	268	186	43
国有控股	70	10290240	680151	236073	97720	9073
集体控股	4	215315	37402	45794	9830	1047
私人控股	519	3263759	807261	201218	101072	21401
港澳台商控股	2	276932	46877	280	106	62
外商控股	1	23887	4585	268	186	43
其他	10	78602	6690	98926	13309	2699
独立门店	425	8107574	1181754	435705	157484	21174
连锁总店（总部）	1	15677	4277	36752	18046	2800
连锁直营店	1	4895	517	43	18	10
其他	179	6020589	396419	110060	46675	10341
大型	16	8236871	593056	264278	85786	10812
中型	232	4506046	742108	248364	109786	18563
小型	279	1030041	206384	65827	24361	4339
微型	79	375776	41417	4090	2291	610
城镇	594	14074460	1572278	559823	216938	33873
其中：城区	407	12114146	1270901	334919	155641	24427
乡村	12	74275	10688	22736	5286	452

11—11 续表 2　　　　（2020 年）　　　　计量单位：万元

指标名称	资产总计	负债合计	所有者权益合计	
				# 实收资本
总　计	**20519256**	**13089009**	**7422851**	**1969203**
农、林、牧、渔产品批发	297160	216739	80421	34579
谷物、豆及薯类批发	170894	116381	54513	16568
种子批发	30659	15830	14829	12686
畜牧渔业饲料批发	11562	6784	4779	1225
棉、麻批发	66608	62746	3862	2000
林业产品批发	7109	5659	1450	1500
牲畜批发	4433	3958	475	100
其他农牧产品批发	5896	5382	514	500
食品、饮料及烟草制品批发	893438	460905	432532	61633
米、面制品及食用油批发	204283	144105	60178	22331
糕点、糖果及糖批发	32045	20900	11146	11000
果品、蔬菜批发	6655	4665	1991	2034
肉、禽、蛋、奶及水产品批发	12080	12640	–560	850
盐及调味品批发	247524	171210	76315	14420
营养和保健品批发	3078	2830	248	30
酒、饮料及茶叶批发	58735	30937	27798	3828
烟草制品批发	299429	45524	253904	231
其他食品批发	29609	28096	1513	6909
纺织、服装及家庭用品批发	813844	572231	241613	49600
纺织品、针织品及原料批发	101464	78228	23236	16305
服装批发	90140	67123	23017	14143
鞋帽批发	8613	7494	1120	501
化妆品及卫生用品批发	31511	14645	16866	5936
厨具卫具及日用杂品批发	12575	10820	1754	1310
灯具、装饰物品批发	7794	5839	1955	1600
家用视听设备批发	379	131	249	136
日用家电批发	559075	387091	171984	8670
其他家庭用品批发	2294	861	1432	1000
文化、体育用品及器材批发	647445	365221	282224	17112
文具用品批发	74416	56950	17466	8400
体育用品及器材批发	14472	3053	11418	1150
图书批发	544949	294267	250682	6742
报刊批发	924	824	100	120
首饰、工艺品及收藏品批发	10398	8154	2244	400
其他文化用品批发	2286	1973	313	300
医药及医疗器材批发	3393736	2859584	532641	258951
西药批发	2756099	2365714	389268	198280
中药批发	160054	135666	24388	14950
动物用药品批发	9737	7502	2235	550
医疗用品及器材批发	467846	350703	116750	45171
矿产品、建材及化工产品批发	13452771	7789279	5658185	1432508
煤炭及制品批发	9076608	3874803	5196537	1086272
石油及制品批发	185489	120382	65080	60432
非金属矿及制品批发	3252	4525	–1272	60
金属及金属矿批发	3229557	2996009	233548	199294
建材批发	53929	46074	7855	3961
化肥批发	523088	486260	36828	11000

11—11 续表 3　　　　（2020 年）　　　　计量单位：万元

指标名称	资产总计	负债合计	所有者权益合计	# 实收资本
农药批发	41726	35994	5732	2999
其他化工产品批发	339121	225233	113878	68490
机械设备、五金产品及电子产品批发	961980	775364	186036	104110
农业机械批发	2746	2157	589	50
汽车及零配件批发	181042	156089	24953	18500
五金产品批发	149101	103560	45540	12391
电气设备批发	21535	14383	7152	2228
计算机、软件及辅助设备批发	80897	55800	25097	16321
通讯设备批发	63502	48812	14109	12461
广播影视设备批发	3071	1365	1706	1000
其他机械设备及电子产品批发	460087	393198	66889	41159
贸易经纪与代理	31764	27143	4621	3150
贸易代理	31764	27143	4621	3150
其他批发业	27119	22542	4577	7562
其他未列明批发业	27119	22542	4577	7562
内资企业	20424020	13017102	7399522	1946203
国有企业	475183	207570	267613	11273
集体企业	220760	158943	61816	12170
有限责任公司	8198915	6855872	1342281	525742
国有独资公司	989427	771339	218088	97765
其他有限责任公司	7209488	6084533	1124193	427977
股份有限公司	9058890	3861028	5197861	1068339
私营企业	2470274	1933689	529950	328680
私营独资企业	1029	933	96	0
私营有限责任公司	2420669	1886333	527700	319320
私营股份有限公司	48576	46422	2154	9360
港、澳、台商投资企业	70532	50246	20287	20000
港、澳、台商独资经营企业	70532	50246	20287	20000
外商投资企业	24703	21661	3042	3000
外资企业	24703	21661	3042	3000
国有控股	16058550	9645941	6412610	1467857
集体控股	322863	232747	90116	18048
私人控股	3624829	2786782	830651	425333
港澳台商控股	292370	223222	69149	49916
外商控股	24703	21661	3042	3000
其他	195940	178656	17283	5049
独立门店	9340723	7571241	1762846	609508
连锁总店（总部）	119356	91732	27624	29000
连锁直营店	4933	4646	287	300
其他	11054244	5421389	5632094	1330394
大型	13925940	7693913	6232027	1248949
中型	5093829	4207753	886076	507476
小型	1105284	843113	262171	186241
微型	394203	344230	42577	26537
城镇	20403644	13022266	7373982	1960337
其中：城区	17911804	11185440	6722875	1742013
乡村	115612	66743	48869	8866

11—11 续表 4　　（2020 年）　　计量单位：万元

指标名称	主营业务收入	主营业务税金及附加	其他业务利润
总　计	**26408744**	**146951**	**16491**
农、林、牧、渔产品批发	439387	184	209
谷物、豆及薯类批发	187281	49	131
种子批发	20352	30	78
畜牧渔业饲料批发	102643	37	0
棉、麻批发	107935	51	0
林业产品批发	2973	3	0
牲畜批发	14762	11	0
其他农牧产品批发	3441	4	0
食品、饮料及烟草制品批发	1404144	127565	6951
米、面制品及食用油批发	188424	344	5695
糕点、糖果及糖批发	65782	17	183
果品、蔬菜批发	18163	9	0
肉、禽、蛋、奶及水产品批发	28963	67	0
盐及调味品批发	45701	211	0
营养和保健品批发	7110	59	29
酒、饮料及茶叶批发	91669	438	743
烟草制品批发	908633	126235	18
其他食品批发	49699	185	282
纺织、服装及家庭用品批发	1133963	956	1950
纺织品、针织品及原料批发	337219	277	667
服装批发	199309	112	26
鞋帽批发	9846	10	0
化妆品及卫生用品批发	78882	195	0
厨具卫具及日用杂品批发	21767	36	0
灯具、装饰物品批发	18461	21	324
家用视听设备批发	5706	9	51
日用家电批发	444736	274	882
其他家庭用品批发	18038	21	0
文化、体育用品及器材批发	665416	761	0
文具用品批发	138910	137	0
体育用品及器材批发	35409	150	0
图书批发	460345	458	0
报刊批发	3143	6	0
首饰、工艺品及收藏品批发	17144	6	0
其他文化用品批发	10466	3	0
医药及医疗器材批发	5659155	9586	3568
西药批发	4659595	7719	3888
中药批发	357401	316	0
动物用药品批发	45686	45	0
医疗用品及器材批发	596474	1507	–319
矿产品、建材及化工产品批发	14728929	5679	2465
煤炭及制品批发	2333276	1912	511
石油及制品批发	296563	324	377
非金属矿及制品批发	12515	10	0
金属及金属矿批发	9869181	1883	933
建材批发	230903	87	0
化肥批发	829429	135	0

11—11 续表 5　　　　（2020 年）　　　　计量单位：万元

指标名称	主营业务收入	主营业务税金及附加	其他业务利润
农药批发	95321	36	5
其他化工产品批发	1061741	1293	639
机械设备、五金产品及电子产品批发	2103208	2062	1275
农业机械批发	6832	1	0
汽车及零配件批发	445448	276	319
五金产品批发	240373	30	54
电气设备批发	76619	110	0
计算机、软件及辅助设备批发	166175	178	0
通讯设备批发	444507	239	0
广播影视设备批发	3539	9	0
其他机械设备及电子产品批发	719715	1219	902
贸易经纪与代理	106536	40	48
贸易代理	106536	40	48
其他批发业	168007	118	25
其他未列明批发业	168007	118	25
内资企业	26249271	146778	16362
国有企业	1305711	126754	89
集体企业	12147	172	0
有限责任公司	16958481	11227	10627
国有独资公司	2028873	2446	5153
其他有限责任公司	14929608	8782	5474
股份有限公司	1888778	1960	662
私营企业	6084154	6665	4984
私营独资企业	5448	2	0
私营有限责任公司	6042530	6582	4567
私营股份有限公司	36176	81	417
港、澳、台商投资企业	120795	155	0
港、澳、台商独资经营企业	120795	155	0
外商投资企业	38678	19	129
外资企业	38678	19	129
国有控股	17585365	135990	10847
集体控股	171795	566	26
私人控股	7758292	8843	5453
港澳台商控股	487421	677	0
外商控股	38678	19	129
其他	367194	856	36
独立门店	19908899	138974	7281
连锁总店（总部）	118847	115	0
连锁直营店	3639	2	0
其他	6377359	7860	9210
大型	11112783	132746	1899
中型	11615062	11123	11417
小型	3054640	2548	2235
微型	626259	535	940
城镇	26256373	146478	16491
其中：城区	22203538	140314	13156
乡村	152371	474	0

11—11 续表 6　　（2020 年）　　计量单位：万元

指标名称	销售费用	管理费用	财务费用	# 利息支出
总　计	**509262**	**262211**	**127778**	**152288**
农、林、牧、渔产品批发	6580	5996	5007	3962
谷物、豆及薯类批发	2546	1902	4057	2843
种子批发	939	2511	182	179
畜牧渔业饲料批发	1304	945	56	45
棉、麻批发	540	437	681	864
林业产品批发	93	28	14	14
牲畜批发	1159	160	14	14
其他农牧产品批发	0	14	3	3
食品、饮料及烟草制品批发	32339	41594	2661	10333
米、面制品及食用油批发	3081	4432	1999	1482
糕点、糖果及糖批发	1132	966	646	660
果品、蔬菜批发	495	238	68	16
肉、禽、蛋、奶及水产品批发	4926	1094	2	0
盐及调味品批发	1049	3501	7111	8066
营养和保健品批发	3568	70	3	0
酒、饮料及茶叶批发	4025	2104	–155	2
烟草制品批发	13140	26328	–7172	0
其他食品批发	924	2861	160	107
纺织、服装及家庭用品批发	39090	23651	10314	1422
纺织品、针织品及原料批发	8849	6945	2051	1107
服装批发	10433	6014	2755	203
鞋帽批发	381	531	28	50
化妆品及卫生用品批发	4918	3344	105	23
厨具卫具及日用杂品批发	967	1067	59	30
灯具、装饰物品批发	933	902	18	1
家用视听设备批发	353	167	0	0
日用家电批发	11097	4588	5307	6
其他家庭用品批发	1158	93	–8	1
文化、体育用品及器材批发	34469	16101	246	780
文具用品批发	2550	3104	612	654
体育用品及器材批发	3298	2593	14	1
图书批发	26430	8177	–917	0
报刊批发	186	786	0	–1
首饰、工艺品及收藏品批发	1668	1100	241	126
其他文化用品批发	336	342	296	0
医药及医疗器材批发	236018	75747	29115	30716
西药批发	187456	52599	24531	27547
中药批发	9901	3740	776	430
动物用药品批发	201	771	58	2
医疗用品及器材批发	38460	18636	3749	2736
矿产品、建材及化工产品批发	88072	56453	77900	102216
煤炭及制品批发	7166	8184	33954	52446
石油及制品批发	28237	10737	2295	104
非金属矿及制品批发	1543	45	59	59
金属及金属矿批发	21377	19442	41297	36520
建材批发	3349	1412	383	68
化肥批发	1287	2536	–2527	11648

11—11 续表 7　　　　（2020 年）　　　　计量单位：万元

指标名称	销售费用	管理费用	财务费用	# 利息支出
农药批发	2591	1478	372	20
其他化工产品批发	22523	12619	2066	1351
机械设备、五金产品及电子产品批发	67170	40765	2963	2724
农业机械批发	211	322	13	0
汽车及零配件批发	6807	5214	166	127
五金产品批发	8786	4893	–1562	8
电气设备批发	4516	1281	747	695
计算机、软件及辅助设备批发	684	3722	138	134
通讯设备批发	5589	3190	444	186
广播影视设备批发	4	52	–18	3
其他机械设备及电子产品批发	40575	22091	3035	1572
贸易经纪与代理	4216	1067	–640	126
贸易代理	4216	1067	–640	126
其他批发业	1307	838	213	8
其他未列明批发业	1307	838	213	8
内资企业	495240	261804	127891	152287
国有企业	17321	30681	–6005	2377
集体企业	474	2109	8057	7974
有限责任公司	272484	101110	78496	86277
国有独资公司	45483	14291	14658	9295
其他有限责任公司	227001	86819	63838	76982
股份有限公司	5642	10243	32306	52048
私营企业	199318	117662	15038	3610
私营独资企业	0	661	25	0
私营有限责任公司	198270	114023	14035	3245
私营股份有限公司	1048	2978	978	366
港、澳、台商投资企业	13442	186	–113	1
港、澳、台商独资经营企业	13442	186	–113	1
外商投资企业	580	222	0	0
外资企业	580	222	0	0
国有控股	136738	100864	92346	136619
集体控股	3705	3482	8625	8838
私人控股	311785	150450	23385	4683
港澳台商控股	18257	2225	2048	1447
外商控股	580	222	0	0
其他	38197	4968	1374	700
独立门店	345757	187977	82212	96250
连锁总店（总部）	22325	7865	2385	0
连锁直营店	128	70	2	0
其他	141053	66299	43179	56038
大型	140720	89877	64404	91331
中型	286778	125767	54133	58073
小型	73356	42600	5763	2716
微型	8408	3966	3478	167
城镇	503579	260907	127303	151676
其中：城区	311718	197284	108079	137686
乡村	5683	1304	475	612

11—11 续表 8　　（2020 年）　　计量单位：万元

指标名称	营业利润	利润总额	应交所得税	应付职工薪酬（本年贷方累计发生额）	应交增值税
总　计	**294481**	**299854**	**63904**	**178318**	**175567**
农、林、牧、渔产品批发	3911	4119	192	3507	20118
谷物、豆及薯类批发	2117	2206	28	1545	8
种子批发	414	424	1	752	12
畜牧渔业饲料批发	620	629	5	461	387
棉、麻批发	546	638	135	200	19594
林业产品批发	10	8	2	9	6
牲畜批发	201	210	20	529	91
其他农牧产品批发	4	4	1	10	22
食品、饮料及烟草制品批发	109873	111578	29132	13990	37549
米、面制品及食用油批发	1765	2634	460	3010	143
糕点、糖果及糖批发	395	397	156	1146	151
果品、蔬菜批发	–66	–69	1	199	32
肉、禽、蛋、奶及水产品批发	–699	–696	13	2245	204
盐及调味品批发	–4509	–3829	510	334	499
营养和保健品批发	345	343	27	1500	468
酒、饮料及茶叶批发	4133	4097	862	2259	928
烟草制品批发	107680	107580	26895	2862	34192
其他食品批发	829	1120	209	436	932
纺织、服装及家庭用品批发	8648	8005	2722	19211	3643
纺织品、针织品及原料批发	97	312	373	5143	351
服装批发	–113	–29	104	4889	401
鞋帽批发	–11	50	6	541	53
化妆品及卫生用品批发	7721	7689	1925	2913	451
厨具卫具及日用杂品批发	276	279	30	690	278
灯具、装饰物品批发	205	196	16	673	116
家用视听设备批发	56	60	4	194	61
日用家电批发	234	–710	238	3785	1800
其他家庭用品批发	183	157	26	384	132
文化、体育用品及器材批发	43749	43696	677	12462	1640
文具用品批发	1462	1490	29	2416	575
体育用品及器材批发	2613	2575	571	680	717
图书批发	39550	39202		8075	292
报刊批发	93	90		782	53
首饰、工艺品及收藏品批发	205	317	76	350	4
其他文化用品批发	–172	23	1	159	0
医药及医疗器材批发	103891	103134	21670	47762	66529
西药批发	69882	69291	14022	31664	48704
中药批发	5571	5539	1196	3851	1220
动物用药品批发	451	453	37	282	163
医疗用品及器材批发	27988	27850	6415	11964	16442
矿产品、建材及化工产品批发	4605	5285	5552	41559	33648
煤炭及制品批发	14846	14952	–2529	7374	18400
石油及制品批发	–12092	–12973	–2	6918	657
非金属矿及制品批发	–1078	–1076		17	43
金属及金属矿批发	–29097	–28135	3804	16929	7301
建材批发	884	948	133	771	202

11—11 续表 9　　（2020 年）　　计量单位：万元

指标名称	营业利润	利润总额	应交所得税	应付职工薪酬（本年贷方累计发生额）	应交增值税
化肥批发	-165	31	49	1302	2
农药批发	767	771	127	1034	7
其他化工产品批发	30539	30766	3971	7215	7038
机械设备、五金产品及电子产品批发	19644	23586	3906	38233	10537
农业机械批发	42	64	3	212	0
汽车及零配件批发	1374	1431	183	5296	1150
五金产品批发	2924	6198	1147	2472	134
电气设备批发	891	951	179	2738	532
计算机、软件及辅助设备批发	1325	1401	149	1837	693
通讯设备批发	573	590	41	3004	347
广播影视设备批发	440	491	0	256	53
其他机械设备及电子产品批发	12075	12461	2204	22419	7630
贸易经纪与代理	487	547	49	815	191
贸易代理	487	547	49	815	191
其他批发业	-328	-95	6	781	1713
其他未列明批发业	-328	-95	6	781	1713
内资企业	294184	299557	63798	177833	174382
国有企业	108392	108638	27121	8964	34518
集体企业	-4932	-4252	0	179	190
有限责任公司	125278	124732	28546	91142	82227
国有独资公司	33637	34762	9374	16773	10085
其他有限责任公司	91641	89970	19172	74369	72142
股份有限公司	16047	16149	-1911	9422	17350
私营企业	49399	54289	10043	68127	40098
私营独资企业	35	35	0	43	407
私营有限责任公司	50607	55358	10013	66700	39288
私营股份有限公司	-1243	-1103	29	1383	402
港、澳、台商投资企业	267	268	98	319	1029
港、澳、台商独资经营企业	267	268	98	319	1029
外商投资企业	30	30	9	166	156
外资企业	30	30	9	166	156
国有控股	235108	236598	46848	69142	91251
集体控股	-2356	-1616	688	964	20131
私人控股	55388	58871	14179	100100	52266
港澳台商控股	5485	5176	1426	2585	4448
外商控股	30	30	9	166	156
其他	827	797	755	5362	7314
独立门店	202889	208431	49139	120238	123616
连锁总店（总部）	-10857	-11336	0	3403	0
连锁直营店	-26	-26	0	89	1
其他	102475	102785	14765	54589	51950
大型	204691	202896	33087	47833	75830
中型	71861	77004	27471	101989	78109
小型	16407	18416	3034	27154	19744
微型	1522	1538	312	1343	1885
城镇	294321	298640	63295	176664	174424
其中：城区	206888	211212	50517	129423	130749
乡村	159	1214	609	1654	1144

市区限额以上零售贸易企业财务状况

11—12　　　　（2020 年）　　　　计量单位：个、万元

指标名称	法人企业数	流动资产合计	# 存货	固定资产原价	累计折旧	# 本年折旧
总　计	**291**	**2413142**	**715711**	**948163**	**401464**	**61722**
综合零售	28	635144	169621	543416	212245	27157
百货零售	17	587089	159749	517875	194331	25297
超级市场零售	8	17360	8598	24615	17610	1834
便利店零售	2	29969	791	220	85	27
其他综合零售	1	725	483	705	219	0
食品、饮料及烟草制品专门零售	13	80944	24558	18272	5436	1878
粮油零售	3	15155	8094	7573	2122	433
糕点、面包零售	2	10079	321	1318	877	200
肉、禽、蛋、奶及水产品零售	1	606	64	57	35	12
营养和保健品零售	2	10172	75	66	37	14
酒、饮料及茶叶零售	5	44932	16005	9258	2365	1219
纺织、服装及日用品专门零售	18	48843	25429	7979	4468	772
纺织品及针织品零售	1	439	346	22	5	5
服装零售	10	9865	11763	799	607	67
鞋帽零售	3	26466	8164	1101	736	346
化妆品及卫生用品零售	2	1652	4830	4532	2093	129
钟表、眼镜零售	1	342	314	186	159	14
其他日用品零售	1	10080	12	1339	869	212
文化、体育用品及器材专门零售	11	113832	60192	17097	8875	928
文具用品零售	2	1233	539	5	5	0
图书、报刊零售	2	45927	4779	12374	5460	479
珠宝首饰零售	4	55840	45636	4123	2875	413
工艺美术品及收藏品零售	1	5130	4835	56	51	0
乐器零售	2	5703	4403	540	485	36
医药及医疗器材专门零售	19	180107	43772	11620	6603	1619
西药零售	17	172371	42017	11322	6371	1496
中药零售	2	7737	1755	297	232	123
汽车、摩托车、零配件和燃料及其他动力销售	170	1231417	369837	332751	151799	27591
汽车新车零售	133	936152	325073	178974	75412	19762
汽车旧车零售	1	2774	1038	12	9	1
汽车零配件零售	1	26316	4745	1902	298	298
摩托车及零配件零售	2	1823	1297	36	0	0
机动车燃油零售	32	260558	37612	145238	73248	7528
机动车燃气零售	1	3794	71	6589	2832	2
家用电器及电子产品专门零售	19	79493	18786	4528	3256	1483
家用视听设备零售	5	45578	4302	1482	1140	436
日用家电零售	5	8207	3759	937	741	103
计算机、软件及辅助设备零售	2	6203	2848	1428	941	941
通信设备零售	7	19505	7876	681	434	4
五金、家具及室内装饰材料专门零售	4	8001	753	568	348	56
家具零售	2	6965	628	568	348	56
涂料零售	1	518	125	0	0	0
木质装饰材料零售	1	517	0	0	0	0
货摊、无店铺及其他零售业	9	35361	2764	11934	8436	238
互联网零售	6	26223	2459	97	79	37
邮购及电视、电话零售	1	1573	86	8	0	0
生活用燃料零售	2	7565	219	11829	8356	202

11—12　续表 1　　（2020 年）　　计量单位：个、万元

指标名称	法人企业数	流动资产合计	# 存货	固定资产原价	累计折旧	# 本年折旧
内资企业	285	2255956	657617	775750	323090	53669
国有企业	1	6439	219	11675	8208	202
集体企业	5	6687	940	1699	855	66
股份合作企业	4	1676	206	376	184	7
有限责任公司	102	963184	336672	376864	144948	28191
国有独资公司	5	61822	14365	21316	8280	984
其他有限责任公司	97	901362	322307	355548	136668	27206
股份有限公司	4	557138	95916	275418	115136	11084
私营企业	169	720831	223664	109719	53760	14120
私营独资企业	11	12971	3134	1159	551	99
私营合伙企业	5	980	274	213	122	70
私营有限责任公司	152	705618	219131	108331	53074	13948
私营股份有限公司	1	1263	1125	17	12	2
港、澳、台商投资企业	4	61090	22508	74497	30309	2768
合资经营企业（港或澳、台资）	1	43014	3206	67470	26976	2079
港、澳、台商独资经营企业	3	18076	19302	7027	3332	689
外商投资企业	2	96096	35586	97916	48066	5285
外资企业	1	7284	4617	9078	6382	1163
外商投资股份有限公司	1	88812	30969	88838	41684	4122
国有控股	32	921605	245020	502031	238039	23631
集体控股	8	10516	1312	4646	2468	206
私人控股	234	1336788	414773	230971	102979	27839
港澳台商控股	4	19650	20504	7057	3332	689
外商控股	2	11078	4688	15667	9214	1166
其他	11	113505	29415	187790	45433	8191
独立门店	258	2148749	607709	730908	337073	50717
连锁总店（总部）	13	177054	51531	94564	44771	4608
连锁直营店	4	18873	9095	1017	312	293
连锁加盟店	3	45465	36579	3874	2647	417
其他	13	23000	10798	117799	16662	5686
大型	22	1106340	283805	507648	224383	27792
中型	125	1007313	343073	395833	159702	28647
小型	110	247609	74619	40954	15801	4543
微型	34	51880	14214	3727	1579	741
有店铺零售	281	2380802	711614	947987	401328	61678
便利店	3	30149	845	447	223	64
超市	8	8806	4357	1600	834	339
大型超市	4	86946	41172	47898	29570	4290
百货店	13	467433	120507	314922	140599	15802
专业店	104	759918	166841	222307	111212	14254
专卖店	146	982486	374014	181520	77448	19944
购物中心	2	44577	3694	179150	41442	6985
厂家直销中心	1	487	184	143	1	1
无店铺零售	10	32340	4097	176	137	44
网上商店	6	26223	2459	97	79	37
电话购物	1	1573	86	8	0	0
其他	3	4543	1552	72	57	8
城镇	11	33436	4105	212	170	45
其中：城区	6	10426	2429	139	104	44

11—12 续表 2　　（2020 年）　　计量单位：万元

指标名称	资产总计	负债合计	所有者权益合计	# 实收资本
总　计	**3670848**	**2647562**	**1022766**	**712008**
综合零售	1296359	903919	392440	335988
百货零售	1236799	790981	445818	266562
超级市场零售	28082	83338	–55256	59263
便利店零售	30267	28491	1776	10000
其他综合零售	1212	1110	102	163
食品、饮料及烟草制品专门零售	100089	49759	50330	12599
粮油零售	23109	19396	3713	1900
糕点、面包零售	10960	8307	2654	848
肉、禽、蛋、奶及水产品零售	627	70	558	500
营养和保健品零售	10209	9101	1108	1100
酒、饮料及茶叶零售	55183	12886	42297	8251
纺织、服装及日用品专门零售	59232	52750	6568	8124
纺织品及针织品零售	675	999	–324	500
服装零售	11353	18370	–6931	2000
鞋帽零售	28412	21643	6769	2947
化妆品及卫生用品零售	7501	3259	4242	2127
钟表、眼镜零售	381	277	103	50
其他日用品零售	10910	8202	2709	500
文化、体育用品及器材专门零售	139915	84756	55159	13340
文具用品零售	1313	353	960	400
图书、报刊零售	59294	28448	30847	2500
珠宝首饰零售	68210	50159	18051	5240
工艺美术品及收藏品零售	5134	1002	4132	4100
乐器零售	5964	4795	1170	1100
医药及医疗器材专门零售	289036	153401	135635	92128
西药零售	281196	145509	135686	85578
中药零售	7841	7892	–51	6550
汽车、摩托车、零配件和燃料及其他动力销售	1650682	1301408	349186	198870
汽车新车零售	1084550	928592	155870	163503
汽车旧车零售	2793	2089	704	500
汽车零配件零售	27928	21782	6145	3000
摩托车及零配件零售	1862	1578	284	260
机动车燃油零售	525302	343143	182160	31507
机动车燃气零售	8248	4224	4024	100
家用电器及电子产品专门零售	88113	54548	33566	37761
家用视听设备零售	46413	37205	9209	13850
日用家电零售	13371	8164	5207	6412
计算机、软件及辅助设备零售	6689	4167	2522	507
通信设备零售	21639	5012	16628	16992
五金、家具及室内装饰材料专门零售	8094	2721	4856	2622
家具零售	7058	2691	4368	2222
涂料零售	518	30	488	400
木质装饰材料零售	517	0	0	0
货摊、无店铺及其他零售业	39327	44300	–4973	10576
互联网零售	26627	24715	1912	1428
邮购及电视、电话零售	1580	269	1312	1000
生活用燃料零售	11120	19317	–8197	8148

11—12 续表 3　　　（2020 年）　　　计量单位：万元

指标名称	资产总计	负债合计	所有者权益合计	# 实收资本
内资企业	3309586	2448378	860689	648603
国有企业	9988	18658	-8670	7648
集体企业	7586	5093	2493	546
股份合作企业	2544	1385	1158	297
有限责任公司	1423552	979498	443537	369467
国有独资公司	83817	50454	33363	4400
其他有限责任公司	1339735	929044	410173	365067
股份有限公司	1015687	795809	219877	65856
私营企业	850231	647935	202294	204789
私营独资企业	13517	11646	1871	1278
私营合伙企业	1515	1713	-198	132
私营有限责任公司	833935	633613	200321	203079
私营股份有限公司	1263	963	300	300
港、澳、台商投资企业	113973	46542	67431	10405
合资经营企业（港或澳、台资）	87632	32046	55587	550
港、澳、台商独资经营企业	26341	14497	11844	9855
外商投资企业	247289	152642	94647	53000
外资企业	13055	65020	-51966	53000
外商投资股份有限公司	234234	87622	146612	0
国有控股	1659225	1176133	483092	147652
集体控股	14338	7181	7156	984
私人控股	1645235	1254295	390421	363303
港澳台商控股	28252	14838	13415	11055
外商控股	21303	69244	-47942	53100
其他	302495	125871	176624	135914
独立门店	3034742	2349572	684651	533932
连锁总店（总部）	358513	151576	206936	24170
连锁直营店	31430	35940	-4510	3983
连锁加盟店	57691	44068	13623	1400
其他	188472	66406	122066	148523
大型	1941343	1330655	610688	258140
中型	1385532	1052514	333018	374062
小型	285569	233281	52288	60695
微型	58403	31112	26772	19111
有店铺零售	3638082	2619780	1017783	708925
便利店	30536	28636	1900	10030
超市	9841	9434	408	713
大型超市	128513	162601	-34088	78863
百货店	911930	638567	273362	125962
专业店	1195493	797097	398397	194481
专卖店	1142783	918339	223925	178327
购物中心	218485	64955	153530	120550
厂家直销中心	501	151	350	0
无店铺零售	32766	27782	4984	3083
网上商店	26627	24715	1912	1428
电话购物	1580	269	1312	1000
其他	4559	2799	1760	655
城镇	33865	28382	5483	3583
其中：城区	10462	6166	4296	2680

11—12 续表 4　　（2020 年）　　计量单位：万元

指标名称	主营业务收入	主营业务税金及附加	其他业务利润
总　计	**6685285**	**25204**	**74395**
综合零售	1921988	14265	36375
百货零售	1833243	13781	31596
超级市场零售	64065	422	3095
便利店零售	23551	42	1684
其他综合零售	1129	20	0
食品、饮料及烟草制品专门零售	133954	723	179
粮油零售	6300	3	0
糕点、面包零售	15424	61	3
肉、禽、蛋、奶及水产品零售	4027	2	46
营养和保健品零售	15675	367	0
酒、饮料及茶叶零售	92528	290	129
纺织、服装及日用品专门零售	217956	554	4860
纺织品及针织品零售	1451	22	0
服装零售	50184	151	485
鞋帽零售	94096	160	3746
化妆品及卫生用品零售	42415	167	629
钟表、眼镜零售	822	3	0
其他日用品零售	28989	53	0
文化、体育用品及器材专门零售	97214	410	0
文具用品零售	2422	11	0
图书、报刊零售	47360	237	0
珠宝首饰零售	39290	144	0
工艺美术品及收藏品零售	2365	0	0
乐器零售	5777	17	0
医药及医疗器材专门零售	318042	1293	5528
西药零售	305862	1291	5528
中药零售	12179	2	0
汽车、摩托车、零配件和燃料及其他动力销售	3635145	7124	25500
汽车新车零售	2749956	5538	24078
汽车旧车零售	7693	8	0
汽车零配件零售	54281	58	417
摩托车及零配件零售	4154	2	0
机动车燃油零售	801377	1486	1005
机动车燃气零售	17684	33	0
家用电器及电子产品专门零售	242332	313	927
家用视听设备零售	74689	72	863
日用家电零售	67133	166	0
计算机、软件及辅助设备零售	11147	19	0
通信设备零售	89364	56	64
五金、家具及室内装饰材料专门零售	13641	93	0
家具零售	12128	73	0
涂料零售	1513	3	0
木质装饰材料零售	0	17	0
货摊、无店铺及其他零售业	105013	429	1027
互联网零售	88781	290	0
邮购及电视、电话零售	8894	71	0
生活用燃料零售	7338	68	1027

11—12 续表 5　　　　（2020 年）　　　　计量单位：万元

指标名称	主营业务收入	主营业务税金及附加	其他业务利润
内资企业	5877683	22024	73743
国有企业	5600	68	1027
集体企业	10663	70	0
股份合作企业	4072	27	1
有限责任公司	2673367	9695	38761
国有独资公司	51070	273	0
其他有限责任公司	2622298	9422	38761
股份有限公司	1247185	7490	7406
私营企业	1936796	4674	26549
私营独资企业	27365	87	32
私营合伙企业	7207	22	0
私营有限责任公司	1900988	4561	26518
私营股份有限公司	1236	4	0
港、澳、台商投资企业	274991	2311	649
合资经营企业（港或澳、台资）	154940	2100	0
港、澳、台商独资经营企业	120052	210	649
外商投资企业	532610	869	3
外资企业	35648	125	3
外商投资股份有限公司	496962	744	0
国有控股	2294231	10418	16078
集体控股	17533	100	755
私人控股	3726527	9425	55453
港澳台商控股	123647	218	649
外商控股	53332	158	3
其他	470016	4885	1458
独立门店	5711968	21725	71177
连锁总店（总部）	659188	1377	2599
连锁直营店	72827	219	0
连锁加盟店	35046	130	0
其他	206256	1754	618
大型	2933437	14458	36989
中型	2959853	8874	33836
小型	650401	1374	3415
微型	141594	498	156
有店铺零售	6583947	24835	74395
便利店	24899	50	1684
超市	24687	85	1305
大型超市	348413	955	22227
百货店	1301034	9653	11771
专业店	1878166	4585	12418
专卖店	2770183	5945	24991
购物中心	236016	3560	0
厂家直销中心	550	2	0
无店铺零售	101338	369	0
网上商店	88781	290	0
电话购物	8894	71	0
其他	3663	8	0
城镇	102520	375	0
其中：城区	28600	89	0

11—12 续表 6　　（2020 年）　　计量单位：万元

指标名称	销售费用	管理费用	财务费用	# 利息支出
总　计	**502512**	**204764**	**36088**	**21453**
综合零售	182208	105076	14309	9822
百货零售	171362	94331	11747	7485
超级市场零售	7393	8343	2418	2200
便利店零售	3448	2223	144	138
其他综合零售	5	180	1	0
食品、饮料及烟草制品专门零售	7077	7653	264	470
粮油零售	612	1240	359	355
糕点、面包零售	2152	2603	–78	0
肉、禽、蛋、奶及水产品零售	223	105	2	–1
营养和保健品零售	1608	1318	6	0
酒、饮料及茶叶零售	2483	2387	–25	116
纺织、服装及日用品专门零售	36695	5805	278	208
纺织品及针织品零售	676	56	1	0
服装零售	9884	1377	255	198
鞋帽零售	10990	992	–141	10
化妆品及卫生用品零售	10151	2729	124	0
钟表、眼镜零售	130	99	3	0
其他日用品零售	4865	553	36	0
文化、体育用品及器材专门零售	10172	8841	5	0
文具用品零售	275	339	6	0
图书、报刊零售	5360	4577	–54	0
珠宝首饰零售	3583	3456	27	0
工艺美术品及收藏品零售	24	42	1	0
乐器零售	931	427	26	0
医药及医疗器材专门零售	70585	9637	–534	352
西药零售	69258	9148	–539	352
中药零售	1328	488	4	0
汽车、摩托车、零配件和燃料及其他动力销售	146108	57379	20992	10471
汽车新车零售	77750	47593	15356	8022
汽车旧车零售	20	231	–10	0
汽车零配件零售	1116	491	469	448
摩托车及零配件零售	0	115	1	0
机动车燃油零售	67021	8445	5174	2000
机动车燃气零售	201	504	3	0
家用电器及电子产品专门零售	15879	6996	764	83
家用视听设备零售	6791	3016	209	6
日用家电零售	7062	2421	217	19
计算机、软件及辅助设备零售	899	157	19	0
通信设备零售	1127	1401	319	58
五金、家具及室内装饰材料专门零售	3382	47	26	45
家具零售	3142	11	48	45
涂料零售	121	26	–19	0
木质装饰材料零售	119	10	–3	0
货摊、无店铺及其他零售业	30406	3330	–16	3
互联网零售	24606	1973	7	2
邮购及电视、电话零售	4902	579	–4	1
生活用燃料零售	898	779	–19	0

11—12 续表 7　　（2020 年）　　计量单位：万元

指标名称	销售费用	管理费用	财务费用	# 利息支出
内资企业	448211	186002	30406	19253
国有企业	895	692	–20	0
集体企业	1902	681	146	0
股份合作企业	612	123	8	4
有限责任公司	222596	65347	13116	8007
国有独资公司	6250	5300	468	517
其他有限责任公司	216346	60047	12648	7490
股份有限公司	83095	72610	10915	8586
私营企业	139112	46549	6241	2656
私营独资企业	617	821	27	0
私营合伙企业	589	798	3	0
私营有限责任公司	137889	44831	6192	2637
私营股份有限公司	18	100	19	19
港、澳、台商投资企业	18708	11041	549	0
合资经营企业（港或澳、台资）	4290	7055	309	0
港、澳、台商独资经营企业	14418	3986	240	0
外商投资企业	35594	7721	5133	2200
外资企业	5018	3591	2330	2200
外商投资股份有限公司	30576	4130	2803	0
国有控股	164246	94561	17199	10688
集体控股	2411	1570	162	–1
私人控股	289206	80150	14805	8206
港澳台商控股	14772	4278	242	0
外商控股	5219	4095	2333	2200
其他	26658	20110	1348	359
独立门店	397418	177129	32386	20636
连锁总店（总部）	64780	9244	2232	107
连锁直营店	15456	2086	335	73
连锁加盟店	3365	3046	27	0
其他	21493	13260	1108	638
大型	306470	111784	17765	11506
中型	141987	72050	15216	8565
小型	29217	19209	2689	1231
微型	24838	1720	418	151
有店铺零售	472908	201675	36080	21450
便利店	3481	2434	146	138
超市	1947	2625	66	0
大型超市	65877	9378	2818	2200
百货店	104038	75734	10772	7485
专业店	197319	42428	7264	3400
专卖店	92426	53462	14483	8229
购物中心	7819	15607	530	0
厂家直销中心	2	7	1	0
无店铺零售	29604	3089	9	3
网上商店	24606	1973	7	2
电话购物	4902	579	–4	1
其他	96	538	5	0
城镇	29637	3729	109	3
其中：城区	5785	2606	8	3

11—12 续表 8 （2020 年） 计量单位：万元

指标名称	营业利润	利润总额	应交所得税	应付职工薪酬（本年贷方累计发生额）	应交增值税
总　计	**63024**	**63542**	**31301**	**255134**	**77109**
综合零售	48474	46455	16812	98194	31841
百货零售	56258	54772	16806	86511	31152
超级市场零售	-5727	-5844	4	8816	358
便利店零售	-2072	-2475	1	2683	319
其他综合零售	14	2	0	184	12
食品、饮料及烟草制品专门零售	17643	18670	5027	5528	2226
粮油零售	-1865	9	0	782	-14
糕点、面包零售	726	726	188	3088	465
肉、禽、蛋、奶及水产品零售	47	48	2	191	3
营养和保健品零售	-30	11	2	244	50
酒、饮料及茶叶零售	18765	17876	4835	1224	1722
纺织、服装及日用品专门零售	-979	-701	1064	8789	2616
纺织品及针织品零售	-236	-237	0	257	113
服装零售	-2544	-2273	15	2956	666
鞋帽零售	-527	-507	329	2720	662
化妆品及卫生用品零售	1556	1530	477	2425	792
钟表、眼镜零售	7	10	1	160	18
其他日用品零售	766	776	242	272	366
文化、体育用品及器材专门零售	7312	7801	168	5950	1295
文具用品零售	185	185	9	99	66
图书、报刊零售	3832	4253	2	1522	105
珠宝首饰零售	3455	3523	117	3869	662
工艺美术品及收藏品零售	1	1	0	24	-191
乐器零售	-161	-161	41	436	652
医药及医疗器材专门零售	10963	10970	3429	41552	15054
西药零售	10834	10870	3347	40951	8990
中药零售	129	100	82	601	6064
汽车、摩托车、零配件和燃料及其他动力销售	-14167	-14129	4258	78443	19682
汽车新车零售	-3666	-2275	3759	51318	17226
汽车旧车零售	179	177	13	28	6
汽车零配件零售	312	245	62	951	167
摩托车及零配件零售	13	13	0	54	3
机动车燃油零售	-10102	-11141	468	21698	2274
机动车燃气零售	-903	-1148	-43	4394	6
家用电器及电子产品专门零售	-5709	-5827	174	8587	1439
家用视听设备零售	-3953	-3948	134	2626	346
日用家电零售	-1943	-2120	0	4377	758
计算机、软件及辅助设备零售	39	42	5	329	133
通信设备零售	147	198	35	1255	202
五金、家具及室内装饰材料专门零售	1035	1035	253	1032	689
家具零售	1109	1109	261	983	526
涂料零售	21	21	1	48	26
木质装饰材料零售	-96	-96	-9	0	136
货摊、无店铺及其他零售业	-1548	-732	115	7059	2267
互联网零售	-205	-213	10	357	2120
邮购及电视、电话零售	415	416	104	2458	0
生活用燃料零售	-1758	-934	1	4244	148

11—12 续表 9　　（2020 年）　　计量单位：万元

指标名称	营业利润	利润总额	应交所得税	应付职工薪酬（本年贷方累计发生额）	应交增值税
内资企业	64073	65331	28085	227084	73411
国有企业	-1759	-935	0	4223	147
集体企业	-309	-322	15	1022	77
股份合作企业	-86	12	1	383	93
有限责任公司	21982	25278	10171	93934	27355
国有独资公司	1810	4105	0	2335	101
其他有限责任公司	20173	21173	10171	91599	27255
股份有限公司	40704	37496	11078	68398	18959
私营企业	3540	3802	6821	59124	26780
私营独资企业	233	235	18	325	106
私营合伙企业	85	84	3	381	134
私营有限责任公司	2980	3242	6800	58390	26535
私营股份有限公司	242	242	0	28	5
港、澳、台商投资企业	11641	11677	3216	8892	3547
合资经营企业（港或澳、台资）	10730	10699	2698	4120	2480
港、澳、台商独资经营企业	911	978	518	4772	1067
外商投资企业	-12690	-13466	0	19157	151
外资企业	-5024	-5077	0	6240	134
外商投资股份有限公司	-7667	-8389	0	12917	17
国有控股	42628	41535	14216	107424	24379
集体控股	-241	-246	21	1835	176
私人控股	13878	15754	12400	115960	46990
港澳台商控股	1209	1276	543	5169	1127
外商控股	-5926	-6225	-43	10634	140
其他	11476	11448	4165	14111	4297
独立门店	65023	66632	28253	201448	70652
连锁总店（总部）	1822	748	2979	35260	4580
连锁直营店	-5587	-5622	0	7017	119
连锁加盟店	3249	3224	90	3385	625
其他	-1484	-1440	-22	8025	1133
大型	66761	64135	21361	153220	43062
中型	-13749	-10556	5172	85856	21775
小型	2463	2151	2296	15368	9230
微型	7549	7812	2472	690	3041
有店铺零售	62664	63151	31172	252073	74945
便利店	-2029	-2432	8	2731	357
超市	297	353	126	1717	285
大型超市	-9304	-8116	315	9726	5986
百货店	52064	49233	13794	79232	22912
专业店	-1140	326	6649	90455	23198
专卖店	14708	15745	7581	62798	19726
购物中心	7970	7946	2698	5398	2480
厂家直销中心	98	98	1	16	0
无店铺零售	360	391	129	3061	2164
网上商店	-205	-213	10	357	2120
电话购物	415	416	104	2458	0
其他	150	189	15	245	45
城镇	571	602	129	3604	2319
其中：城区	616	609	116	2868	75

分县（市、区）限额以上批发零售贸易企业财务状况

11—13　　　　（2020 年）　　　　计量单位：万元

县（市、区）	资产总计	负债合计	主营业务收入	营业成本	其他业务利润
石家庄市	**27684697**	**19059859**	**45120800**	**43074027**	**103217**
市　区	24190103	15736570	33094029	31170328	90886
长安区	2840998	2465293	4996492	4746296	16260
桥西区	2645251	1712203	4467743	3892827	33901
新华区	4067812	3517880	11373160	11197699	17685
裕华区	10542275	5151277	5106753	4913518	12154
井陉矿区	25228	18724	45361	54334	210
藁城区	317576	257193	743946	704087	2086
鹿泉区	1008922	703840	1289800	1164387	4922
栾城区	139868	113027	387684	368428	611
高新区	2523567	1728091	4389556	3839798	3056
循环化工园区	78609	69043	293534	288954	1
井陉县	458333	404930	863708	833102	1836
正定县	205714	146478	562787	539057	4872
行唐县	7783	4672	24507	23722	0
灵寿县	22308	15504	44705	41777	0
高邑县	630	356	4466	4278	0
深泽县	9319	8626	20844	18553	0
赞皇县	13641	6183	5870	7413	0
无极县	16350	10698	55662	51965	0
平山县	2476812	2506232	9878218	9871770	402
元氏县	57318	55435	140225	131262	516
赵　县	27522	13976	69523	57345	0
晋州市	89889	68863	145269	131672	2268
新乐市	33639	26593	74503	65627	0
辛集市	75337	54742	136485	126157	2436

11—13 续表　　（2020 年）　　计量单位：万元

县（市、区）	销售费用	管理费用	财务费用	利润总额	应付职工薪酬（本年贷方累计发生额）	应交增值税
石家庄市	**1120006**	**497244**	**202525**	**325721**	**483378**	**324753**
市　区	1011774	466975	163866	363397	433452	252676
长安区	145731	68391	25222	74442	64414	34077
桥西区	222313	139855	13900	170778	118050	73658
新华区	143489	82315	50838	-21778	71437	16356
裕华区	116858	53449	44480	25556	54070	57937
井陉矿区	1467	851	655	342	244	243
藁城区	21845	6579	2371	10365	5043	3289
鹿泉区	83947	35559	10459	11776	33145	13440
栾城区	12596	4087	577	2504	4101	1761
高新区	260517	74302	15321	89380	81304	51473
循环化工园区	3010	1588	44	31	1643	443
井陉县	42835	2922	2206	-31948	1954	12055
正定县	16172	9110	1842	3200	9779	5055
行唐县	81	246	28	173	349	14
灵寿县	988	1312	422	192	2242	1491
高邑县	101	65	1	14	32	46
深泽县	387	271	42	1705	403	145
赞皇县	203	302	170	437	36	25
无极县	850	1564	213	502	588	292
平山县	1997	5597	28432	-24865	4730	47514
元氏县	6892	1169	1053	1387	4368	777
赵　县	7488	242	321	4676	4542	1458
晋州市	12521	3109	1859	2702	8522	1190
新乐市	6599	617	544	2185	4808	921
辛集市	11118	3744	1526	1966	7574	1095

社会消费品零售总额

11—14　　　　（2020 年）　　　　计量单位：万元

县（市、区）	社会消费品零售总额（万元）	增长（%）	其中：限额以上企业（单位）消费品零售额（万元）	增长（%）
石家庄市	**23826607**	**-3.3**	**7691499**	**-9.6**
市　区	18028596	-3.5	6934797	-10.4
长安区	3622879	-3.7	1323029	-11.9*
桥西区	4513771	-3.1	2036685	-6.0*
新华区	2775858	-3.2	1003376	-7.3
裕华区	3008368	-3.9	1099151	-15.6
井陉矿区	122237	-2.2	5900	14.2
藁城区	862470	-4.3	121872	-12.8
鹿泉区	1028791	-1.9	412076	11.9
栾城区	456286	-4.5	26499	-29.2
高新区	1557500	-4.2	904756	-12.3
循环化工园区	80437	-4.4	1454	-29.6
井陉县	340356	-2.1	22848	12.7
正定县	786750	-1.6	233802	27.7
行唐县	286772	-2.7	4144	6.2
灵寿县	201059	-2.4	24919	11.0
高邑县	139810	-1.8	2473	90.1
深泽县	147048	-2.8	24023	-0.4
赞皇县	121039	-2.3	10285	24.6
无极县	377099	-3.5	28723	-0.2
平山县	419540	-3.4	27243	-9.9
元氏县	492271	-2.9	42201	7.0
赵　县	412950	-3.0	63635	-7.1
晋州市	686597	-4.1	102295	-11.2
新乐市	355838	-2.6	54305	9.5
辛集市	1030884	-3.3	115807	-7.2

注：带 * 号县区增速按实际发生额计算。

实际利用外资

11—15　　　　　　　　　　　（2020 年）　　　　　　　　　　计量单位：万美元

县（市、区）	实际利用外资	比上年增长（%）	实际利用外资中：	
			直接利用外资	比上年增长（%）
石家庄市	**184793**	**13.1**	**182987**	**12.7**
长 安 区	13735	257.3	13735	257.3
桥 西 区	4621	–78.9	4621	–78.9
新 华 区	3941	140.7	3941	140.7
裕 华 区	851	–46.6	851	–46.6
井陉矿区	139	456.0	139	456.0
藁 城 区	38704	15.4	38704	15.4
鹿 泉 区	10068	18.2	10068	18.2
栾 城 区	14310	–4.3	14310	–4.3
高 新 区	52258	40.2	52258	40.2
循环化工园区	405	–	405	–
井 陉 县	2313	–61.1	2313	–61.1
正 定 县	1885	47.6	1885	47.6
行 唐 县	3106	359.5	3106	359.5
灵 寿 县	1678	62.9	1678	62.9
高 邑 县	1195	–49.6	1195	–49.6
深 泽 县	816	547.6	816	547.6
赞 皇 县	821	211.0	821	211.0
无 极 县	2244	–43.6	2244	–43.6
平 山 县	2511	9.4	2511	9.4
元 氏 县	1138	1123.7	1138	1123.7
赵　　县	1041	61.9	1041	61.9
晋 州 市	4564	1.3	4564	1.3
新 乐 市	2038	31.1	2038	31.1
辛 集 市	1755	16.6	1755	16.6

旅游业发展情况

11—16　　（2020 年）　　计量单位：万元

指标名称	2020 年	2019 年	2018 年	2017 年	2016 年	2015 年	2014 年
国内游客（万人次）	6229.3	12275.4	10686.8	9216.4	7628.4	6763.4	5778.6
旅游业总收入（亿元）	684.2	1479.0	1211.0	994.4	750.3	590.5	436.4
国内旅游收入（亿元）	683.9	1471.7	1204.6	988.1	745.8	584.7	432.2
创汇收入（万美元）	339.5	10535.0	9678.5	9460.1	6778.2	9362.9	6911.0
A 景区数量（家）	34	34	35	37	36	34	33
5A	1	1	1	1	1	1	1
4A	25	25	25	25	25	27	26
3A	5	5	6	7	7	4	4
2A	3	3	3	4	3	2	2
旅游星级饭店（家）	55	63	63	67	67	63	67
5 星级	5	4	4	5	5	4	4
4 星级	25	27	27	27	27	27	27
3 星级	21	26	26	28	28	25	29
2 星级	4	6	6	7	7	7	7
旅行社（家）	298	298	289	269	264	259	248
出境组团社	42	44	42	40	36	30	26
一般组团社	256	254	247	229	228	229	222

注：本表数据不含辛集市。

涉外旅游情况

11—17　　　　（2020 年）　　　　计量单位：万美元

指标名称	2020 年	2019 年	2018 年	2017 年	2016 年	2015 年	2014 年
一、入境游客人数合计（人次）	8794	228637	219396	204657	192553	185855	174682
1. 外国人	7836	189754	180417	174519	165599	156624	159558
2. 香港同胞	292	17689	20117	18433	13423	13537	8871
3. 澳门同胞	322	773	723	575	2680	792	905
4. 台湾同胞	344	20421	18139	11130	10851	14902	5348
二、入境游客人天数合计（人天）	10733	323624	337141	328483	278387	321231	363880
1. 外国人	9603	270935	281254	281600	242018	263275	327828
2. 香港同胞	315	26851	25819	27879	17659	31885	21188
3. 澳门同胞	350	1065	1167	782	3428	1563	2110
4. 台湾同胞	465	24773	28901	18222	15282	24508	12754
三、创汇收入（万美元）	339.5	10535.0	9678.5	9460.1	6778.2	9362.9	6911.0

注：本表数据不含辛集市。

十二 教育 科技 文化

资料来源：市教育局、市统计局、市文化广电和旅游局

普通中学基本情况

12—1　　　　（2020 年）　　　　计量单位：人

县（市、区）	学校数（所）	毕业生数			招生人数		
			普通初中	普通高中		普通初中	普通高中
石家庄市	**400**	**172746**	**114362**	**58384**	**195536**	**129993**	**65543**
市　区	172	83257	49980	33277	93719	57970	35749
市 辖 区	17	14074	2253	11821	14309	2090	12219
长 安 区	25	9239	6345	2894	11209	8290	2919
桥 西 区	22	12162	7967	4195	14304	9974	4330
新 华 区	18	8814	6237	2577	9106	6301	2805
裕 华 区	10	7816	6511	1305	7886	6393	1493
井陉矿区	3	970	599	371	1060	669	391
藁 城 区	30	11288	7538	3750	13429	9467	3962
鹿 泉 区	22	6562	4672	1890	8662	5658	3004
栾 城 区	12	4729	3334	1395	5807	4340	1467
高 新 区	11	7248	4169	3079	7574	4415	3159
循环化工园区	2	355	355	0	373	373	0
井 陉 县	11	4737	3279	1458	4447	2906	1541
正 定 县	27	9197	6851	2346	10565	7469	3096
行 唐 县	17	9543	6415	3128	10696	6857	3839
灵 寿 县	15	6289	4262	2027	6553	4532	2021
高 邑 县	9	3624	2502	1122	4637	3137	1500
深 泽 县	8	2888	2144	744	2745	2028	717
赞 皇 县	9	4690	3863	827	5976	4817	1159
无 极 县	17	7049	4888	2161	8939	6228	2711
平 山 县	23	8074	5741	2333	9642	6991	2651
元 氏 县	16	7302	5397	1905	7601	5684	1917
赵　县	24	8380	6116	2264	10226	7559	2667
晋 州 市	22	7576	5640	1936	7541	5456	2085
新 乐 市	30	10140	7284	2856	12249	8359	3890

注：本表数据不含辛集市。

12—1 续表　　　　（2020 年）　　　　计量单位：人

县（市、区）	在校学生数	普通初中	普通高中	教职工数	# 专任教师
石家庄市	**539701**	**358822**	**180879**	**50088**	**40105**
市　　区	259561	160950	98611	24604	19985
市 辖 区	41212	6679	34533	3375	2850
长 安 区	29900	22364	7536	2969	2285
桥 西 区	40555	28203	12352	3698	3081
新 华 区	26466	18689	7777	2340	1960
裕 华 区	22285	18178	4107	1992	1764
井陉矿区	2973	1907	1066	291	270
藁 城 区	35964	24573	11391	3280	2575
鹿 泉 区	21063	14608	6455	2328	1957
栾 城 区	16358	12095	4263	1459	1290
高 新 区	21525	12394	9131	2765	1856
循环化工园区	1260	1260	0	107	97
井 陉 县	13550	9038	4512	1154	943
正 定 县	28391	20544	7847	2465	1975
行 唐 县	28975	18427	10548	2434	2122
灵 寿 县	17942	11915	6027	1841	1417
高 邑 县	11760	7915	3845	917	772
深 泽 县	8767	6405	2362	600	587
赞 皇 县	15994	12779	3215	1453	1107
无 极 县	24489	17288	7201	1647	1414
平 山 县	25639	17935	7704	2519	1946
元 氏 县	21560	16028	5532	2454	1827
赵　　县	28526	21333	7193	3070	2066
晋 州 市	23014	16906	6108	1995	1650
新 乐 市	31533	21359	10174	2935	2294

职业中学基本情况

12—2　　（2020 年）　　计量单位：人

县（市、区）	学校数（所）	毕业生数	招生人数	在校学生数	教职工数	# 专任教师
石家庄市	**137**	**69538**	**87546**	**236791**	**13074**	**9660**
市　　区	95	59661	72972	199465	9364	6646
市 辖 区	18	14737	17827	44908	2086	1536
长 安 区	10	2803	4556	12368	674	561
桥 西 区	14	6769	12905	31524	1333	861
新 华 区	15	12782	16369	46639	2168	1463
裕 华 区	9	14795	5158	23080	859	474
井陉矿区	2	227	318	737	78	69
藁 城 区	6	1770	2630	7370	535	447
鹿 泉 区	9	2101	5594	13982	611	472
栾 城 区	5	1792	4052	9598	534	421
高 新 区	7	1885	3563	9259	486	342
循环化工园区	0	0	0	0	0	0
井 陉 县	2	266	652	1434	250	228
正 定 县	7	1463	2177	5479	447	365
行 唐 县	2	220	579	1094	172	114
灵 寿 县	3	551	797	2310	270	218
高 邑 县	2	134	466	828	104	94
深 泽 县	2	225	299	796	89	75
赞 皇 县	2	162	300	722	136	116
无 极 县	3	948	1887	4591	409	331
平 山 县	4	1691	1740	4646	581	356
元 氏 县	6	1073	1207	3724	319	286
赵　　县	3	1457	1833	4975	366	348
晋 州 市	4	1036	1768	4287	356	288
新 乐 市	2	651	869	2440	211	195

注：本表数据不含辛集市。

小学基本情况

12—3　　　　（2020 年）　　　　计量单位：人

县（市、区）	学校数（所）	毕业生数	招生人数	在校学生数	教职工数	# 专任教师
石家庄市	**1392**	**133129**	**164529**	**925889**	**46618**	**48807**
市　　区	521	58657	89706	451026	21279	21761
市 辖 区	0	207	197	1172	0	45
长 安 区	65	9294	15469	73924	2727	2890
桥 西 区	54	10330	16149	76661	3301	3260
新 华 区	53	8577	12231	61629	2608	2614
裕 华 区	47	7180	11097	54693	3016	2975
井陉矿区	12	726	909	4500	415	389
藁 城 区	112	9170	13375	74374	4159	4109
鹿 泉 区	89	5374	7987	41758	2023	2030
栾 城 区	58	4733	5865	32483	1839	1753
高 新 区	23	2582	5650	25787	935	1466
循环化工园区	8	484	777	4045	256	230
井 陉 县	51	3042	2583	16777	1523	1451
正 定 县	90	6979	8560	50162	2195	2378
行 唐 县	63	6781	5816	41029	2971	2666
灵 寿 县	73	4511	4493	28670	1982	2010
高 邑 县	44	3235	3325	20311	1140	1156
深 泽 县	34	2480	2634	17171	1034	1006
赞 皇 县	52	5196	4903	30564	1573	1674
无 极 县	82	6979	6798	43631	2150	2086
平 山 县	70	6983	6416	41335	2362	2628
元 氏 县	72	5767	6100	38508	2082	2381
赵　　县	64	7870	7686	48569	1801	2603
晋 州 市	82	5745	7908	46033	2454	2467
新 乐 市	94	8904	7601	52103	2072	2540

注：本表数据不含辛集市。

规模以上工业企业 R&D 活动基本情况

12—4　　（2020 年）　　计量单位：个

指标名称	企业数	# 有 R&D 活动单位数	# 有研发机构单位数	# 有新产品销售单位数	# 有专利申请单位数
总　计	**2183**	**381**	**241**	**411**	**382**
一、按企业规模分组					
大型	47	32	29	31	32
中型	200	76	51	67	73
小型	1608	265	156	303	269
微型	328	8	5	10	8
二、按隶属关系分组					
中央	40	23	11	12	19
地方	97	36	26	34	34
其他	2046	322	204	365	329
三、按登记注册类型分组					
内资企业	2114	354	221	391	361
国有企业	20	5	4	2	4
集体企业	3	0	0	0	0
股份合作企业	4	1	1	1	1
有限责任公司	292	97	59	81	84
国有独资公司	17	6	3	4	3
其他有限责任公司	275	91	56	77	81
股份有限公司	62	43	28	43	44
私营企业	1733	208	129	264	228
私营独资企业	33	1	1	1	1
私营合伙企业	14	0	0	0	0
私营有限责任公司	1631	181	112	236	203
私营股份有限公司	55	26	16	27	24
港、澳、台商投资企业	35	13	10	11	10
合资经营企业（港或澳、台资）	18	7	5	6	6
合作经营企业（港或澳、台资）	3	0	0	0	0
港、澳、台商独资经营企业	11	4	4	3	2
港、澳、台商投资股份有限公司	2	1	1	1	1
其他港澳台投资企业	1	1	0	1	1
外商投资企业	34	14	10	9	11
中外合资经营企业	15	4	3	1	3
中外合作经营企业	4	2	1	2	1
外资企业	15	8	6	6	7

注：本表数据包含辛集市。

12—4 续表 1　　（2020 年）　　计量单位：个

指标名称	企业数	# 有 R&D 活动单位数	# 有研发机构单位数	# 有新产品销售单位数	# 有专利申请单位数
四、按国民经济行业大类分组					
采矿业	3	0	0	0	0
黑色金属矿采选业	1	0	0	0	0
有色金属矿采选业	1	0	0	0	0
非金属矿采选业	1	0	0	0	0
制造业	2084	372	237	411	372
农副食品加工业	132	10	6	11	6
食品制造业	44	10	6	7	9
酒、饮料和精制茶制造业	16	0	0	0	0
烟草制品业	1	0	0	0	0
纺织业	139	9	5	12	8
纺织服装、服饰业	29	1	1	1	1
皮革、毛皮、羽毛及其制品和制鞋业	206	4	2	7	3
木材加工和木、竹、藤、棕、草制品业	20	1	1	1	1
家具制造业	18	0	0	1	0
造纸和纸制品业	31	2	2	5	4
印刷和记录媒介复制业	38	4	3	4	5
文教、工美、体育和娱乐用品制造业	17	2	1	3	4
石油、煤炭及其他燃料加工业	22	3	2	3	2
化学原料和化学制品制造业	261	62	47	52	54
医药制造业	118	55	40	46	46
化学纤维制造业	19	0	1	1	2
橡胶和塑料制品业	108	10	3	15	11
非金属矿物制品业	241	12	11	18	14
黑色金属冶炼和压延加工业	18	5	5	9	7
有色金属冶炼和压延加工业	15	1	1	1	1
金属制品业	106	18	12	25	23
通用设备制造业	106	27	12	30	28
专用设备制造业	119	48	21	58	51
汽车制造业	50	11	7	17	8
铁路、船舶、航空航天和其他运输设备制造业	12	6	3	5	7
电气机械和器材制造业	108	25	17	28	26
计算机、通信和其他电子设备制造业	49	27	15	30	27
仪器仪表制造业	23	15	11	18	19
其他制造业	5	1	0	0	2
废弃资源综合利用业	11	1	1	1	1
金属制品、机械和设备修理业	2	2	1	2	2
电力、热力、燃气及水生产和供应业	96	9	4	0	10
电力、热力生产和供应业	54	6	3	0	9
燃气生产和供应业	30	2	1	0	1
水的生产和供应业	12	1	0	0	0

规模以上工业企业 R&D 人员情况

12—5　　（2020 年）　　计量单位：人

指标名称	R&D人员合计	#1. 项目研究开发人员	2. 管理和服务人员	# 女性	# 研究人员	#1. 全时人员	2. 非全时人员
总　计	**14796**	**13880**	**916**	**4247**	**4700**	**11471**	**3325**
一、按企业规模分组							
大型	5983	5732	251	1991	1903	4899	1084
中型	4533	4200	333	1235	1417	3346	1187
小型	4239	3909	330	1007	1365	3189	1050
微型	41	39	2	14	15	37	4
二、按隶属关系分组							
中央	1255	1161	94	334	595	1037	218
地方	2080	1969	111	596	620	1391	689
其他	11461	10750	711	3317	3485	9043	2418
三、按登记注册类型分组							
内资企业	12695	11891	804	3352	3866	9755	2940
国有企业	495	436	59	146	268	407	88
集体企业	0	0	0	0	0	0	0
股份合作企业	15	14	1	3	5	12	3
有限责任公司	4307	4057	250	1210	1263	2924	1383
国有独资公司	452	439	13	96	86	122	330
其他有限责任公司	3855	3618	237	1114	1177	2802	1053
股份有限公司	2190	2066	124	833	992	1778	412
私营企业	5688	5318	370	1160	1338	4634	1054
私营独资企业	3	3	0	1	1	3	0
私营合伙企业	0	0	0	0	0	0	0
私营有限责任公司	4807	4499	308	972	1012	3900	907
私营股份有限公司	878	816	62	187	325	731	147
港、澳、台商投资企业	1106	1050	56	388	384	894	212
合资经营企业（港或澳、台资）	652	623	29	142	187	554	98
合作经营企业（港或澳、台资）	0	0	0	0	0	0	0
港、澳、台商独资经营企业	417	391	26	238	180	306	111
港、澳、台商投资股份有限公司	34	33	1	7	16	31	3
其他港澳台投资企业	3	3	0	1	1	3	0
外商投资企业	995	939	56	507	450	822	173
中外合资经营企业	41	39	2	12	12	36	5
中外合作经营企业	51	49	2	1	24	46	5
外资企业	903	851	52	494	414	740	163

注：本表数据包含辛集市。

12—5 续表　　　　（2020 年）　　　　计量单位：人

指标名称	R&D人员合计	#1. 项目研究开发人员	2. 管理和服务人员	# 女性	# 研究人员	#1. 全时人员	2. 非全时人员
四、按国民经济行业大类分组							
采矿业	0	0	0	0	0	0	0
黑色金属矿采选业	0	0	0	0	0	0	0
有色金属矿采选业	0	0	0	0	0	0	0
非金属矿采选业	0	0	0	0	0	0	0
制造业	14610	13719	891	4215	4632	11328	3282
农副食品加工业	147	135	12	21	36	93	54
食品制造业	334	302	32	168	108	143	191
酒、饮料和精制茶制造业	0	0	0	0	0	0	0
烟草制品业	0	0	0	0	0	0	0
纺织业	238	223	15	96	37	172	66
纺织服装、服饰业	58	57	1	41	9	52	6
皮革、毛皮、羽毛及其制品和制鞋业	120	116	4	36	9	49	71
木材加工和木、竹、藤、棕、草制品业	16	15	1	8	5	13	3
家具制造业	0	0	0	0	0	0	0
造纸和纸制品业	32	30	2	8	5	24	8
印刷和记录媒介复制业	120	115	5	30	30	61	59
文教、工美、体育和娱乐用品制造业	22	20	2	8	8	17	5
石油、煤炭及其他燃料加工业	193	183	10	16	13	120	73
化学原料和化学制品制造业	2599	2496	103	931	755	2083	516
医药制造业	2542	2351	191	1354	1157	1964	578
化学纤维制造业	0	0	0	0	0	0	0
橡胶和塑料制品业	190	173	17	48	30	151	39
非金属矿物制品业	240	220	20	46	54	98	142
黑色金属冶炼和压延加工业	1455	1424	31	182	89	1223	232
有色金属冶炼和压延加工业	23	22	1	1	7	21	2
金属制品业	526	502	24	98	173	419	107
通用设备制造业	628	579	49	119	251	498	130
专用设备制造业	1444	1328	116	235	467	1043	401
汽车制造业	348	317	31	64	127	296	52
铁路、船舶、航空航天和其他运输设备制造业	207	181	26	55	65	155	52
电气机械和器材制造业	1312	1221	91	199	311	1145	167
计算机、通信和其他电子设备制造业	1012	962	50	239	466	785	227
仪器仪表制造业	453	438	15	110	224	391	62
其他制造业	3	3	0	1	1	2	1
废弃资源综合利用业	13	12	1	4	4	8	5
金属制品、机械和设备修理业	335	294	41	97	191	302	33
电力、热力、燃气及水生产和供应业	186	161	25	32	68	143	43
电力、热力生产和供应业	140	117	23	21	49	103	37
燃气生产和供应业	20	19	1	4	12	17	3
水的生产和供应业	26	25	1	7	7	23	3

规模以上工业企业 R&D 人员折合全时当量

12—6　　（2020 年）　　计量单位：人年

指标名称	R&D 人员折合全时当量合计	按活动类型分			
		# 研究人员	#1. 基础研究人员	2. 应用研究人员	3. 试验发展人员
总　计	**10139**	**3206**	**315**	**238**	**9586**
一、按企业规模分组					
大型	4412	1334	314	86	4012
中型	2837	921	1	73	2763
小型	2863	941	0	79	2784
微型	27	10	0	0	27
二、按隶属关系分组					
中央	604	283	0	17	587
地方	1507	453	0	0	1507
其他	8028	2471	315	221	7493
三、按登记注册类型分组					
内资企业	8533	2577	315	224	7994
国有企业	182	97	0	0	182
集体企业	0	0	0	0	0
股份合作企业	11	4	0	0	11
有限责任公司	2930	850	1	70	2860
国有独资公司	305	63	0	6	298
其他有限责任公司	2626	786	1	64	2562
股份有限公司	1624	741	314	44	1267
私营企业	3784	886	0	111	3674
私营独资企业	1	0	0	0	1
私营合伙企业	0	0	0	0	0
私营有限责任公司	3187	646	0	107	3080
私营股份有限公司	596	241	0	4	592
港、澳、台商投资企业	934	316	0	0	934
合资经营企业（港或澳、台资）	567	156	0	0	567
合作经营企业（港或澳、台资）	0	0	0	0	0
港、澳、台商独资经营企业	337	147	0	0	337
港、澳、台商投资股份有限公司	27	13	0	0	27
其他港澳台投资企业	3	1	0	0	3
外商投资企业	672	313	0	14	659
中外合资经营企业	36	10	0	0	36
中外合作经营企业	39	18	0	0	39
外资企业	598	285	0	14	584

注：本表数据包含辛集市。

12—6 续表　　（2020 年）　　计量单位：人年

指标名称	R&D 人员折合全时当量合计	按活动类型分			
		# 研究人员	#1. 基础研究人员	2. 应用研究人员	3. 试验发展人员
四、按国民经济行业大类分组					
采矿业	0	0	0	0	0
黑色金属矿采选业	0	0	0	0	0
有色金属矿采选业	0	0	0	0	0
非金属矿采选业	0	0	0	0	0
制造业	10022	3155	315	238	9469
农副食品加工业	100	26	0	0	100
食品制造业	182	58	0	0	182
酒、饮料和精制茶制造业	0	0	0	0	0
烟草制品业	0	0	0	0	0
纺织业	158	27	0	12	145
纺织服装、服饰业	34	5	0	11	23
皮革、毛皮、羽毛及其制品和制鞋业	81	5	0	0	81
木材加工和木、竹、藤、棕、草制品业	10	3	0	0	10
家具制造业	0	0	0	0	0
造纸和纸制品业	12	3	0	0	12
印刷和记录媒介复制业	94	23	0	6	88
文教、工美、体育和娱乐用品制造业	14	7	0	0	14
石油、煤炭及其他燃料加工业	24	1	0	0	24
化学原料和化学制品制造业	1821	554	1	59	1762
医药制造业	1762	817	314	8	1441
化学纤维制造业	0	0	0	0	0
橡胶和塑料制品业	105	16	0	2	103
非金属矿物制品业	145	31	0	0	145
黑色金属冶炼和压延加工业	1248	81	0	0	1248
有色金属冶炼和压延加工业	20	6	0	0	20
金属制品业	311	95	0	39	272
通用设备制造业	438	177	0	23	415
专用设备制造业	962	330	0	14	948
汽车制造业	214	80	0	21	193
铁路、船舶、航空航天和其他运输设备制造业	94	31	0	0	94
电气机械和器材制造业	1080	258	0	0	1080
计算机、通信和其他电子设备制造业	755	345	0	36	718
仪器仪表制造业	281	136	0	6	275
其他制造业	3	1	0	0	3
废弃资源综合利用业	10	3	0	0	10
金属制品、机械和设备修理业	63	36	0	0	63
电力、热力、燃气及水生产和供应业	117	51	0	0	117
电力、热力生产和供应业	87	37	0	0	87
燃气生产和供应业	18	11	0	0	18
水的生产和供应业	12	3	0	0	12

规模以上工业企业 R&D 经费内部支出情况（一）

12—7　　（2020 年）　　计量单位：万元

指标名称	R&D 经费内部支出合计	# 政府资金	# 企业资金	# 境外资金	# 其他资金
总　计	**529342**	**14533**	**512380**	**17**	**2412**
一、按企业规模分组					
大型	305770	9542	294070	0	2158
中型	129692	2523	127146	0	23
小型	93370	2468	90654	17	231
微型	509	0	509	0	0
二、按隶属关系分组					
中央	61846	3632	56056	0	2158
地方	54691	977	53714	0	0
其他	412805	9924	402610	17	254
三、按登记注册类型分组					
内资企业	423689	11578	409681	17	2412
国有企业	13857	41	11745	0	2071
集体企业	0	0	0	0	0
股份合作企业	362	8	355	0	0
有限责任公司	151911	5324	146280	0	307
国有独资公司	7975	80	7808	0	87
其他有限责任公司	143936	5244	138472	0	220
股份有限公司	90343	5119	85224	0	0
私营企业	167215	1086	166077	17	35
私营独资企业	29	0	29	0	0
私营合伙企业	0	0	0	0	0
私营有限责任公司	148560	872	147637	17	35
私营股份有限公司	18626	215	18411	0	0
港、澳、台商投资企业	77528	550	76978	0	0
合资经营企业（港或澳、台资）	20767	221	20546	0	0
合作经营企业（港或澳、台资）	0	0	0	0	0
港、澳、台商独资经营企业	56143	256	55888	0	0
港、澳、台商投资股份有限公司	522	0	522	0	0
其他港澳台投资企业	96	73	23	0	0
外商投资企业	28125	2405	25720	0	0
中外合资经营企业	643	0	643	0	0
中外合作经营企业	847	0	847	0	0
外资企业	26636	2405	24231	0	0

注：本表数据包含辛集市。

12—7 续表　　　　（2020 年）　　　　计量单位：万元

指标名称	R&D 经费内部支出合计	# 政府资金	# 企业资金	# 境外资金	# 其他资金
四、按国民经济行业大类分组					
采矿业	0	0	0	0	0
黑色金属矿采选业	0	0	0	0	0
有色金属矿采选业	0	0	0	0	0
非金属矿采选业	0	0	0	0	0
制造业	517331	14525	500377	17	2412
农副食品加工业	2756	28	2728	0	0
食品制造业	6478	362	6116	0	0
酒、饮料和精制茶制造业	0	0	0	0	0
烟草制品业	0	0	0	0	0
纺织业	8518	0	8494	0	23
纺织服装、服饰业	1455	183	1272	0	0
皮革、毛皮、羽毛及其制品和制鞋业	3502	0	3502	0	0
木材加工和木、竹、藤、棕、草制品业	528	0	528	0	0
家具制造业	0	0	0	0	0
造纸和纸制品业	878	8	870	0	0
印刷和记录媒介复制业	2673	0	2586	0	87
文教、工美、体育和娱乐用品制造业	244	0	244	0	0
石油、煤炭及其他燃料加工业	6200	0	6200	0	0
化学原料和化学制品制造业	81832	2440	79392	0	0
医药制造业	129700	5284	124412	0	5
化学纤维制造业	0	0	0	0	0
橡胶和塑料制品业	3944	11	3933	0	0
非金属矿物制品业	11959	0	11959	0	0
黑色金属冶炼和压延加工业	108059	221	107839	0	0
有色金属冶炼和压延加工业	624	0	624	0	0
金属制品业	12031	315	11716	0	0
通用设备制造业	13437	203	13212	17	6
专用设备制造业	29020	769	28251	0	0
汽车制造业	5539	125	5414	0	0
铁路、船舶、航空航天和其他运输设备制造业	3756	77	3679	0	0
电气机械和器材制造业	22338	93	22246	0	0
计算机、通信和其他电子设备制造业	45068	3903	40945	0	220
仪器仪表制造业	8029	506	7523	0	0
其他制造业	69	0	69	0	0
废弃资源综合利用业	360	0	360	0	0
金属制品、机械和设备修理业	8335	0	6264	0	2071
电力、热力、燃气及水生产和供应业	12011	8	12003	0	0
电力、热力生产和供应业	10382	8	10375	0	0
燃气生产和供应业	1430	0	1430	0	0
水的生产和供应业	199	0	199	0	0

规模以上工业企业 R&D 经费内部支出情况（二）

12—8　　（2020 年）　　计量单位：万元

指标名称	R&D 经费内部支出合计	一、按活动类型分组			二、按支出用途分组				
		1. 基础研究	2. 应用研究	3. 试验发展	1. 经常费支出	# 人员劳务费	2. 资产性支出	# 土地与建筑物	# 仪器和设备
总　计	**529342**	**12441**	**5128**	**511773**	**497595**	**135983**	**31747**	**834**	**30913**
一、按企业规模分组									
大型	305770	12416	2044	291310	297302	78139	8468	546	7922
中型	129692	25	912	128756	112258	32869	17435	140	17295
小型	93370	0	2172	91198	87530	24841	5840	147	5693
微型	509	0	0	509	506	134	3	1	3
二、按隶属关系分组									
中央	61846	0	286	61560	47562	18840	14284	41	14243
地方	54691	0	0	54691	53459	15039	1233	0	1233
其他	412805	12441	4842	395522	396574	102104	16230	793	15438
三、按登记注册类型分组									
内资企业	423689	12441	4682	406566	396414	105853	27274	368	26906
国有企业	13857	0	0	13857	10468	5106	3389	18	3371
集体企业	0	0	0	0	0	0	0	0	0
股份合作企业	362	0	0	362	330	190	32	0	33
有限责任公司	151911	25	1541	150345	143515	36434	8396	168	8228
国有独资公司	7975	0	100	7876	7826	2437	150	–1	151
其他有限责任公司	143936	25	1441	142469	135690	33997	8246	169	8077
股份有限公司	90343	12416	610	77318	79230	34913	11113	–37	11150
私营企业	167215	0	2531	164684	162871	29211	4344	218	4126
私营独资企业	29	0	0	29	29	11	0	0	0
私营合伙企业	0	0	0	0	0	0	0	0	0
私营有限责任公司	148560	0	2441	146120	145670	21874	2890	195	2695
私营股份有限公司	18626	0	90	18536	17172	7325	1454	24	1430
港、澳、台商投资企业	77528	0	0	77528	77277	19994	251	25	225
合资经营企业（港或澳、台资）	20767	0	0	20767	20572	6106	195	25	170
合作经营企业（港或澳、台资）	0	0	0	0	0	0	0	0	0
港、澳、台商独资经营企业	56143	0	0	56143	56118	13511	25	0	25
港、澳、台商投资股份有限公司	522	0	0	522	492	333	30	0	30
其他港澳台投资企业	96	0	0	96	95	43	0	0	0
外商投资企业	28125	0	446	27679	23904	10137	4222	440	3782
中外合资经营企业	643	0	0	643	618	384	25	0	25
中外合作经营企业	847	0	0	847	847	480	0	0	0
外资企业	26636	0	446	26189	22438	9273	4197	440	3757

注：本表数据包含辛集市。

12—8 续表　　（2020 年）　　计量单位：万元

指标名称	R&D 经费内部支出合计	一、按活动类型分组			二、按支出用途分组				
		1. 基础研究	2. 应用研究	3. 试验发展	1. 经常费支出	# 人员劳务费	2. 资产性支出	# 土地与建筑物	# 仪器和设备
四、按国民经济行业大类分组									
采矿业	0	0	0	0	0	0	0	0	0
黑色金属矿采选业	0	0	0	0	0	0	0	0	0
有色金属矿采选业	0	0	0	0	0	0	0	0	0
非金属矿采选业	0	0	0	0	0	0	0	0	0
制造业	517331	12441	5128	499762	492604	133668	24727	818	23910
农副食品加工业	2756	0	0	2756	2648	775	108	63	45
食品制造业	6478	0	0	6478	6386	2242	92	–2	94
酒、饮料和精制茶制造业	0	0	0	0	0	0	0	0	0
烟草制品业	0	0	0	0	0	0	0	0	0
纺织业	8518	0	555	7963	8363	1488	154	0	154
纺织服装、服饰业	1455	0	186	1269	1324	476	132	0	132
皮革、毛皮、羽毛及其制品和制鞋业	3502	0	0	3502	3490	1040	12	–1	13
木材加工和木、竹、藤、棕、草制品业	528	0	0	528	528	33	0	0	0
家具制造业	0	0	0	0	0	0	0	0	0
造纸和纸制品业	878	0	0	878	878	78	0	0	0
印刷和记录媒介复制业	2673	0	100	2573	2599	1091	74	0	74
文教、工美、体育和娱乐用品制造业	244	0	0	244	241	129	3	1	2
石油、煤炭及其他燃料加工业	6200	0	0	6200	6200	1197	0	0	0
化学原料和化学制品制造业	81832	25	1884	79922	76061	16384	5771	559	5212
医药制造业	129700	12416	132	117153	126500	46147	3200	–47	3247
化学纤维制造业	0	0	0	0	0	0	0	0	0
橡胶和塑料制品业	3944	0	29	3914	3944	1035	0	0	0
非金属矿物制品业	11959	0	0	11959	11946	1080	13	1	12
黑色金属冶炼和压延加工业	108059	0	0	108059	106884	8078	1175	57	1118
有色金属冶炼和压延加工业	624	0	0	624	624	238	0	0	0
金属制品业	12031	0	655	11376	11683	2622	348	7	341
通用设备制造业	13437	0	34	13403	13373	4969	65	21	44
专用设备制造业	29020	0	161	28859	27918	10628	1101	17	1085
汽车制造业	5539	0	325	5213	4820	1620	719	89	630
铁路、船舶、航空航天和其他运输设备制造业	3756	0	0	3756	3756	1556	0	0	0
电气机械和器材制造业	22338	0	0	22338	20839	8993	1500	29	1471
计算机、通信和其他电子设备制造业	45068	0	896	44173	35379	14452	9689	4	9685
仪器仪表制造业	8029	0	171	7858	7937	3568	93	2	90
其他制造业	69	0	0	69	69	36	0	0	0
废弃资源综合利用业	360	0	0	360	360	43	0	0	0
金属制品、机械和设备修理业	8335	0	0	8335	7856	3673	479	18	461
电力、热力、燃气及水生产和供应业	12011	0	0	12011	4992	2315	7019	16	7003
电力、热力生产和供应业	10382	0	0	10382	3363	1949	7019	16	7003
燃气生产和供应业	1430	0	0	1430	1430	196	0	0	0
水的生产和供应业	199	0	0	199	199	170	0	0	0

规模以上工业企业 R&D 经费外部支出情况

12—9　　　　（2020 年）　　　　计量单位：万元

指标名称	R&D 经费外部支出合　计	# 对境内研究机构支出	# 对境内高等学校支出	# 对境内企业支出	# 对境外支　出
总　计	**83471**	**43093**	**1898**	**29451**	**9029**
一、按企业规模分组					
大型	71765	41199	628	22043	7895
中型	6672	897	328	5217	230
小型	5026	997	942	2183	904
微型	8	0	0	8	0
二、按隶属关系分组					
中央	2707	331	5	2372	0
地方	10776	2361	177	8238	0
其他	69988	40402	1716	18841	9029
三、按登记注册类型分组					
内资企业	33741	4447	1312	26847	1135
国有企业	1634	18	27	1589	1
集体企业	0	0	0	0	0
股份合作企业	23	23	0	0	0
有限责任公司	5667	3475	795	1395	2
国有独资公司	352	101	29	221	0
其他有限责任公司	5315	3374	765	1174	2
股份有限公司	22944	675	94	21043	1132
私营企业	3473	256	397	2820	0
私营独资企业	0	0	0	0	0
私营合伙企业	0	0	0	0	0
私营有限责任公司	3407	256	343	2808	0
私营股份有限公司	66	0	53	12	0
港、澳、台商投资企业	40554	30643	99	2576	7238
合资经营企业（港或澳、台资）	1046	466	85	495	0
合作经营企业（港或澳、台资）	0	0	0	0	0
港、澳、台商独资经营企业	39479	30166	0	2076	7238
港、澳、台商投资股份有限公司	0	0	0	0	0
其他港澳台投资企业	29	11	14	5	0
外商投资企业	9176	8004	487	28	657
中外合资经营企业	28	0	0	28	0
中外合作经营企业	0	0	0	0	0
外资企业	9148	8004	487	0	657

注：本表数据包含辛集市。

12—9 续表　　（2020 年）　　计量单位：万元

指标名称	R&D 经费外部支出合计	# 对境内研究机构支出	# 对境内高等学校支出	# 对境内企业支出	# 对境外支出
四、按国民经济行业大类分组					
采矿业	0	0	0	0	0
黑色金属矿采选业	0	0	0	0	0
有色金属矿采选业	0	0	0	0	0
非金属矿采选业	0	0	0	0	0
制造业	81868	43093	1898	27847	9029
农副食品加工业	8	0	8	0	0
食品制造业	65	11	50	5	0
酒、饮料和精制茶制造业	0	0	0	0	0
烟草制品业	0	0	0	0	0
纺织业	112	0	112	0	0
纺织服装、服饰业	0	0	0	0	0
皮革、毛皮、羽毛及其制品和制鞋业	0	0	0	0	0
木材加工和木、竹、藤、棕、草制品业	0	0	0	0	0
家具制造业	0	0	0	0	0
造纸和纸制品业	0	0	0	0	0
印刷和记录媒介复制业	221	0	0	221	0
文教、工美、体育和娱乐用品制造业	0	0	0	0	0
石油、煤炭及其他燃料加工业	315	311	4	0	0
化学原料和化学制品制造业	7515	4738	538	2239	0
医药制造业	69640	37695	524	23295	8127
化学纤维制造业	0	0	0	0	0
橡胶和塑料制品业	116	0	0	116	0
非金属矿物制品业	0	0	0	0	0
黑色金属冶炼和压延加工业	0	0	0	0	0
有色金属冶炼和压延加工业	0	0	0	0	0
金属制品业	37	0	37	0	0
通用设备制造业	271	1	1	270	1
专用设备制造业	978	0	27	49	902
汽车制造业	370	0	0	370	0
铁路、船舶、航空航天和其他运输设备制造业	229	205	16	8	0
电气机械和器材制造业	64	0	40	24	0
计算机、通信和其他电子设备制造业	1473	102	524	847	0
仪器仪表制造业	426	14	8	403	0
其他制造业	11	0	11	0	0
废弃资源综合利用业	0	0	0	0	0
金属制品、机械和设备修理业	17	17	0	0	0
电力、热力、燃气及水生产和供应业	1604	0	0	1604	0
电力、热力生产和供应业	1604	0	0	1604	0
燃气生产和供应业	0	0	0	0	0
水的生产和供应业	0	0	0	0	0

注：本表数据包含辛集市。

规模以上工业企业科技机构相关情况

12—10　　　　　　　　　　（2020 年）　　　　　　　　　　计量单位：个、人、万元

指标名称	机构数	机构人员合计	#博士毕业	#硕士毕业	机构经费支出	仪器和设备原价
总　计	**294**	**16739**	**167**	**2044**	**810067**	**559258**
一、按企业规模分组						
大型	44	8582	72	1191	594753	377525
中型	66	4328	37	565	131202	71830
小型	179	3813	57	287	83995	109839
微型	5	16	1	1	116	64
二、按隶属关系分组						
中央	13	1456	4	208	32789	63589
地方	37	2352	7	255	89232	46523
其他	244	12931	156	1581	688046	449146
三、按登记注册类型分组						
内资企业	264	14330	145	1459	613378	443457
国有企业	4	585	0	171	12504	55928
集体企业	0	0	0	0	0	0
股份合作企业	5	210	2	16	3223	1527
有限责任公司	68	5451	40	395	293064	74446
国有独资公司	3	225	0	19	11619	3386
其他有限责任公司	65	5226	40	376	281445	71060
股份有限公司	37	2136	49	441	101074	52420
私营企业	150	5948	54	436	203513	259136
私营独资企业	1	15	0	0	142	1
私营合伙企业	0	0	0	0	0	0
私营有限责任公司	127	5031	48	386	188323	240071
私营股份有限公司	22	902	6	50	15047	19065
港、澳、台商投资企业	16	1698	5	293	171667	33467
合资经营企业（港或澳、台资）	10	1355	3	151	45491	19508
合作经营企业（港或澳、台资）	0	0	0	0	0	0
港、澳、台商独资经营企业	5	284	2	130	125015	13409
港、澳、台商投资股份有限公司	1	59	0	12	1161	550
其他港澳台投资企业	0	0	0	0	0	0
外商投资企业	14	711	17	292	25022	82334
中外合资经营企业	3	67	0	1	2384	30187
中外合作经营企业	1	30	0	1	778	1448
外资企业	10	614	17	290	21860	50699
四、按国民经济行业大类分组						
采矿业	0	0	0	0	0	0
黑色金属矿采选业	0	0	0	0	0	0
有色金属矿采选业	0	0	0	0	0	0
非金属矿采选业	0	0	0	0	0	0

注：本表数据包含辛集市。

12—10 续表　　　　（2020 年）　　　　计量单位：个、人、万元

指标名称	机构数	机构人员合计	#博士毕业	#硕士毕业	机构经费支出	仪器和设备原价
制造业	290	16559	167	2033	801926	557687
农副食品加工业	6	61	8	8	537	296
食品制造业	8	392	6	95	6672	17182
酒、饮料和精制茶制造业	0	0	0	0	0	0
烟草制品业	0	0	0	0	0	0
纺织业	5	261	1	16	11449	15149
纺织服装、服饰业	1	320	0	5	4707	2244
皮革、毛皮、羽毛及其制品和制鞋业	2	116	0	3	4509	566
木材加工和木、竹、藤、棕、草制品业	1	10	0	1	535	123
家具制造业	0	0	0	0	0	0
造纸和纸制品业	2	84	1	2	1669	1488
印刷和记录媒介复制业	3	328	0	10	4650	10488
文教、工美、体育和娱乐用品制造业	2	42	0	0	612	243
石油、煤炭及其他燃料加工业	2	28	0	2	2329	44
化学原料和化学制品制造业	58	2446	53	443	93822	109594
医药制造业	48	2226	48	636	218364	72586
化学纤维制造业	1	62	0	2	1179	10
橡胶和塑料制品业	3	38	0	1	449	2825
非金属矿物制品业	12	256	6	13	3686	2664
黑色金属冶炼和压延加工业	6	4049	2	39	324229	187948
有色金属冶炼和压延加工业	2	54	0	0	891	1190
金属制品业	17	424	5	80	8416	11254
通用设备制造业	17	548	1	100	10593	3902
专用设备制造业	25	828	14	64	25839	23664
汽车制造业	8	284	0	20	4481	5940
铁路、船舶、航空航天和其他运输设备制造业	3	134	0	20	2668	2594
电气机械和器材制造业	22	1391	6	49	32329	16246
计算机、通信和其他电子设备制造业	22	538	5	43	10139	7471
仪器仪表制造业	12	1139	11	247	18415	8294
其他制造业	0	0	0	0	0	0
废弃资源综合利用业	1	12	0	0	122	319
金属制品、机械和设备修理业	1	488	0	134	8633	53365
电力、热力、燃气及水生产和供应业	4	180	0	11	8141	1570
电力、热力生产和供应业	3	160	0	11	6039	1223
燃气生产和供应业	1	20	0	0	2102	347
水的生产和供应业	0	0	0	0	0	0

规模以上工业企业研发产出及相关情况

12—11　　　　（2020 年）

指标名称	新产品开发项目数（项）	新产品开发经费支出（万元）	新产品销售收入（万元）	#出口（万元）	拥有注册商标（件）	发表科技论文（篇）	形成国家或行业标准（项）
总　计	**3655**	**812045**	**9286639**	**976871**	**4914**	**708**	**188**
一、按企业规模分组							
大型	741	486159	5914623	385357	2084	396	76
中型	1039	178644	1888460	381578	1190	177	71
小型	1841	146507	1461336	209936	1547	134	40
微型	34	735	22220	0	93	1	1
二、按隶属关系分组							
中央	325	73904	317601	17665	35	263	81
地方	419	90860	990112	158244	771	132	19
其他	2911	647282	7978926	800961	4108	313	88
三、按登记注册类型分组							
内资企业	3248	630882	7296694	900376	3762	618	146
国有企业	27	14358	79898	0	200	120	10
集体企业	0	0	0	0	0	0	0
股份合作企业	49	2840	32399	0	230	33	1
有限责任公司	1037	314644	1990985	221554	785	218	91
国有独资公司	67	11939	140768	34775	16	2	55
其他有限责任公司	970	302705	1850218	186779	769	216	36
股份有限公司	572	99756	1411530	164395	1338	186	12
私营企业	1563	199285	3781881	514427	1209	61	32
私营独资企业	2	59	785	326	1	0	0
私营合伙企业	0	0	0	0	0	0	0
私营有限责任公司	1260	177659	3566418	444180	946	58	30
私营股份有限公司	301	21567	214678	69921	262	3	2
港、澳、台商投资企业	240	151410	1547252	51492	391	35	28
合资经营企业（港或澳、台资）	104	53551	456918	36559	182	30	5
合作经营企业（港或澳、台资）	0	0	0	0	0	0	0
港、澳、台商独资经营企业	104	95608	1079877	11466	160	3	23
港、澳、台商投资股份有限公司	18	1169	9657	3466	11	0	0
其他港澳台投资企业	14	1083	800	0	38	2	0
外商投资企业	167	29753	442693	25003	761	55	14
中外合资经营企业	14	2312	1605	0	80	0	0
中外合作经营企业	10	1088	14264	8611	2	0	0
外资企业	143	26353	426824	16392	679	55	14

注：本表数据包含辛集市。

12—11 续表　　　　（2020 年）

指标名称	新产品开发项目数（项）	新产品开发经费支出（万元）	新产品销售收入（万元）	#出口（万元）	拥有注册商标（件）	发表科技论文（篇）	形成国家或行业标准（项）
四、按国民经济行业大类分组							
采矿业	0	0	0	0	0	0	0
黑色金属矿采选业	0	0	0	0	0	0	0
有色金属矿采选业	0	0	0	0	0	0	0
非金属矿采选业	0	0	0	0	0	0	0
制造业	3604	804099	9286639	976871	4914	647	188
农副食品加工业	42	6432	19179	0	44	6	3
食品制造业	79	15737	315710	0	92	31	0
酒、饮料和精制茶制造业	0	0	0	0	2	0	0
烟草制品业	0	0	0	0	0	0	0
纺织业	49	11667	125249	28404	25	2	0
纺织服装、服饰业	70	2963	70419	0	7	4	16
皮革、毛皮、羽毛及其制品和制鞋业	14	8213	95981	5214	90	0	48
木材加工和木、竹、藤、棕、草制品业	15	528	3354	0	51	0	0
家具制造业	3	104	356	0	1	0	0
造纸和纸制品业	25	2621	37316	11883	11	0	0
印刷和记录媒介复制业	63	6671	57492	21466	5	0	3
文教、工美、体育和娱乐用品制造业	11	969	14574	0	4	0	0
石油、煤炭及其他燃料加工业	5	2344	64148	0	31	11	0
化学原料和化学制品制造业	540	73782	1657537	388493	1529	82	16
医药制造业	602	174666	2556773	217351	2086	183	46
化学纤维制造业	9	1500	6358	12	0	1	0
橡胶和塑料制品业	112	12854	213518	105924	67	0	0
非金属矿物制品业	86	9085	89859	170	28	6	5
黑色金属冶炼和压延加工业	213	271424	2085023	37528	4	27	3
有色金属冶炼和压延加工业	9	577	14452	506	0	0	0
金属制品业	141	15688	201359	29459	187	9	5
通用设备制造业	202	18739	198664	24694	119	28	9
专用设备制造业	351	39948	409527	62436	231	27	17
汽车制造业	70	7749	138861	16524	22	10	1
铁路、船舶、航空航天和其他运输设备制造业	70	5567	33754	193	11	38	0
电气机械和器材制造业	199	29887	479933	14876	135	5	1
计算机、通信和其他电子设备制造业	329	57747	135251	10076	37	46	3
仪器仪表制造业	278	17039	171862	1663	89	9	2
其他制造业	6	156	0	0	5	0	0
废弃资源综合利用业	1	21	9660	0	1	0	0
金属制品、机械和设备修理业	10	9420	80470	0	0	122	10
电力、热力、燃气及水生产和供应业	51	7946	0	0	0	61	0
电力、热力生产和供应业	30	4823	0	0	0	61	0
燃气生产和供应业	18	2999	0	0	0	0	0
水的生产和供应业	3	124	0	0	0	0	0

规模以上工业企业专利相关情况

12—12　　　　（2020 年）　　　　计量单位：件

指标名称	专利申请数	发明专利	有效发明专利数	已被实施
总　计	**3633**	**1352**	**5583**	**3725**
一、按企业规模分组				
大型	996	516	2232	1641
中型	843	369	984	773
小型	1737	460	2358	1304
微型	57	7	9	7
二、按隶属关系分组				
中央	389	227	1306	892
地方	303	95	449	354
其他	2941	1030	3828	2479
三、按登记注册类型分组				
内资企业	3424	1241	5094	3325
国有企业	31	8	52	16
集体企业	0	0	0	0
股份合作企业	9	6	11	11
有限责任公司	1171	569	2065	1414
国有独资公司	19	1	65	39
其他有限责任公司	1152	568	2000	1375
股份有限公司	620	200	946	846
私营企业	1593	458	2020	1038
私营独资企业	4	0	0	0
私营合伙企业	0	0	0	0
私营有限责任公司	1392	385	1660	901
私营股份有限公司	197	73	360	137
港、澳、台商投资企业	112	65	293	228
合资经营企业（港或澳、台资）	83	41	158	116
合作经营企业（港或澳、台资）	0	0	0	0
港、澳、台商独资经营企业	15	15	129	106
港、澳、台商投资股份有限公司	5	0	3	3
其他港澳台投资企业	9	9	3	3
外商投资企业	97	46	196	172
中外合资经营企业	19	1	8	4
中外合作经营企业	3	0	1	1
外资企业	75	45	187	167

注：本表数据包含辛集市。

12—12 续表　　（2020 年）　　计量单位：件

指标名称	专利申请数	发明专利	有效发明专利数	已被实施
四、按国民经济行业大类分组				
采矿业	0	0	0	0
黑色金属矿采选业	0	0	0	0
有色金属矿采选业	0	0	0	0
非金属矿采选业	0	0	0	0
制造业	3396	1203	4717	3154
农副食品加工业	57	17	44	22
食品制造业	109	64	100	82
酒、饮料和精制茶制造业	0	0	0	0
烟草制品业	0	0	0	0
纺织业	70	8	98	71
纺织服装、服饰业	21	5	81	81
皮革、毛皮、羽毛及其制品和制鞋业	16	3	26	0
木材加工和木、竹、藤、棕、草制品业	5	4	2	0
家具制造业	0	0	17	17
造纸和纸制品业	32	4	18	4
印刷和记录媒介复制业	23	3	71	36
文教、工美、体育和娱乐用品制造业	34	2	90	89
石油、煤炭及其他燃料加工业	15	6	46	34
化学原料和化学制品制造业	485	280	714	470
医药制造业	448	238	1109	868
化学纤维制造业	10	2	22	22
橡胶和塑料制品业	51	11	90	34
非金属矿物制品业	116	16	147	82
黑色金属冶炼和压延加工业	301	115	51	49
有色金属冶炼和压延加工业	4	1	3	3
金属制品业	203	42	166	115
通用设备制造业	191	35	472	253
专用设备制造业	513	125	329	251
汽车制造业	47	7	64	13
铁路、船舶、航空航天和其他运输设备制造业	78	27	105	84
电气机械和器材制造业	220	85	438	178
计算机、通信和其他电子设备制造业	182	66	241	203
仪器仪表制造业	127	28	122	84
其他制造业	4	1	2	2
废弃资源综合利用业	5	0	12	6
金属制品、机械和设备修理业	29	8	37	1
电力、热力、燃气及水生产和供应业	237	149	866	571
电力、热力生产和供应业	225	149	863	568
燃气生产和供应业	12	0	2	2
水的生产和供应业	0	0	1	1

规模以上工业企业技术相关经费支出情况

12—13　　　　（2020 年）　　　　计量单位：万元

指标名称	技术改造经费支出	购买境内技术经费支出	引进境外技术经费支出	引进境外技术的消化吸收经费支出
总　计	**90165**	**55825**	**877**	**1850**
一、按企业规模分组				
大型	42528	46454	796	1850
中型	38199	7817	0	0
小型	9429	1554	81	0
微型	8	0	0	0
二、按隶属关系分组				
中央	38197	10591	796	1850
地方	4102	311	0	0
其他	47865	44922	81	0
三、按登记注册类型分组				
内资企业	85818	15025	877	1850
国有企业	4210	4210	0	0
集体企业	0	0	0	0
股份合作企业	425	0	0	0
有限责任公司	23070	6872	796	1850
国有独资公司	11224	3600	0	0
其他有限责任公司	11847	3272	796	1850
股份有限公司	24487	3198	0	0
私营企业	33626	746	81	0
私营独资企业	0	0	0	0
私营合伙企业	0	0	0	0
私营有限责任公司	33559	746	81	0
私营股份有限公司	67	0	0	0
港、澳、台商投资企业	3293	40539	0	0
合资经营企业（港或澳、台资）	1746	2921	0	0
合作经营企业（港或澳、台资）	0	0	0	0
港、澳、台商独资经营企业	1547	37618	0	0
港、澳、台商投资股份有限公司	0	0	0	0
其他港澳台投资企业	0	0	0	0
外商投资企业	1054	261	0	0
中外合资经营企业	0	0	0	0
中外合作经营企业	0	0	0	0
外资企业	1054	261	0	0

注：本表数据包含辛集市。

12—13续表　　（2020年）　　计量单位: 万元

指标名称	技术改造经费支出	购买境内技术经费支出	引进境外技术经费支出	引进境外技术的消化吸收经费支出
四、按国民经济行业大类分组				
采矿业	0	0	0	0
黑色金属矿采选业	0	0	0	0
有色金属矿采选业	0	0	0	0
非金属矿采选业	0	0	0	0
制造业	78652	48015	877	1850
农副食品加工业	1471	6	0	0
食品制造业	370	0	0	0
酒、饮料和精制茶制造业	0	0	0	0
烟草制品业	0	0	0	0
纺织业	2110	0	0	0
纺织服装、服饰业	2840	2655	796	1850
皮革、毛皮、羽毛及其制品和制鞋业	4	0	0	0
木材加工和木、竹、藤、棕、草制品业	0	0	0	0
家具制造业	26	4	0	0
造纸和纸制品业	0	0	0	0
印刷和记录媒介复制业	5246	0	0	0
文教、工美、体育和娱乐用品制造业	0	0	0	0
石油、煤炭及其他燃料加工业	18616	0	0	0
化学原料和化学制品制造业	13654	290	0	0
医药制造业	11363	44065	0	0
化学纤维制造业	0	0	0	0
橡胶和塑料制品业	0	0	0	0
非金属矿物制品业	899	160	0	0
黑色金属冶炼和压延加工业	195	0	0	0
有色金属冶炼和压延加工业	891	0	0	0
金属制品业	260	30	0	0
通用设备制造业	310	0	0	0
专用设备制造业	16704	0	0	0
汽车制造业	2233	0	0	0
铁路、船舶、航空航天和其他运输设备制造业	109	337	0	0
电气机械和器材制造业	549	28	0	0
计算机、通信和其他电子设备制造业	788	412	81	0
仪器仪表制造业	15	28	0	0
其他制造业	0	0	0	0
废弃资源综合利用业	0	0	0	0
金属制品、机械和设备修理业	0	0	0	0
电力、热力、燃气及水生产和供应业	11513	7810	0	0
电力、热力生产和供应业	11513	7810	0	0
燃气生产和供应业	0	0	0	0
水的生产和供应业	0	0	0	0

分县（市、区）规模以上工业企业 R&D 活动基本情况

12—14　　（2020 年）　　计量单位：个

县（市、区）	单位数	# 有 R&D 活动单位数	# 有研发机构单位数	# 有新产品销售单位数	# 有专利申请单位数
石家庄市	**2183**	**381**	**241**	**411**	**382**
长 安 区	20	5	4	6	5
桥 西 区	11	3	0	2	4
新 华 区	13	3	2	5	4
裕 华 区	12	5	2	3	2
井陉矿区	26	8	5	4	6
藁 城 区	235	37	22	41	45
鹿 泉 区	134	48	19	45	43
栾 城 区	119	23	18	28	29
高 新 区	175	87	57	91	87
循环化工园区	34	14	9	8	15
井 陉 县	50	3	3	4	2
正 定 县	156	25	15	28	24
行 唐 县	40	5	4	7	7
灵 寿 县	55	11	4	8	8
高 邑 县	61	7	4	8	5
深 泽 县	50	5	4	4	4
赞 皇 县	29	5	9	5	4
无 极 县	180	2	2	6	2
平 山 县	40	5	6	6	5
元 氏 县	75	12	6	14	9
赵　　县	89	17	13	20	18
晋 州 市	196	8	6	11	8
新 乐 市	135	13	4	14	11
辛 集 市	246	30	23	43	33

分县（市、区）规模以上工业企业 R&D 人员情况

12—15 （2020 年） 计量单位：人

县（市、区）	R&D 人员合计	#1. 项目研究开发人员	2. 管理和服务人员	# 女性	# 研究人员	#1. 全时人员	2. 非全时人员
石家庄市	**14796**	**13880**	**916**	**4247**	**4700**	**11471**	**3325**
长安区	216	204	12	93	104	186	30
桥西区	70	59	11	9	22	63	7
新华区	88	83	5	48	39	62	26
裕华区	70	68	2	11	28	56	14
井陉矿区	764	736	28	106	103	448	316
藁城区	1108	1015	93	490	477	748	360
鹿泉区	1999	1842	157	485	930	1639	360
栾城区	1076	998	78	344	339	786	290
高新区	4008	3806	202	1264	1487	3335	673
循环化工园区	461	434	27	191	189	324	137
井陉县	76	74	2	42	11	66	10
正定县	770	720	50	236	259	641	129
行唐县	139	130	9	24	17	28	111
灵寿县	128	113	15	42	35	95	33
高邑县	307	291	16	49	38	197	110
深泽县	125	117	8	65	47	113	12
赞皇县	101	89	12	15	27	55	46
无极县	14	13	1	5	6	13	1
平山县	373	360	13	58	35	237	136
元氏县	802	766	36	184	150	696	106
赵县	346	316	30	118	94	276	70
晋州市	145	136	9	50	45	107	38
新乐市	359	308	51	142	129	270	89
辛集市	1251	1202	49	176	89	1030	221

分县（市、区）规模以上工业企业 R&D 人员折合全时当量

12—16 （2020 年） 计量单位：人年

县（市、区）	R&D 人员折合全时当量合计	按活动类型分			
		# 研究人员	#1. 基础研究人员	2. 应用研究人员	3. 试验发展人员
石家庄市	**10139**	**3206**	**315**	**238**	**9586**
长安区	125	56	0	0	125
桥西区	19	7	0	0	19
新华区	73	32	0	0	73
裕华区	51	20	0	6	45
井陉矿区	612	85	0	0	612
藁城区	702	314	0	0	702
鹿泉区	1176	534	0	32	1144
栾城区	693	227	0	0	693
高新区	3190	1185	315	108	2767
循环化工园区	349	149	0	23	325
井陉县	36	6	0	11	25
正定县	476	172	0	6	471
行唐县	84	11	0	0	84
灵寿县	71	24	0	0	71
高邑县	79	16	0	24	55
深泽县	41	14	0	0	41
赞皇县	41	11	0	0	41
无极县	11	5	0	0	11
平山县	263	16	0	1	262
元氏县	480	82	0	13	466
赵县	226	59	0	0	226
晋州市	118	38	0	11	106
新乐市	232	82	0	3	229
辛集市	990	61	0	0	990

分县（市、区）规模以上工业企业 R&D 经费内部支出情况（一）

12—17　　（2020 年）　　计量单位：万元

县（市、区）	R&D 经费内部支出合计	# 政府资金	# 企业资金	# 境外资金	# 其他资金
石家庄市	**529342**	**14533**	**512380**	**17**	**2412**
长 安 区	9951	534	9418	0	0
桥 西 区	662	8	655	0	0
新 华 区	577	34	543	0	0
裕 华 区	2352	0	2265	0	87
井陉矿区	19999	307	19693	0	0
藁 城 区	79089	653	78436	0	0
鹿 泉 区	75748	4317	69361	0	2071
栾 城 区	27157	705	26453	0	0
高 新 区	109197	6866	102083	17	231
循环化工园区	13944	84	13860	0	0
井 陉 县	1570	183	1387	0	0
正 定 县	18871	445	18426	0	0
行 唐 县	1608	21	1587	0	0
灵 寿 县	2041	0	2041	0	0
高 邑 县	5409	0	5409	0	0
深 泽 县	2436	0	2436	0	0
赞 皇 县	4258	12	4246	0	0
无 极 县	141	0	141	0	0
平 山 县	46558	0	46558	0	0
元 氏 县	27128	20	27108	0	0
赵　　县	7907	194	7713	0	0
晋 州 市	4352	8	4321	0	23
新 乐 市	7068	4	7064	0	0
辛 集 市	61319	140	61180	0	0

分县（市、区）规模以上工业企业 R&D 经费内部支出情况（二）

12—18　　　　　　　　　　（2020 年）　　　　　　　　　　计量单位：万元

县（市、区）	R&D 经费内部支出合计	一、按活动类型分组			二、按支出用途分组				
		1. 基础研究	2. 应用研究	3. 试验发展	1. 经常性支出	# 人员劳务费	2. 资产性支出	# 土地与建筑物	# 仪器和设备
石家庄市	**529342**	**12441**	**5128**	**511773**	**497595**	**135983**	**31747**	**834**	**30913**
长安区	9951	0	0	9951	9545	1990	407	0	407
桥西区	662	0	0	662	660	203	2	0	2
新华区	577	0	0	577	577	188	0	0	0
裕华区	2352	0	100	2253	2259	1127	93	0	93
井陉矿区	19999	0	0	19999	19837	3698	162	1	161
藁城区	79089	0	0	79089	75730	17780	3359	48	3311
鹿泉区	75748	0	828	74920	62986	23449	12762	23	12740
栾城区	27157	0	0	27157	26677	10110	481	7	474
高新区	109197	12441	2145	94611	98829	50230	10368	402	9966
循环化工园区	13944	0	810	13134	13442	2912	502	95	407
井陉县	1570	0	186	1384	1439	534	132	0	132
正定县	18871	0	77	18794	17816	4027	1055	116	939
行唐县	1608	0	0	1608	1599	579	9	0	9
灵寿县	2041	0	0	2041	2023	525	18	1	17
高邑县	5409	0	380	5029	5409	1482	0	0	0
深泽县	2436	0	0	2436	2400	892	36	1	35
赞皇县	4258	0	0	4258	4221	293	37	0	37
无极县	141	0	0	141	141	34	0	0	0
平山县	46558	0	8	46549	45544	3604	1014	56	957
元氏县	27128	0	342	26786	27019	3141	108	16	93
赵　县	7907	0	0	7907	6957	1878	950	13	937
晋州市	4352	0	209	4143	4310	876	42	7	35
新乐市	7068	0	42	7025	7003	1915	65	4	60
辛集市	61319	0	0	61319	61173	4515	146	44	102

分县（市、区）规模以上工业企业 R&D 经费外部支出情况

12—19　　　　（2020 年）　　　　计量单位：万元

县（市、区）	R&D 经费外部支出合计	#对境内研究机构支出	#对境内高等学校支出	#对境内企业支出	#对境外支出
石家庄市	**83471**	**43093**	**1898**	**29451**	**9029**
长安区	8475	224	117	8134	0
桥西区	0	0	0	0	0
新华区	0	0	0	0	0
裕华区	221	0	0	221	0
井陉矿区	2	1	1	1	1
藁城区	41960	32581	277	1864	7238
鹿泉区	2830	20	115	2693	2
栾城区	5026	4355	14	0	657
高新区	20274	5010	1027	13334	902
循环化工园区	848	593	4	252	0
井陉县	0	0	0	0	0
正定县	718	11	111	366	230
行唐县	0	0	0	0	0
灵寿县	256	256	0	0	0
高邑县	112	0	112	0	0
深泽县	30	0	30	0	0
赞皇县	0	0	0	0	0
无极县	0	0	0	0	0
平山县	8	0	0	8	0
元氏县	1915	0	0	1915	0
赵　县	591	43	47	502	0
晋州市	21	0	21	0	0
新乐市	3	0	0	3	0
辛集市	183	0	26	157	0

分县（市、区）规模以上工业企业科技机构相关情况

12—20　　　　（2020 年）　　　　计量单位：个、人、万元

县（市、区）	机构数	机构人员合计	#博士毕业	#硕士毕业	机构经费支出	仪器和设备原价
石家庄市	**294**	**16739**	**167**	**2044**	**810067**	**559258**
长安区	7	277	0	65	15743	12380
桥西区	0	0	0	0	0	0
新华区	3	25	0	1	554	3884
裕华区	3	154	0	10	4646	3355
井陉矿区	6	1021	4	40	34278	11170
藁城区	26	831	12	212	136539	29835
鹿泉区	29	1949	8	437	33420	70457
栾城区	18	804	10	87	27283	30692
高新区	78	4243	71	897	150124	96495
循环化工园区	11	553	10	54	12658	9522
井陉县	3	327	0	6	4732	2308
正定县	15	768	8	81	18590	13246
行唐县	5	122	3	1	1104	8294
灵寿县	5	102	1	6	2981	1280
高邑县	4	67	0	0	621	476
深泽县	4	152	4	19	3508	4080
赞皇县	10	129	8	11	1170	1776
无极县	2	68	4	5	2372	602
平山县	6	2083	0	1	222932	33218
元氏县	6	698	0	0	30794	23428
赵县	17	438	10	33	9709	9958
晋州市	7	221	2	27	6317	4192
新乐市	4	150	1	21	4556	5452
辛集市	25	1557	11	30	85434	183158

分县（市、区）规模以上工业企业研发产出及相关情况

12—21　　　　（2020 年）

县（市、区）	新产品开发项目数（项）	新产品开发经费支出（万元）	新产品销售收入（万元）	#出口（万元）	拥有注册商标（件）	发表科技论文（篇）	形成国家或行业标准（项）
石家庄市	**3655**	**812045**	**9286639**	**976871**	**4914**	**708**	**188**
长安区	105	15381	102281	13526	348	33	4
桥西区	14	589	861	0	2	2	0
新华区	26	1234	15875	1838	4	4	0
裕华区	47	3846	17608	506	0	0	3
井陉矿区	103	38915	398044	20962	10	31	7
藁城区	386	135864	1451619	89934	755	38	34
鹿泉区	613	103629	715770	32803	96	210	69
栾城区	208	27836	531622	156966	464	91	6
高新区	834	110017	1799330	72283	1485	140	16
循环化工园区	80	6411	229320	58915	360	17	1
井陉县	102	3768	73650	0	9	10	16
正定县	150	22134	328296	54098	254	39	1
行唐县	34	2687	12741	63	19	0	2
灵寿县	71	4015	37778	1367	87	0	6
高邑县	20	2813	18554	0	16	0	0
深泽县	12	1215	72476	34629	68	0	3
赞皇县	14	1661	5713	1530	28	0	0
无极县	38	3012	54516	0	6	1	4
平山县	163	227017	258601	20895	13	0	0
元氏县	71	20410	726320	247740	25	5	7
赵县	174	12961	135119	7498	424	42	5
晋州市	61	9195	169613	31723	34	6	0
新乐市	96	17592	274869	113514	175	2	0
辛集市	233	39846	1856063	16080	232	9	4

分县（市、区）规模以上工业企业专利相关情况

12—22　　　　（2020 年）　　　　计量单位：件

县（市、区）	专利申请数	发明专利	有效发明专利数	已被实施
石家庄市	**3633**	**1352**	**5583**	**3725**
长 安 区	50	20	93	86
桥 西 区	22	2	1	1
新 华 区	24	2	30	30
裕 华 区	9	1	27	24
井陉矿区	80	26	33	31
藁 城 区	277	110	648	468
鹿 泉 区	498	200	580	270
栾 城 区	242	109	577	260
高 新 区	1030	396	1237	1084
循环化工园区	124	38	123	102
井 陉 县	70	11	121	95
正 定 县	168	43	166	125
行 唐 县	35	7	33	19
灵 寿 县	48	22	92	43
高 邑 县	23	5	29	23
深 泽 县	19	2	20	20
赞 皇 县	35	20	7	5
无 极 县	3	1	4	
平 山 县	251	94	40	38
元 氏 县	59	16	79	37
赵　　县	64	24	179	85
晋 州 市	42	15	253	95
新 乐 市	53	12	74	53
辛 集 市	249	34	283	172

分县（市、区）规模以上工业企业技术相关经费支出情况

12—23　　　　（2020 年）　　　　计量单位：万元

县（市、区）	技术改造经费支出	购买境内技术经费支出	引进境外技术经费支出	引进境外技术的消化吸收经费支出
石家庄市	**90165**	**55825**	**877**	**1850**
长 安 区	1960	73	0	0
桥 西 区	0	0	0	0
新 华 区	0	0	0	0
裕 华 区	6008	0	0	0
井陉矿区	15	28	0	0
藁 城 区	5842	40542	0	0
鹿 泉 区	5274	4360	81	0
栾 城 区	8818	3727	0	0
高 新 区	1551	3638	0	0
循环化工园区	24880	0	0	0
井 陉 县	2840	2655	796	1850
正 定 县	18935	30	0	0
行 唐 县	80	0	0	0
灵 寿 县	24	0	0	0
高 邑 县	660	160	0	0
深 泽 县	175	29	0	0
赞 皇 县	279	0	0	0
无 极 县	0	6	0	0
平 山 县	151	0	0	0
元 氏 县	6022	0	0	0
赵　　县	1784	7	0	0
晋 州 市	2110	0	0	0
新 乐 市	1150	360	0	0
辛 集 市	1609	210	0	0

分县（市、区）财政科技经费支出情况

12—24　　（2020 年）　　计量单位：万元、%

县（市、区）	科学技术支出	科学技术支出占财政支出比重
石家庄市	**152812**	**1.34**
市　　区	110671	1.77
长 安 区	1917	0.48
桥 西 区	2758	0.57
新 华 区	3224	1.00
裕 华 区	2813	1.00
井陉矿区	261	0.22
藁 城 区	4589	0.89
鹿 泉 区	10264	2.02
栾 城 区	3816	1.23
高 新 区	44111	11.39
循环化工园区	6301	3.86
井 陉 县	1732	0.65
正 定 县	2456	0.31
行 唐 县	8360	2.23
灵 寿 县	601	0.21
高 邑 县	222	0.13
深 泽 县	2964	1.65
赞 皇 县	346	0.16
无 极 县	2110	0.64
平 山 县	647	0.14
元 氏 县	1903	0.63
赵　　县	4683	1.33
晋 州 市	2989	0.77
新 乐 市	2702	0.76
辛 集 市	10426	1.53

文化、广播、电视事业基本情况

12—25

（2020 年）

指标名称	计量单位	全市	指标名称	计量单位	全市
一、艺术表演团体	个	20	总流通人次	人次	634923
艺术表演团体人数	人	646	#书刊文献外借人次	人次	456135
本团原创首演剧目	台	5	书刊文献外借册次	册	883043
演出场次	场	2047	为读者举办各种活动	次	283
#农村演出场次	场	990	参加人数	人次	106727
演出观众人次	千人次	1881	本年新购藏量	册、件、套	162306
#农村观众人次	千人次	1319	公用房屋建筑面积	平方米	63577
二、艺术表演场馆	个	11	#书库	平方米	12708
艺术表演场馆人数	人	106	阅览室	平方米	14904
座席数	个	5498	#书刊阅览室	平方米	11224
演（映）出场次合计	场	4622	电子阅览室	平方米	3060
#艺术演出场次	场	7	阅览室座席数	个	4967
观众人次合计	千人次	48	#少儿阅览室座席数	个	1372
#艺术演出观众人次	千人次	3	四、群众艺术馆、文化馆	个	23
三、公共图书馆	个	24	群众艺术馆、文化馆人数	人	273
公共图书馆人数	人	285	举办展览个数	个	203
#高级职称	人	20	组织文艺活动次数	次	1570
中级职称	人	61	举办训练班班次	次	663
藏书量	册、件、套	4018373	公益性讲座次数	次	191
#图书	册、件、套	3395859	五、文化站	个	264
#古籍	册、件、套	164357	从业人员	人	487
善本	册、件、套	1688	举办展览个数	个	345
报刊	册、件、套	362280	组织文艺活动次数	次	3113
视听文献、缩微制品	册、件、套	21514	藏书量	册	1009766
当年购买的报刊种类	种	2654	计算机	台	892
书架单层总长度	米	48509	举办训练班班次	次	1063
累计发放有效借书证数	个	256691			

注：本表数据不含辛集市。

12—25 续表 （2020 年）

指标名称	计量单位	全市	指标名称	计量单位	全市
六、广播节目套数	套	21	（二）按节目来源分		
全年公共广播节目播出时间	小时	113984	1. 转中央台	小时	9635
（一）按节目类型分			2. 转省级台	小时	4164
1. 新闻咨询	小时	16360	3. 转播地市级台节目	小时	6344
2. 专题服务	小时	20461	4. 自制作	小时	20767
3. 综艺益智	小时	21267	5. 购买交换	小时	65811
4. 广播剧	小时	15278	八、广播综合覆盖率	%	100
5. 广告	小时	13949	# 中央广播节目覆盖率	%	100
6. 其他	小时	26669	省级广播节目覆盖率	%	94
（二）按节目来源分			地市级台覆盖率	%	87
1. 转中央台	小时	13139	县级台覆盖率	%	55
2. 转省级台	小时	8192	无线广播综合覆盖率	%	100
3. 转市级	小时	4816	# 中央广播覆盖率	%	100
4. 自制节目	小时	47848	电视综合覆盖率	%	100
5. 购买交换节目	小时	39989	# 中央台电视节目覆盖率	%	100
七、电视播出节目套数	套	22	省级电视节目覆盖率	%	94
全年公共电视节目播出时间	小时	106721	地市级台覆盖率	%	90
（一）按节目类型分			县级台覆盖率	%	66
1. 新闻资讯	小时	17728	无线电视综合覆盖率	%	100
2. 专题服务	小时	10365	# 中央电视覆盖率	%	100
3. 综艺益智	小时	9040	省级电视覆盖率	%	94
4. 影视剧	小时	53374	地市级台覆盖率	%	90
5. 广告	小时	8953	县级台覆盖率	%	62
6. 其他	小时	7261			

十三 体育 卫生 民政

资料来源：市体育局、市卫生健康委员会、市民政局

全市体育事业基本情况

13—1

指标名称	计量单位	2020 年	指标名称	计量单位	2020 年
等级裁判员	人	250			
#男	人	149	健美操	人	13
女	人	101	武术	人	2
等级运动员	人	386	国际象棋	人	0
#男	人	281	中国象棋	人	0
女	人	105	社会指导员	人	4831
#田径	人	201	#二级	人	1190
游泳	人	33	地市级群众体育项目活动		
举重	人	0	活动次数	次	2000
拳击	人	12	活动人数	万人次	560
柔道	人	3	#现代体育项目活动		
跆拳道	人	5	活动次数	次	1535
射击	人	6	活动人数	万人次	430
足球	人	0	民间传统体育活动		
篮球	人	30	活动次数	次	465
排球	人	9	活动人数	万人次	130
乒乓球	人	13	本年度体质受监测人数	人	2400
羽毛球	人	11	#体质监测达标人数	人	2232

注：本表数据不含辛集市。

全市卫生机构、床位和人员情况

13—2　　（2020 年）　　计量单位：个、张、人

指标名称	机构个数	床位数	在岗职工	# 卫生技术人员				
					执业（助理）医师	注册护士	药师（士）	技师（士）
总　计	**8895**	**67133**	**117962**	**94808**	**43597**	**38092**	**3788**	**4486**
一、医院	328	55670	73266	61293	24037	28802	2517	3088
综合医院	210	35394	47382	39985	15593	19195	1553	1981
中医医院	42	8440	9576	8044	3582	3269	451	397
中西医结合医院	13	3380	4227	3506	1367	1517	155	179
民族医院	0	0	0	0	0	0	0	0
专科医院	61	8386	12026	9715	3478	4800	355	529
口腔医院	7	116	737	646	300	293	10	15
眼科医院	12	516	901	574	235	221	37	30
耳鼻喉科医院	0	0	0	0	0	0	0	0
肿瘤医院	1	80	64	42	18	10	4	2
心血管病医院	0	0	0	0	0	0	0	0
胸科医院	1	950	1121	945	343	497	32	59
血液病医院	0	0	0	0	0	0	0	0
妇产（科）医院	4	1284	3082	2393	813	1283	70	145
儿童医院	1	1390	2117	1872	579	965	52	83
精神病医院	10	1456	782	626	211	314	24	25
传染病医院	1	777	763	646	189	309	31	50
皮肤病医院	2	50	103	81	24	48	5	4
结核病医院	0	0	0	0	0	0	0	0
麻风病医院	0	0	0	0	0	0	0	0
职业病医院	0	0	0	0	0	0	0	0
骨科医院	1	20	25	25	7	13	1	4
康复医院	3	323	370	319	108	122	21	17
整形外科医院	1	24	123	109	36	68	3	2

注：本表数据包含辛集市。

13—2 续表 1　　　　（2020 年）　　　　计量单位：个、张、人

指标名称	机构个数	床位数	在岗职工	# 卫生技术人员				
					执业（助理）医师	注册护士	药师（士）	技师（士）
美容医院	7	122	505	323	151	148	11	13
其他专科医院	10	1278	1333	1114	464	509	54	80
护理院	2	70	55	43	17	21	3	2
二 . 基层医疗卫生机构	8448	9824	37335	28350	17714	7895	1155	753
社区卫生服务中心（站）	229	1248	4933	4353	2146	1647	266	207
社区卫生服务中心	53	1034	2541	2181	1011	804	168	147
社区卫生服务站	176	214	2392	2172	1135	843	98	60
卫生院	232	8576	7192	6083	3359	1443	294	325
街道卫生院	0	0	0	0	0	0	0	0
乡镇卫生院	232	8576	7192	6083	3359	1443	294	325
中心卫生院	68	3304	2509	2089	1164	477	98	122
乡卫生院	164	5272	4683	3994	2195	966	196	203
村卫生室	4311	0	10283	3657	3438	219	0	0
门诊部	231	0	3508	3126	1665	1149	119	163
综合门诊部	106	0	1825	1661	859	613	61	112
中医门诊部	33	0	397	342	214	80	27	17
中西医结合门诊部	14	0	213	203	111	71	9	7
民族医门诊部	1	0	13	5	3	1	1	0
专科门诊部	77	0	1060	915	478	384	21	27
诊所 . 卫生所 . 医务室	3445	0	11419	11131	7106	3437	476	58
诊所	3228	0	10640	10383	6643	3185	456	46
卫生所、医务室	217	0	779	748	463	252	20	12
护理站	0	0	0	0	0	0	0	0
三 . 专业公共卫生机构	86	1639	6330	4739	1751	1326	116	464
疾病预防控制中心	24	0	1446	989	431	59	12	200

13—2 续表 2　　（2020 年）　　计量单位：个、张、人

指标名称	机构个数	床位数	在岗职工	# 卫生技术人员				
					执业（助理）医师	注册护士	药师（士）	技师（士）
省属	1	0	432	269	134	0	0	0
省辖市（地区）属	1	0	254	172	70	9	0	80
地辖市属	11	0	291	224	98	18	5	52
县属	11	0	469	324	129	32	7	68
其他	0	0	0	0	0	0	0	0
专科疾病防治院（所、站）	2	50	114	73	34	20	2	13
专科疾病防治院	1	30	34	24	5	15	2	2
传染病防治院	0	0	0	0	0	0	0	0
结核病防治院	0	0	0	0	0	0	0	0
职业病防治院	0	0	0	0	0	0	0	0
其他	1	30	34	24	5	15	2	2
专科疾病防治所（站、中心）	1	20	80	49	29	5	0	11
口腔病防治所（站、中心）	0	0	0	0	0	0	0	0
精神病防治所（站、中心）	0	0	0	0	0	0	0	0
皮肤病与性病防治所（中心）	0	0	0	0	0	0	0	0
结核病防治所（站、中心）	0	0	0	0	0	0	0	0
职业病防治所（站、中心）	1	20	80	49	29	5	0	11
地方病防治所（站、中心）	0	0	0	0	0	0	0	0
血吸虫病防治所（站、中心）	0	0	0	0	0	0	0	0
药物戒毒所（中心）	0	0	0	0	0	0	0	0
其他	0	0	0	0	0	0	0	0
健康教育所（站、中心）	0	0	0	0	0	0	0	0
妇幼保健院（所、站）	25	1565	3352	2672	1160	1042	100	202
省属	1	0	76	49	24	16	4	5
省辖市（地区）属	1	500	1297	1064	424	487	32	66

13—2 续表 3　　　　（2020 年）　　　　计量单位：个、张、人

指标名称	机构个数	床位数	在岗职工	# 卫生技术人员				
					执业（助理）医师	注册护士	药师（士）	技师（士）
地辖市属	12	419	774	610	321	201	21	63
县属	11	646	1205	949	391	338	43	68
其他	0	0	0	0	0	0	0	0
妇幼保健院	16	1565	3014	2444	1019	991	92	177
妇幼保健所	2	0	103	69	35	24	4	6
妇幼保健站	7	0	235	159	106	27	4	19
生殖保健中心	0	0	0	0	0	0	0	0
急救中心（站）	7	24	290	196	79	66	0	0
采供血机构	1	0	380	267	34	131	2	47
卫生监督所（中心）	25	0	701	514	0	0	0	0
省属	1	0	113	72	0	0	0	0
省辖市（地区）属	1	0	95	75	0	0	0	0
地辖市属	12	0	48	39	0	0	0	0
县属	11	0	445	328	0	0	0	0
其他	0	0	0	0	0	0	0	0
计划生育技术服务机构	2	0	47	28	13	8	0	2
四 . 其他卫生机构	33	0	1031	426	95	69	0	181
疗养院	0	0	0	0	0	0	0	0
卫生监督检验(监测、检测)所(站)	0	0	0	0	0	0	0	0
医学科学研究机构	0	0	0	0	0	0	0	0
医学在职培训机构	0	0	0	0	0	0	0	0
临床检验中心（所、站）	17	0	601	258	22	8	0	167
统计信息中心	1	0	56	0	0	0	0	0
其他	15	0	374	168	73	61	0	14

分县（市、区）卫生机构、床位和人员情况

13—3　　　　（2020 年）　　　　计量单位：个、张、人

县（市、区）	机构个数	床位数	在岗职工	卫生技术人员中			
				执业（助理）医师	注册护士	药师（士）	技师（士）
石家庄市	**8895**	**67133**	**117962**	**43597**	**38092**	**3788**	**4486**
长安区	587	8382	17488	6197	6615	666	771
桥西区	604	7846	15166	5719	5562	555	526
新华区	538	7500	15187	5304	5921	532	588
裕华区	675	10062	19262	6838	6798	609	810
井陉矿区	84	695	915	341	284	43	45
藁城区	307	2592	3729	1336	955	91	146
鹿泉区	466	2287	3752	1555	982	115	147
栾城区	356	1198	2297	1012	637	54	49
井陉县	464	1405	2331	814	588	54	56
正定县	505	2356	3885	1911	946	111	119
行唐县	404	1941	2884	1085	757	111	101
灵寿县	339	1665	2372	897	682	88	108
高邑县	153	729	1177	373	330	32	45
深泽县	162	1116	1431	569	308	33	52
赞皇县	285	1396	1992	726	598	47	50
无极县	354	2023	2815	1006	680	77	131
平山县	763	2190	3104	1092	794	78	116
元氏县	307	2142	3370	1163	835	65	97
赵　县	396	2814	3700	1429	843	87	97
晋州市	319	1843	2935	1202	714	57	109
新乐市	300	2194	3264	1228	984	118	148
辛集市	527	2757	4906	1800	1279	165	175

优抚对象情况

13—4　　　　（2020 年）　　　　计量单位：人

县（市、区）	抚恤、补助优抚对象总人数	#在院集中供养人数	定期抚恤人　数	#烈属	定期补助人　数	伤残人员
石家庄市	**83209**	**103**	**1115**	**411**	**3349**	**6315**
长安区	1860	0	54	13	34	646
桥西区	1791	1	66	23	33	1059
新华区	1564	0	39	12	31	637
裕华区	790	0	21	3	26	271
井陉矿区	274	0	3	0	10	34
藁城区	8758	11	100	35	302	396
鹿泉区	4277	2	52	18	119	176
栾城区	3583	6	40	14	96	135
高新区	1157	0	13	5	22	67
循环化工园区	577	0	6	1	10	24
井陉县	3802	12	71	46	273	194
正定县	5364	4	52	22	130	237
行唐县	5353	5	58	18	108	265
灵寿县	3734	3	75	28	147	256
高邑县	2171	0	36	16	102	93
深泽县	3288	0	49	14	198	140
赞皇县	2314	0	41	30	144	122
无极县	6016	18	69	24	488	325
平山县	5249	8	63	29	204	225
元氏县	4374	6	52	21	236	177
赵　县	5798	15	43	18	123	258
晋州市	6237	10	53	9	297	285
新乐市	4878	2	59	12	216	293

注：本表数据不含辛集市。

婚姻登记情况

13—5　　（2020 年）　　计量单位：对、人

县（市、区）	登记结婚件　　数	登记结婚人　　数	初婚人数	再婚人数	#女性	离婚登记
石家庄市	**53127**	**106254**	**75852**	**30402**	**16369**	**25427**
长 安 区	3934	7868	4984	2884	1401	2627
桥 西 区	4021	8042	5398	2644	1279	2404
新 华 区	2936	5872	3884	1988	981	1878
裕 华 区	2878	5756	3630	2126	1032	2001
井陉矿区	417	834	590	244	136	168
藁 城 区	4143	8286	5782	2504	1408	1661
鹿 泉 区	2307	4614	3234	1380	750	1172
栾 城 区	2348	4696	3695	1001	555	962
高 新 区	1104	2208	1558	650	326	584
循环化工园区	–	–	–	–	–	–
井 陉 县	1675	3350	2406	944	533	717
正 定 县	2606	5212	3744	1468	789	1046
行 唐 县	2049	4098	2940	1158	678	855
灵 寿 县	1788	3576	2543	1033	605	756
高 邑 县	910	1820	1416	404	233	418
深 泽 县	1385	2770	1976	794	441	627
赞 皇 县	1180	2360	2360	0	0	505
无 极 县	2513	5026	3553	1473	813	1192
平 山 县	2427	4854	3450	1404	829	838
元 氏 县	2816	5632	4535	1097	645	972
赵　 县	3704	7408	5795	1613	924	1259
晋 州 市	2796	5592	3772	1820	1006	1435
新 乐 市	3190	6380	4607	1773	1005	1350

注：本表数据不含辛集市。

城镇低保情况

13—6　　　　（2020 年）　　　　计量单位：人、户

县（市、区）	城市居民最低生活保障人数	城市居民最低生活保障人中：					城市居民最低生活保障家庭数
		女性	残疾人	成年人	老年人	登记失业人员	
石家庄市	**11981**	**5521**	**5776**	**8565**	**1977**	**482**	**9196**
长安区	2668	1232	1894	1852	711	40	2310
桥西区	1857	842	1373	1485	310	73	1598
新华区	1693	766	782	1140	232	91	1454
裕华区	672	329	340	527	103	13	548
井陉矿区	761	362	268	476	180	29	508
藁城区	338	164	112	227	56	1	189
鹿泉区	101	50	41	63	21	4	81
栾城区	129	67	67	87	32	23	100
高新区	132	55	69	83	31	–	93
循环化工园区	–	–	–	–	–	–	–
井陉县	207	110	2	163	17	3	142
正定县	423	173	207	364	21	1	305
行唐县	631	273	32	388	50	32	342
灵寿县	360	126	22	282	16	41	192
高邑县	156	66	31	119	17	30	138
深泽县	134	54	62	101	20	2	112
赞皇县	123	52	1	75	11	1	87
无极县	332	165	137	220	25	2	210
平山县	490	259	51	365	46	35	284
元氏县	68	31	40	53	8	–	58
赵　县	256	138	80	173	9	17	136
晋州市	206	110	120	152	24	–	160
新乐市	244	97	45	170	37	44	149

注：本表数据不含辛集市。

农村低保、救济情况

13—7　　（2020 年）　　计量单位：人、户

县（市、区）	农村居民最低生活保障人数	# 女性	老年人	未成年人	残疾人	农村居民最低生活保障家庭数
石家庄市	**138085**	**62257**	**56804**	**17422**	**38057**	**96311**
长 安 区	0	0	0	0	0	0
桥 西 区	0	0	0	0	0	0
新 华 区	0	0	0	0	0	0
裕 华 区	0	0	0	0	0	0
井陉矿区	0	0	0	0	0	0
藁 城 区	12245	5519	4139	1572	3482	6667
鹿 泉 区	4150	1786	1958	381	1089	3074
栾 城 区	4489	1991	1839	504	2717	3448
高 新 区	0	0	0	0	0	0
循环化工园区	775	323	260	105	274	627
井 陉 县	7405	3458	2940	707	2623	5217
正 定 县	5531	2521	1606	582	2048	3387
行 唐 县	15597	6639	6807	2590	2323	11588
灵 寿 县	9777	4289	3869	1636	3956	6185
高 邑 县	5623	2671	2882	525	604	3903
深 泽 县	3678	1751	1566	245	1996	2983
赞 皇 县	8124	3873	3588	1455	529	6131
无 极 县	10195	5032	4976	1236	4544	7642
平 山 县	16095	7717	6543	2053	1698	10480
元 氏 县	7779	3168	3485	778	1274	5931
赵　　县	8263	3085	2993	1065	3218	6288
晋 州 市	8087	3856	3722	516	4823	7099
新 乐 市	10272	4578	3631	1472	859	5661

注：本表数据不含辛集市。

农村五保、医疗救助情况

13—8　　　　（2020 年）　　　　计量单位：人

县（市、区）	农村特困人员分散供养	全自理（三档）	半护理（二档）	全护理（一档）	医疗救助人数
石家庄市	**17029**	**14368**	**1897**	**764**	**764235**
长安区	0	0	0	0	4533
桥西区	0	0	0	0	3949
新华区	0	0	0	0	3314
裕华区	0	0	0	0	1709
井陉矿区	0	0	0	0	1251
藁城区	955	807	108	40	18788
鹿泉区	586	532	39	15	21326
栾城区	254	187	51	16	32014
高新区	0	0	0	0	1036
循环化工园区	8	6	2	0	3977
井陉县	1225	451	475	299	23826
正定县	796	723	35	38	14458
行唐县	2080	1256	789	35	166079
灵寿县	1771	1717	1	53	58918
高邑县	488	457	16	15	14601
深泽县	472	460	2	10	21789
赞皇县	1154	1136	1	17	44448
无极县	1190	1079	54	57	53230
平山县	2592	2498	49	45	130826
元氏县	698	625	43	30	32392
赵县	996	903	56	37	59028
晋州市	964	927	14	23	27484
新乐市	800	604	162	34	25259

注：1. 医疗救助人数为所有救助对象，不划分救助人群。
2. 本表数据不含辛集市。

附录 分县（市、区）主要经济指标历史数据

资料来源：市统计局、国家统计局石家庄调查队、中国人民银行石家庄中心支行

2010—2020 年分县（市、区）生产总值（一）

14—1　　计量单位：万元、%

县（市、区）	2010 年	增长速度	2011 年	增长速度	2012 年	增长速度
石家庄市	**27684400**	**9.3**	**33296100**	**10.9**	**36009700**	**9.1**
长 安 区	1670210	11.8	1870638	10.9	2045119	8.4
桥 西 区	2542683	15.0	2919143	11.4	3141498	10.5
新 华 区	1758798	15.0	2064460	12.4	2170352	9.9
裕 华 区	1618272	32.8	1830112	10.6	2060020	10.2
井陉矿区	353000	14.6	540775	11.3	792262	8.4
藁 城 区	1738587	8.6	2046460	10.7	2234033	11.0
鹿 泉 区	1284555	10.0	1559013	11.2	1699919	5.8
栾 城 区	819440	1.1	970781	11.3	990341	8.8
高 新 区	—	—	—	—	1811321	13.8
循环化工园区	—	—	—	—	—	—
井 陉 县	572333	7.0	649974	12.6	701489	9.1
正 定 县	1219878	10.1	1412994	9.2	1588962	9.1
行 唐 县	497006	9.2	594486	12.9	689038	10.3
灵 寿 县	467424	10.3	556729	11.6	641995	9.1
高 邑 县	266891	11.1	332442	11.1	377693	10.9
深 泽 县	304452	7.9	361061	10.6	399262	10.4
赞 皇 县	353617	9.3	428747	12.6	479074	11.1
无 极 县	559863	5.7	657008	11.2	706811	11.6
平 山 县	1426164	12.4	1768358	10.6	1912325	4.1
元 氏 县	718152	11.1	862808	11.5	978932	9.8
赵　 县	697877	7.4	820075	11.3	888405	9.2
晋 州 市	635740	7.2	774279	12.1	885876	11.9
新 乐 市	634991	7.1	715722	10.6	801804	9.5
辛 集 市	2059800	9.3	2609700	10.4	2770600	9.1

注：根据 2016 年第三次全国农业普查数据和 2018 年第四次全国经济普查数据，各县（市、区）对 2018 年以前数据进行了修订。

2010—2020 年分县（市、区）生产总值（二）

14—1续　　计量单位:万元、%

县（市、区）	2013 年	增长速度	2014 年	增长速度	2015 年	增长速度
石家庄市	**38719900**	**9.4**	**40632501**	**7.9**	**42636683**	**7.5**
长 安 区	2253423	8.6	3524507	6.9	3804635	7.8
桥 西 区	3517029	10.4	4673182	7.3	5038589	7.9
新 华 区	2624924	10.6	2834410	7.0	3067874	8.2
裕 华 区	2401290	9.3	2546669	7.5	2698751	8.1
井陉矿区	799056	4.3	700555	–9.5	618600	7.1
藁 城 区	2250821	10.1	2531911	9.3	2668598	6.7
鹿 泉 区	1858425	8.7	1993926	8.4	2134110	7.1
栾 城 区	1054395	9.1	1141474	8.7	1229681	7.4
高 新 区	2082351	11.6	2383893	12.1	2582783	7.5
循环化工园区	1241280	—	1126434	–7.2	1457293	49.7
井 陉 县	744121	8.6	785910	4.9	797786	6.1
正 定 县	1704796	7.9	1882663	8.5	2019594	7.5
行 唐 县	754413	10.3	861247	9.5	900058	7.1
灵 寿 县	721817	10.0	757397	4.5	799236	6.7
高 邑 县	422200	9.6	462454	9.5	502346	6.9
深 泽 县	438823	10.4	482451	9.5	504962	6.9
赞 皇 县	562752	9.8	576156	5.1	581772	5.3
无 极 县	777854	9.5	858995	9.6	941547	7.4
平 山 县	1805322	10.1	1825870	4.7	1688248	6.5
元 氏 县	1075808	9.8	1113150	7.7	1180368	7.1
赵　县	960137	6.9	963607	7.2	1013452	7.6
晋 州 市	1004520	10.3	1135272	9.5	1236817	7.7
新 乐 市	889448	8.4	977514	7.3	993829	7.3
辛 集 市	2921400	8.0	2966500	6.3	2969500	6.3

注：2013 年石家庄市市区区划调整，自 2014 年开始，长安区、桥西区按新行政区域统计。

2010—2020 年分县（市、区）生产总值（三）

14—1续2　　　　计量单位:万元、%

县（市、区）	2016 年	增长速度	2017 年	增长速度	2018 年	增长速度
石家庄市	**46425102**	**6.8**	**50253300**	**7.1**	**53750885**	**7.3**
长 安 区	4063174	8.1	4620469	10.4	5106371	8.2
桥 西 区	5504281	7.9	6293771	10.3	6767904	8.0
新 华 区	3351025	8.5	3960760	10.5	4124430	8.0
裕 华 区	2954396	7.0	3293037	10.6	3606186	8.8
井陉矿区	508118	3.6	408433	-28.6	494304	6.7
藁 城 区	2837503	6.3	3103560	7.2	3352475	6.7
鹿 泉 区	2276610	6.6	2489966	8.1	2724814	7.4
栾 城 区	1313738	7.5	1438493	7.4	1564768	6.8
高 新 区	2847762	7.7	3095824	12.5	3363600	9.3
循环化工园区	1497311	4.4	1255342	-10.5	1478399	15.8
井 陉 县	849537	3.5	857740	2.4	934702	7.0
正 定 县	2097820	6.9	2297671	6.5	2516344	6.5
行 唐 县	868782	3.3	940787	3.0	1041070	6.3
灵 寿 县	786092	3.5	849252	6.3	933034	5.4
高 邑 县	536404	6.6	574852	6.0	633759	7.2
深 泽 县	557884	6.7	601185	7.2	658093	6.9
赞 皇 县	606633	6.2	648370	5.3	707952	6.1
无 极 县	1026201	6.9	1146132	7.7	1186777	2.7
平 山 县	1891501	6.8	1919366	3.5	2281136	5.2
元 氏 县	1238632	7.0	1372555	7.3	1476317	6.7
赵　　县	1067315	6.3	1177179	7.0	1280200	6.4
晋 州 市	1332771	6.8	1408791	8.2	1563122	7.2
新 乐 市	1095397	6.6	1195573	8.1	1286329	6.7
辛 集 市	3236600	6.9	3562700	7.0	3704500	6.7

2010—2020 年分县（市、区）生产总值（四）

14—1续3　　计量单位:万元、%

县（市、区）	2019 年	增长速度	2020 年	增长速度
石家庄市	**58098963**	**6.7**	**59331681**	**3.9**
长 安 区	5809051	8.1	5770066	4.1
桥 西 区	7371725	8.9	7343512	2.3
新 华 区	4554584	8.8	4582066	3.8
裕 华 区	3924542	8.3	3962245	3.9
井陉矿区	545101	7.3	530848	2.7
藁 城 区	4159863	4.0	4626776	3.8
鹿 泉 区	2904093	6.5	3079654	5.9
栾 城 区	1726388	7.2	1717518	2.9
高 新 区	3218748	8.0	3335106	5.2
循环化工园区	1477388	-2.5	1096443	-12.5
井 陉 县	969420	3.1	968130	3.3
正 定 县	2803872	7.8	2958853	6.2
行 唐 县	1158550	8.0	1198859	5.8
灵 寿 县	1022396	7.1	1075786	4.7
高 邑 县	682053	5.1	682286	4.6
深 泽 县	711374	5.7	723572	5.0
赞 皇 县	775381	6.6	783892	5.6
无 极 县	1299107	5.0	1281246	0.7
平 山 县	2400030	7.3	2427523	6.5
元 氏 县	1595370	6.9	1609240	5.1
赵　县	1411279	7.1	1425974	3.6
晋 州 市	1542222	-3.0	1627682	3.9
新 乐 市	1393397	5.4	1486775	6.0
辛 集 市	4169849	6.8	4245012	3.9

1996—2020 年分县（市、区）固定资产投资（一）

14—2　　　　计量单位：万元、%

县（市、区）	1996 年	增长速度	1997 年	增长速度	1998 年	增长速度
石家庄市	**1561921**	**16.5**	**1892936**	**21.2**	**2143072**	**13.2**
市　　区	1066962	6.8	1306535	22.5	1449117	10.9
长安区	25200	53.0	33569	33.2	32706	-2.6
桥东区	17968	416.9	23161	28.9	19085	-17.6
桥西区	5333	22.8	8726	63.6	16010	83.5
新华区	32529	-16.9	29309	-9.9	34529	17.8
裕华区	131512	2183.2	183720	39.7	26625	-85.5
井陉矿区	10768	239.5	13091	21.6	3608	-72.4
高新区	-	-	-	-	151535	-
井陉县	32213	107.0	26342	-18.2	34905	32.5
正定县	35234	-6.7	43586	23.7	58566	34.4
栾城县	34878	100.8	29868	-14.4	42271	41.5
行唐县	13171	42.7	26562	101.7	27325	2.9
灵寿县	24091	53.9	37441	55.4	44876	19.9
高邑县	7583	-18.7	12572	65.8	14308	13.8
深泽县	5672	-23.9	15604	175.1	16258	4.2
赞皇县	11798	-20.5	19725	67.2	20270	2.8
无极县	17003	4.3	19048	12.0	21394	12.3
平山县	19063	7.0	27583	44.7	29732	7.8
元氏县	23721	37.9	24591	3.7	22730	-7.6
赵　县	18687	4.6	24548	31.4	24501	-0.2
藁城市	123911	184.1	98410	-20.6	99324	0.9
晋州市	19202	5.7	26495	38.0	31100	17.4
新乐市	40161	36.9	37015	-7.8	42705	15.4
鹿泉市	13655	-20.7	52533	284.7	47646	-9.3
辛集市	54916	46.8	64478	17.4	116044	80.0

注：2000 年以前年度市内各区城镇固定资产投资统计范围为区属及以下单位，2000 年及以后年度为各区行政区划内所有单位。自 2011 年起投资统计起点由 50 万元提高到 500 万元，城镇固定资产投资改为固定资产投资。

1996—2020 年分县（市、区）固定资产投资（二）

14—2 续 1　　计量单位：万元、%

县（市、区）	1999 年	增长速度	2000 年	增长速度	2001 年	增长速度
石家庄市	**2460089**	**14.8**	**2408926**	**−2.1**	**2681187**	**11.3**
市　区	1498045	3.4	1457313	−2.7	1651933	13.4
长安区	36280	10.9	436525	1103.2	483590	10.8
桥东区	24548	28.6	341679	1291.9	339622	−0.6
桥西区	21099	31.8	191453	807.4	241500	26.1
新华区	32668	−5.4	178725	447.1	243422	36.2
裕华区	96400	262.1	128204	33.0	192260	50.0
井陉矿区	5540	53.5	7267	31.2	14534	100.0
高新区	–	–	98757	–	128005	29.6
井陉县	42770	22.5	49814	16.5	49981	0.3
正定县	95016	62.2	72045	−24.2	96457	33.9
栾城县	72583	71.7	92090	26.9	79287	−13.9
行唐县	35601	30.3	36143	1.5	37850	4.7
灵寿县	52743	17.5	54285	2.9	54820	1.0
高邑县	22025	53.9	22883	3.9	25621	12.0
深泽县	18877	16.1	19136	1.4	19435	1.6
赞皇县	20926	3.2	21291	1.7	28898	35.7
无极县	31579	47.6	28346	−10.2	30800	8.7
平山县	46136	55.2	49091	6.4	54300	10.6
元氏县	39667	74.5	33383	−15.8	38595	15.6
赵　县	53245	117.3	40030	−24.8	44623	11.5
藁城市	120461	21.3	104394	−13.3	123769	18.6
晋州市	54008	73.7	53726	−0.5	74579	38.8
新乐市	66199	55.0	54957	−17.0	40921	−25.5
鹿泉市	86837	82.3	89170	2.7	101988	14.4
辛集市	130156	12.2	107343	−17.5	127330	18.6

1996—2020 年分县（市、区）固定资产投资（三）

14—2 续 2　　　　计量单位：万元、%

县（市、区）	2002 年	增长速度	2003 年	增长速度	2004 年	增长速度
石家庄市	**2952370**	**10.1**	**4155500**	**40.8**	**5771074**	**38.9**
市　　区	1820166	10.2	2335548	28.3	3227794	38.2
长 安 区	486618	0.6	581495	19.5	735097	26.4
桥 东 区	361390	6.4	290339	-19.7	461410	58.9
桥 西 区	255743	5.9	379839	48.5	525002	38.2
新 华 区	309961	27.3	427800	38.0	553389	29.4
裕 华 区	266972	38.9	473571	77.4	707898	49.5
井陉矿区	12786	-12.0	27070	111.7	42770	58.0
高 新 区	148011	15.6	155434	5.0	202228	30.1
井 陉 县	53288	6.6	90564	70.0	136390	50.6
正 定 县	97352	0.9	128751	32.3	181686	41.1
栾 城 县	79222	-0.1	131504	66.0	178350	35.6
行 唐 县	40912	8.1	66264	62.0	100890	52.3
灵 寿 县	57459	4.8	86077	49.8	124741	44.9
高 邑 县	26958	5.2	41406	53.6	63334	53.0
深 泽 县	21110	8.6	37429	77.3	47117	25.9
赞 皇 县	31864	10.3	51364	61.2	72418	41.0
无 极 县	33076	7.4	46578	40.8	69134	48.4
平 山 县	73294	35.0	111724	52.4	166075	48.6
元 氏 县	41375	7.2	66003	59.5	102120	54.7
赵　　县	46480	4.2	89100	91.7	133374	49.7
藁 城 市	128771	4.0	219642	70.6	288596	31.4
晋 州 市	80164	7.5	125068	56.0	187782	50.1
新 乐 市	53522	30.8	97195	81.6	156816	61.3
鹿 泉 市	141746	39.0	249251	75.8	308832	23.9
辛 集 市	128196	0.7	182236	42.2	225623	23.8

1996—2020 年分县（市、区）固定资产投资（四）

14—2 续 3　　计量单位：万元、%

县（市、区）	2005 年	增长速度	2006 年	增长速度	2007 年	增长速度
石家庄市	**7947681**	**37.7**	**9981142**	**25.6**	**12641826**	**26.7**
市　区	4282358	32.7	5025104	17.3	5877037	17.0
长安区	927469	26.2	769447	-17.0	1035143	34.5
桥东区	675332	46.4	867367	28.4	1077663	24.3
桥西区	696763	32.7	875884	25.7	870603	-0.6
新华区	710154	28.3	922258	29.9	1136336	23.2
裕华区	958989	35.5	1192987	24.4	1231584	3.2
井陉矿区	71705	67.7	91949	28.2	141178	53.5
高新区	241946	19.6	305212	26.1	384530	26.0
井陉县	241872	77.3	359738	48.7	511177	42.1
正定县	223574	23.1	299703	34.1	465645	55.4
栾城县	262308	47.1	320344	22.1	391578	22.2
行唐县	161505	60.1	231453	43.3	326349	41.0
灵寿县	197768	58.5	283029	43.1	429516	51.8
高邑县	85669	35.3	115400	34.7	134700	16.7
深泽县	68357	45.1	96917	41.8	136014	40.3
赞皇县	102949	42.2	157339	52.8	255390	62.3
无极县	102701	48.6	146074	42.2	239373	63.9
平山县	268501	61.7	342339	27.5	280118	-18.2
元氏县	164340	60.9	236416	43.9	345522	46.2
赵　县	209271	56.9	298478	42.6	401399	34.5
藁城市	407731	41.3	513790	26.0	700458	36.3
晋州市	220049	17.2	321025	45.9	466385	45.3
新乐市	218848	39.6	293722	34.2	421760	43.6
鹿泉市	416437	34.8	519038	24.6	652829	25.8
辛集市	313443	38.9	421233	34.4	606576	44.0

1996—2020 年分县（市、区）固定资产投资（五）

14—2 续 4　　计量单位：万元、%

县（市、区）	2008 年	增长速度	2009 年	增长速度	2010 年	增长速度
石家庄市	**15778496**	**24.8**	**22287346**	**41.3**	**26968136**	**21.0**
市　区	6890730	17.2	9636908	39.9	11919374	23.7
长安区	1269342	22.6	1752619	38.1	2141700	22.2
桥东区	1192978	10.7	1688780	41.6	2077199	23.0
桥西区	1047342	20.3	1596309	52.4	1965056	23.1
新华区	1299784	14.4	1714311	31.9	2094888	22.2
裕华区	1435136	16.5	1966002	37.0	2215612	21.5
井陉矿区	183531	30.0	260541	42.0	326968	25.5
高新区	462617	20.3	658346	42.3	1097951	27.9
井陉县	728193	42.5	1054642	44.8	1292980	22.6
正定县	651851	40.0	933450	43.2	1173481	25.7
栾城县	503725	28.6	712872	41.5	809434	23.5
行唐县	446251	36.7	631534	41.5	768576	21.7
灵寿县	615816	43.4	863127	40.2	534790	-38.0
高邑县	159765	18.6	226099	41.5	282172	24.8
深泽县	178997	31.6	251598	40.6	306446	21.8
赞皇县	336242	31.7	432909	28.7	588485	22.9
无极县	290447	21.3	408252	40.6	496387	21.6
平山县	393470	40.5	649804	65.1	715914	26.7
元氏县	494203	43.0	770439	55.9	847834	22.4
赵　县	468564	16.7	656511	40.1	829392	25.1
藁城市	889328	27.0	1224149	37.6	1578653	23.4
晋州市	609243	30.6	855061	40.3	1063859	22.3
新乐市	553034	31.1	774530	40.1	945701	22.1
鹿泉市	813405	24.6	1136070	39.7	1475667	25.4
辛集市	755232	24.5	1069391	41.6	1338991	25.2

1996—2020 年分县（市、区）固定资产投资（六）

14—2 续 5　　计量单位：万元、%

县（市、区）	2011 年	增长速度	2012 年	增长速度	2013 年	增长速度
石家庄市	**30214978**	**26.0**	**36733348**	**21.4**	**43691969**	**19.4**
市　　区	13472206	29.8	16155584	20.1	19646919	21.6
长 安 区	2345558	26.4	2756678	19.6	3297429	20.0
桥 东 区	2386581	31.6	2863006	19.0	3287946	20.0
桥 西 区	2401015	38.9	2909056	21.2	3472343	20.1
新 华 区	2202962	19.5	2630745	19.4	3166029	20.3
裕 华 区	2617635	34.3	3121798	19.3	3475663	11.3
井陉矿区	343203	24.6	426655	24.3	520500	22.0
高 新 区	1175252	29.0	1447646	23.2	1779927	23.0
循环化工园区	–	–	–	–	647082	21.0
井 陉 县	1338726	24.0	1607518	20.1	1952700	21.5
正 定 县	1226186	23.5	1504949	22.7	1822597	21.1
栾 城 县	1000182	26.9	1221569	22.1	1469749	21.0
行 唐 县	782482	27.2	956414	22.2	1164757	22.4
灵 寿 县	535437	26.2	661124	23.5	809184	22.4
高 邑 县	342098	28.0	428990	25.4	531237	23.8
深 泽 县	361068	27.5	447820	24.0	548453	22.5
赞 皇 县	693265	25.7	852522	23.0	1041704	22.2
无 极 县	619890	26.0	758628	22.4	931781	22.8
平 山 县	1016898	28.3	1253611	23.3	1519834	21.2
元 氏 县	990515	24.4	1219273	23.1	1430818	21.0
赵　　县	733568	23.2	896820	22.3	1096647	22.3
藁 城 市	1711643	25.5	2182417	22.0	1917781	21.3
晋 州 市	1218304	27.6	1501439	23.2	1842723	22.7
新 乐 市	1071887	12.4	1307589	22.0	1607342	22.9
鹿 泉 市	1697889	23.9	2086598	22.9	2528236	21.2
辛 集 市	1402734	23.8	1690483	20.5	1829507	8.2

1996—2020 年分县（市、区）固定资产投资（七）

14—2 续 6　　　　计量单位：万元、%

县（市、区）	2014 年	增长速度	2015 年	增长速度	2016 年	增长速度
石家庄市	**50764384**	**16.2**	**56898536**	**12.1**	**59159897**	**4.0**
市　区	29410903		32689206	11.1	31494747	–3.7
长安区	5503548	11.0	5835542	7.7	4728729	–13.6
桥西区	5700609	12.0	6082994	7.7	4927007	–13.6
新华区	3698049	16.8	3959663	7.8	3477245	–11.1
裕华区	4013056	15.5	4367252	8.8	4084424	–5.8
井陉矿区	635178	22.0	783571	23.4	832182	6.2
藁城区	2265302	18.1	2683145	18.4	3021638	12.6
鹿泉区	2973901	17.6	3484583	17.2	3661031	5.1
栾城区	1731115	17.8	2089835	22.0	2449780	17.0
高新区	2123321	19.3	2500806	18.5	2835740	13.4
循环化工园区	766824	18.5	901815	17.6	904816	0.3
井陉县	2313672	18.5	1465639	0.1	1705213	16.3
正定县	2145411	17.7	2596099	21.0	3027012	16.6
行唐县	1397550	20.0	1656774	18.5	1689513	2.0
灵寿县	961675	18.8	1144479	19.0	1299025	13.5
高邑县	647239	21.8	799340	23.8	934638	16.9
深泽县	667170	21.6	822671	23.7	959707	16.7
赞皇县	1232450	18.3	1448464	17.5	1638213	13.1
无极县	1105756	18.7	1309455	18.4	1522182	16.2
平山县	1802263	18.6	2138386	18.7	2426477	13.5
元氏县	1688230	18.0	2087952	23.7	2400827	15.0
赵　县	1294163	18.0	1576205	21.8	1852791	17.5
晋州市	2238581	21.5	2702009	23.9	3104553	14.9
新乐市	1904545	18.5	2333607	23.8	2729735	16.9
辛集市	1924776	5.2	2119720	10.1	2375264	12.1

1996—2020 年分县（市、区）固定资产投资（八）

14—2 续 7 计量单位 :%

县（市、区）	2017 年增长速度	2018 年增长速度	2019 年增长速度	2020 年增长速度
石家庄市	**6.7**	**6.4**	**6.1**	**−18.8**
长安区	1.3	8.5	0	−38.3
桥西区	1.2	−19.7	5.5	−25.3
新华区	1.0	6.8	4	−25.0
裕华区	1.4	7.8	5.8	−31.3
井陉矿区	2.0	10.0	8	8.6
藁城区	9.5	6.2	10.5	−9.4
鹿泉区	9.8	12.1	6.2	−10.0
栾城区	9.1	1.8	10.2	11.5
高新区	2.7	7.4	7.5	−25.4
循环化工园区	9.9	2.5	20.4	3.9
井陉县	9.7	8.6	10.7	−5.3
正定县	9.0	7.7	11	9.0
行唐县	10.6	8.3	11	4.0
灵寿县	10.2	9.7	13	−9.0
高邑县	9.2	7.5	9.5	−30.8
深泽县	10.9	8.2	9.8	−26.8
赞皇县	11.7	2.3	12.8	−28.1
无极县	10.0	8.0	2.5	−15.3
平山县	10.1	15.1	7.9	−10.0
元氏县	9.1	11.8	2.1	−31.6
赵县	9.6	12.0	8.8	−35.6
晋州市	11.8	14.7	1.2	−26.7
新乐市	9.4	11.9	6.8	−22.9
辛集市	7.0	6.5	7.9	4.3

注：根据国家统计局有关要求，自 2017 年起因数据修订，固定资产投资总量数据不再对外公布。

2000—2020 年分县（市、区）一般公共预算收入（一）

14—3　　　　计量单位：万元、%

县（市、区）	2000 年	增长速度	2001 年	增长速度	2002 年	增长速度
石家庄市	**377137**	**7.0**	**443554**	**17.6**	**444947**	**18.3**
市　　区	200653	11.1	267217	33.2	280699	18.0
长 安 区	15155	11.2	19394	28.0	16534	22.4
桥 东 区	9985	8.0	12316	23.3	10527	24.3
桥 西 区	10432	3.5	16683	59.9	13135	13.0
新 华 区	13272	12.8	20302	53.0	14385	14.4
裕 华 区	21035	8.3	15577	–25.9	15675	31.0
井陉矿区	3428	6.4	3558	3.8	3031	16.6
高 新 区	9650	24.2	18490	91.6	13223	21.3
井 陉 县	9107	6.8	9795	7.6	9740	16.0
正 定 县	17175	10.2	13090	–23.8	13785	26.6
栾 城 县	11059	3.8	8264	–25.3	7975	34.3
行 唐 县	6566	10.3	6782	3.3	6097	10.7
灵 寿 县	5255	4.3	5768	9.8	4447	2.5
高 邑 县	5486	9.2	5045	–8.0	4646	17.1
深 泽 县	5226	2.8	5593	7.0	4406	0.1
赞 皇 县	2686	2.2	3098	15.3	2932	13.3
无 极 县	8472	3.4	8463	–0.1	6832	21.5
平 山 县	8912	–5.8	9667	8.5	9614	13.2
元 氏 县	7482	11.5	7819	4.5	7606	54.1
赵　　县	8531	4.3	7625	–10.6	7795	30.6
藁 城 市	21456	–3.9	22186	3.4	24656	19.6
晋 州 市	12596	2.0	13670	8.5	12368	16.8
新 乐 市	12934	2.7	11753	–9.1	10282	11.8
鹿 泉 市	16305	3.5	20121	23.4	16035	15.6
辛 集 市	17236	–2.7	17598	2.1	15032	17.0

2000—2020 年分县（市、区）一般公共预算收入（二）

14—3 续 1 计量单位：万元、%

县（市、区）	2003 年	增长速度	2004 年	增长速度	2005 年	增长速度
石家庄市	**493429**	**10.9**	**561644**	**13.8**	**658796**	**17.3**
市　区	316341	12.7	366737	15.9	421211	14.9
长安区	21334	29.0	80633	18.1	86493	7.3
桥东区	11203	6.4	36213	15.5	45145	24.7
桥西区	14709	12.0	64216	17.4	78847	22.8
新华区	18337	27.5	42858	29.3	56187	31.1
裕华区	18542	18.3	49075	11.3	51162	4.3
井陉矿区	4169	37.5	5703	45.4	8738	53.2
高新区	17536	32.6	24115	42.0	36497	51.3
井陉县	10794	10.8	14502	34.4	17493	20.6
正定县	13458	–2.4	14682	9.1	17460	18.9
栾城县	9219	15.6	10128	9.9	12910	27.5
行唐县	6370	4.5	6662	4.6	7746	16.3
灵寿县	4753	6.9	5377	13.1	6439	19.8
高邑县	5152	10.9	6218	20.7	6528	5.0
深泽县	4723	7.2	5606	18.7	6295	12.3
赞皇县	3248	10.8	4111	26.6	4582	11.5
无极县	7430	8.8	9404	26.6	10436	11.0
平山县	9812	2.1	11962	21.9	20693	73.0
元氏县	8016	5.4	9344	16.6	9390	0.5
赵　县	9125	17.1	9634	5.6	10405	8.0
藁城市	26795	8.7	28794	7.5	32295	12.2
晋州市	12537	1.4	11289	–10.0	13977	23.8
新乐市	11628	13.1	12569	8.1	13285	5.7
鹿泉市	17437	8.7	21205	21.6	25269	19.2
辛集市	16591	10.4	13420	–19.1	22382	66.8

2000—2020 年分县（市、区）一般公共预算收入（三）

14—3 续 2　　　　计量单位：万元、%

县（市、区）	2006 年	增长速度	2007 年	增长速度	2008 年	增长速度
石家庄市	**773736**	**17.5**	**958720**	**23.9**	**1100366**	**14.8**
市　　区	506104	20.2	608045	20.1	670759	10.3
长 安 区	89595	3.6	108884	21.5	118413	8.8
桥 东 区	56023	24.1	70091	25.1	97169	38.6
桥 西 区	97876	24.1	123524	26.2	143895	16.5
新 华 区	61557	9.6	76339	24.0	83766	9.7
裕 华 区	61812	20.8	83669	35.4	87103	4.1
井陉矿区	10710	22.6	14467	35.1	18041	24.7
高 新 区	46483	27.4	56359	21.2	54692	-3.0
井 陉 县	19853	13.5	24186	21.8	34955	44.5
正 定 县	20730	18.7	25210	21.6	32165	27.6
栾 城 县	15188	17.6	17931	18.1	24532	36.8
行 唐 县	8886	14.7	10039	13.0	12372	23.2
灵 寿 县	7151	11.1	9133	27.7	10489	14.8
高 邑 县	5287	-19.0	6061	14.6	6899	13.8
深 泽 县	7448	18.3	8761	17.6	11420	30.4
赞 皇 县	5684	24.1	6791	19.5	8884	30.8
无 极 县	11681	11.9	13914	19.1	14804	6.4
平 山 县	24297	17.4	44107	81.5	54456	23.5
元 氏 县	9883	5.3	12522	26.7	15983	27.6
赵　　县	10058	-3.3	12504	24.3	15374	23.0
藁 城 市	35342	9.4	45410	28.5	53821	18.5
晋 州 市	15681	12.2	21689	38.3	24207	11.6
新 乐 市	14882	12.0	16853	13.2	21583	28.1
鹿 泉 市	29151	15.4	42441	45.6	50786	19.7
辛 集 市	26430	18.1	33123	25.3	36877	11.3

2000—2020 年分县（市、区）一般公共预算收入（四）

14—3 续 3 计量单位：万元、%

县（市、区）	2009 年	增长速度	2010 年	增长速度
石家庄市	**1259614**	**14.5**	**1636303**	**29.9**
市　区	772553	15.2	1047751	35.6
长安区	135049	14.0	177229	31.2
桥东区	116752	20.2	143757	23.1
桥西区	163919	13.9	196341	33.1
新华区	93861	12.1	125305	33.5
裕华区	103872	19.3	134342	29.3
井陉矿区	18184	0.8	17614	-3.1
高新区	58847	7.6	71053	20.7
井陉县	35294	1.0	40167	13.8
正定县	38077	18.4	49990	31.3
栾城县	31096	26.8	36684	27.0
行唐县	15961	29.0	13478	-15.6
灵寿县	11231	7.1	12033	7.1
高邑县	9027	30.8	12285	36.1
深泽县	14467	26.7	15365	6.2
赞皇县	9888	11.3	12134	22.7
无极县	14453	-2.4	16938	17.2
平山县	52697	-3.2	59138	12.2
元氏县	18688	16.9	25034	34.0
赵　县	16687	8.5	18780	12.5
藁城市	63598	18.2	96220	33.6
晋州市	28199	16.5	33565	19.0
新乐市	20946	-3.0	23621	12.8
鹿泉市	57270	12.8	70307	22.8
辛集市	49482	34.2	52813	6.7

2000—2020 年分县（市、区）一般公共预算收入（五）

14—3 续 4　　　　计量单位：万元、%

县（市、区）	2011 年	增长速度	2012 年	增长速度	2013 年	增长速度
石家庄市	**2212284**	**35.2**	**2722764**	**23.1**	**3151233**	**15.7**
市　　区	1449754	38.4	1803141	24.4	2108968	17.0
长 安 区	220384	24.4	251352	14.1	270665	7.7
桥 东 区	178668	24.3	192762	7.9	238809	23.9
桥 西 区	260853	32.9	332358	27.4	350023	5.3
新 华 区	155395	24.0	187462	20.6	215083	14.7
裕 华 区	225399	67.8	261565	16.0	282658	8.1
井陉矿区	19782	12.3	21253	7.4	24047	13.1
高 新 区	89867	26.5	120441	34.0	156288	29.8
井 陉 县	44620	11.1	48889	9.6	48171	-1.5
正 定 县	61735	23.5	81036	31.3	104072	28.4
栾 城 县	50425	37.5	57985	15.0	68217	17.6
行 唐 县	18367	36.3	19789	7.7	24922	25.9
灵 寿 县	15805	31.4	20025	26.7	22153	10.6
高 邑 县	16065	30.8	20456	27.3	30476	49.0
深 泽 县	19645	27.9	24421	24.3	30325	24.2
赞 皇 县	15132	24.7	19257	27.3	21998	14.2
无 极 县	22307	31.7	29429	31.9	35300	19.9
平 山 县	82985	40.3	95602	15.2	78388	-18.0
元 氏 县	32759	30.9	37811	15.4	45541	20.4
赵　　县	24264	29.2	30009	23.7	36033	20.1
藁 城 市	120317	25.0	145523	20.9	154700	6.3
晋 州 市	42933	27.9	55344	28.9	61658	11.4
新 乐 市	31140	31.8	40088	28.7	48161	20.1
鹿 泉 市	93480	33.0	109058	16.7	134078	22.9
辛 集 市	70551	33.6	84901	20.3	98072	15.5

2000—2020 年分县（市、区）一般公共预算收入（六）

14—3 续 5　　计量单位：万元、%

县（市、区）	2014 年	增长速度	2015 年	增长速度	2016 年	增长速度
石家庄市	**3434745**	**9.0**	**3750529**	**9.2**	**4107238**	**9.5**
市　区	2639516	25.2	2862385	8.4	3149665	10.0
长安区	434567	16.8	481355	10.8	436797	-9.3
桥西区	567350	16.4	599990	5.8	627615	4.6
新华区	246718	14.7	262846	6.5	252840	-3.8
裕华区	269352	-4.7	251292	-6.7	283417	12.8
井陉矿区	19036	-20.8	22230	16.8	26519	19.3
藁城区	183353	18.5	249793	36.2	315892	26.5
鹿泉区	171661	28.0	186928	8.9	197339	5.6
栾城区	80097	17.4	90728	13.3	101873	12.3
高新区	205738	31.6	236715	15.1	257633	8.8
井陉县	55045	14.3	60767	10.4	55086	-9.3
正定县	122388	17.6	140839	15.1	160017	13.6
行唐县	32662	31.1	36582	12.0	40406	10.5
灵寿县	25126	13.4	30726	22.3	35343	15.0
高邑县	35312	15.9	38202	8.2	42800	12.0
深泽县	34883	15.0	38937	11.6	43002	10.4
赞皇县	25173	14.4	27525	9.3	31450	14.3
无极县	42921	21.6	47475	10.6	52350	10.3
平山县	85070	8.5	93630	10.1	107802	15.1
元氏县	53226	16.9	65519	23.1	66631	1.7
赵　县	42469	17.9	46779	10.1	51971	11.1
晋州市	70321	14.1	77459	10.2	80099	3.4
新乐市	54975	14.1	61811	12.4	68026	10.1
辛集市	115658	17.9	121893	5.4	122590	0.6

2000—2020 年分县（市、区）一般公共预算收入（七）

14—3 续 6　　计量单位：万元、%

县（市、区）	2017 年	增长速度	2018 年	增长速度
石家庄市	**4608886**	**12.2**	**5196778**	**12.8**
市　　区	3476460	10.4	3811993	9.7
长 安 区	486104	11.3	580265	19.4
桥 西 区	630011	0.4	724504	15.0
新 华 区	272165	7.6	275232	1.1
裕 华 区	310061	9.4	392821	26.7
井陉矿区	31252	17.8	36469	16.7
藁 城 区	365702	15.8	425202	16.3
鹿 泉 区	230078	16.6	278072	20.9
栾 城 区	117618	15.5	136217	15.8
高 新 区	298047	15.7	332815	11.7
井 陉 县	62702	13.8	71105	13.4
正 定 县	222061	38.8	290581	30.9
行 唐 县	46464	15.0	53996	16.2
灵 寿 县	40861	15.6	50228	22.9
高 邑 县	48012	12.2	54072	12.6
深 泽 县	42307	-1.6	48012	13.5
赞 皇 县	35030	11.4	40358	15.2
无 极 县	60270	15.1	68400	13.5
平 山 县	123173	14.3	172105	39.7
元 氏 县	76180	14.3	86560	13.6
赵　　县	59359	14.2	67067	13.0
晋 州 市	91150	13.8	102700	12.7
新 乐 市	78677	15.7	91600	16.4
辛 集 市	146180	19.2	188001	28.6

2000—2020 年分县（市、区）一般公共预算收入（八）

14—3 续 7　　计量单位：万元、%

县（市、区）	2019 年	增长速度	2020 年	增长速度
石家庄市	**5691283**	**9.5**	**6321928**	**11.1**
市　区	4070684	6.8	4506295	10.7
长安区	498248	-14.1	507460	1.8
桥西区	727154	0.4	748017	2.9
新华区	290010	5.4	312997	7.9
裕华区	336258	-14.4	350605	4.3
井陉矿区	40204	10.2	44416	10.5
藁城区	458004	7.7	326528	-28.7
鹿泉区	307729	10.7	334148	8.6
栾城区	160870	18.1	176093	9.5
高新区	398864	19.8	442961	11.1
井陉县	82020	15.4	95197	16.1
正定县	374221	28.8	435959	16.5
行唐县	61208	13.4	67808	10.8
灵寿县	59076	17.6	69659	17.9
高邑县	55107	1.9	60343	9.5
深泽县	51652	7.6	55884	8.2
赞皇县	44193	9.5	47938	8.5
无极县	75859	10.9	83299	9.8
平山县	195248	13.4	207492	6.3
元氏县	101256	17.0	115219	13.8
赵　县	74336	10.8	81268	9.3
晋州市	104528	1.8	113185	8.3
新乐市	101808	11.1	110931	9.0
辛集市	240087	27.7	271451	13.1

1995—2020 年分县（市、区）农林牧渔业总产值（一）

14—4　　　　计量单位：万元、%

县（市、区）	1995 年	1996 年	增长速度	1997 年	增长速度	1998 年	增长速度
石家庄市	**2094240**	**2460775**	**9.4**	**2751988**	**10.6**	**2874039**	**6.8**
长 安 区							
桥 东 区							
桥 西 区							
新 华 区							
裕 华 区	51998	63166	20.7		6.9	70153	3.6
井陉矿区	7586	8016	4.4		4.2	8693	4.3
高 新 区		5404				5378	
井 陉 县	41718	53387	12.3	60802	12.8	67721	12.4
正 定 县	212194	225684	4.7	255122	13.7	263630	4.7
栾 城 县	131828	138841	13.0	166280	17.7	187079	19.3
行 唐 县	87430	103204	9.4	112032	8.8	118472	5.0
灵 寿 县	44836	62344	7.4	74061	11.0	78323	5.9
高 邑 县	63058	71095	11.3	74640	16.0	77664	7.4
深 泽 县	58304	62476	7.5	70511	16.3	73929	5.7
赞 皇 县	53938	55020	0.2	53152	–5.2	54116	20.3
无 极 县	123478	136868	10.4	151115	8.8	154844	6.3
平 山 县	101375	81939	–23.3	118712	55.7	128027	7.3
元 氏 县	74293	91597	8.5	108089	3.6	117005	13.8
赵　　县	150068	195627	21.2	198029	10.8	209192	9.3
藁 城 市	292564	357743	10.7	391248	11.3	412864	7.8
晋 州 市	169708	184622	4.6	179006	3.8	188590	3.3
新 乐 市	176189	176770	3.7	184509	7.0	195373	6.8
鹿 泉 市	133678	128701	–4.3	142142	12.5	146211	4.4
辛 集 市	306071	331446	7.5	346546	11.6	384913	8.2

注：石家庄市及各县（市、区）2007 年以后数据为修订数据，辛集市 2016 年以后为修订数据。

1995—2020 年分县（市、区）农林牧渔业总产值（二）

14—4 续 1　　计量单位：万元、%

县（市、区）	1999 年	增长速度	2000 年	增长速度	2001 年	增长速度
石家庄市	**2918680**	**5.5**	**2934472**	**5.0**	**3070012**	**4.2**
长安区					32494	
桥东区					9210	
桥西区					16565	
新华区					31269	
裕华区	72500	5.8	73926	4.7	34893	−56.5
井陉矿区	8931	5.8	9000	3.7	9356	4.0
高新区	5177		5311		5752	
井陉县	67868	0.5	70698	8.0	68812	−2.9
正定县	271820	6.0	274880	3.9	244053	−11.1
栾城县	206178	11.0	227496	12.6	229880	−1.6
行唐县	116743	0.9	118200	7.6	122225	4.0
灵寿县	84381	11.7	85361	4.0	88971	2.9
高邑县	81241	10.4	87594	10.8	89177	4.5
深泽县	74695	5.0	76655	9.0	85300	9.5
赞皇县	58108	5.3	62316	5.1	65028	5.3
无极县	158854	5.0	159714	6.6	165798	4.0
平山县	135706	6.2	132100	−3.5	139195	6.9
元氏县	123348	8.2	124245	7.3	132728	6.4
赵　县	215345	8.2	215758	6.0	208906	−4.7
藁城市	423133	4.1	396434	−2.7	416404	5.0
晋州市	192334	3.9	192629	4.5	197083	2.1
新乐市	202124	5.1	212100	5.0	211015	−0.6
鹿泉市	146756	4.9	149594	3.3	153852	6.8
辛集市	387792	5.3	374760	0.3	391303	3.0

1995—2020 年分县（市、区）农林牧渔业总产值（三）

14—4 续 2　　　　计量单位：万元、%

县（市、区）	2002 年	增长速度	2003 年	增长速度	2004 年	增长速度
石家庄市	3119674	4.3	3529558	5.7	4260467	6.4
长安区	31657	-1.5	33169	-0.3	37982	-2.4
桥东区	9305	0.8	8276	-4.3	10088	3.4
桥西区	16651	-0.1	15014	0.4	18487	11.8
新华区	31597	3.4	25829	-5.0	31395	0.4
裕华区	35083	0.5	36536	0.6	40222	-4.8
井陉矿区	9728	4.0	9230	4.0	10171	1.9
高新区	5588		2125			
井陉县	69449	1.6	69984	9.0	86721	9.2
正定县	253376	5.1	258522	2.2	296679	4.6
栾城县	243141	5.7	256011	7.3	293005	4.3
行唐县	126340	4.0	143582	3.7	171943	5.9
灵寿县	88117	-0.8	96565	30.4	119804	15.8
高邑县	93377	4.9	89498	-0.3	110317	3.4
深泽县	90927	6.9	82562	11.0	100366	6.1
赞皇县	65927	-2.5	74492	14.7	95470	10.1
无极县	169611	3.0	215779	3.3	246375	3.4
平山县	142678	2.5	186346	1.5	212069	4.5
元氏县	138860	4.7	150195	3.2	187608	4.2
赵　县	221714	7.4	214916	5.1	264314	5.3
藁城市	431434	4.3	507429	3.6	574451	2.9
晋州市	200456	3.0	196509	4.8	239640	8.1
新乐市	220360	4.9	233952	5.9	289669	6.2
鹿泉市	159194	3.5	160228	5.2	206716	11.9
辛集市	407063	4.0	358971	6.9	435801	6.6
辛集市	407063	4.0	358971	6.9	435801	6.6

1995—2020 年分县（市、区）农林牧渔业总产值（四）

14—4 续 3　　计量单位：万元、%

县（市、区）	2005 年	增长速度	2006 年	增长速度	2007 年	增长速度
石家庄市	**4569477**	**5.4**	**4731008**	**4.2**	**4728044**	**2.1**
长 安 区	38467	-0.8	39910	3.4	34473	-4.0
桥 东 区	10191	-0.3	10593	3.0		
桥 西 区	18641	0.3	18542	-3.5	18619	-1.4
新 华 区	32504	-2.4	31526	-6.4	26697	9.7
裕 华 区	39484	-2.1	38516	-5.2	8842	4.5
井陉矿区	10814	3.3	10828		8491	-8.9
高 新 区					16568	-0.4
循环化工园区					26854	1.8
井 陉 县	95974	6.4	105237	7.2	109505	6.3
正 定 县	319891	3.4	344635	4.7	396413	2.3
栾 城 县	320011	5.5	336486	5.0	340605	-3.4
行 唐 县	186386	5.7	198067	4.7	228258	7.0
灵 寿 县	129835	6.4	136304	4.3	140832	2.8
高 邑 县	115473	1.3	118158	2.2	99256	-7.4
深 泽 县	112814	7.2	118394	5.0	124237	2.9
赞 皇 县	108186	9.8	111901	6.4	130559	2.3
无 极 县	253662	2.5	261197	2.3	285236	0.9
平 山 县	222149	3.7	231570	2.9	200950	3.7
元 氏 县	204239	3.9	216679	4.0	230810	3.2
赵 　 县	284806	4.5	302501	4.1	318247	4.7
藁 城 市	610803	1.3	633505	1.1	602740	1.1
晋 州 市	255292	4.0	278872	5.8	285354	-0.9
新 乐 市	322104	7.4	332768	2.1	308330	1.5
鹿 泉 市	229711	8.2	240714	4.8	223314	2.2
辛 集 市	482007	5.4	527299	7.0	562856	1.5

注：石家庄市及各县（市、区）2007 年以后数据为修订数据，辛集市 2016 年以后为修订数据。

1995—2020 年分县（市、区）农林牧渔业总产值（五）

14—4 续 4　　　　计量单位：万元、%

县（市、区）	2008 年	增长速度	2009 年	增长速度	2010 年	增长速度
石家庄市	**5111293**	**2.7**	**5082921**	**2.6**	**5593625**	**1.9**
长 安 区	34299	−5.9	36800	4.3	37888	−0.1
桥 西 区	18076	−4.1	16834	−6.1	15956	−11.8
新 华 区	25611	−6.0	23178	−5.9	22591	−10.9
裕 华 区	9328	0.4	9550	1.3	9858	0.8
井陉矿区	8966	−0.9	9736	16.3	10140	1.5
藁 城 区	617767	1.2	633403	3.4	728055	4.3
鹿 泉 区	231433	0	232178	2.6	255636	1.0
栾 城 区	377302	5.0	364240	1.1	380354	0.9
高 新 区	17065	0.6	17025	−1.1	19025	−0.2
循环化工园区	24497	−16.5	18824	−17.2	30042	51.5
井 陉 县	122561	5.3	126544	5.2	128928	1.0
正 定 县	430178	2.4	414532	2.6	423296	0.1
行 唐 县	272042	6.9	256607	0.3	292682	1.7
灵 寿 县	164926	9.1	165245	4.4	176065	−1.0
高 邑 县	107225	4.0	109178	2.0	119135	3.3
深 泽 县	139845	4.5	136303	4.7	160176	5.7
赞 皇 县	146397	3.1	151666	3.7	150793	−2.0
无 极 县	310080	1.2	301745	3.3	332101	2.4
平 山 县	226529	6.1	241916	5.0	257967	−1.6
元 氏 县	253636	1.3	248710	3.2	276028	4.0
赵　　县	338504	5.2	344356	3.0	386123	2.3
晋 州 市	299740	−0.5	296811	3.1	333389	2.9
新 乐 市	322718	1.5	310156	0	327539	2.0
辛 集 市	612567	1.6	617385	0.7	719857	3.9

1995—2020 年分县（市、区）农林牧渔业总产值（六）

14—4 续 5　　计量单位：万元、%

县（市、区）	2011 年	增长速度	2012 年	增长速度	2013 年	增长速度
石家庄市	**6161634**	**2.8**	**6457266**	**3.6**	**6769669**	**2.4**
长安区	35492	−6.8	34201	−8.0	34203	0.3
桥西区	16528	0.9	17509	−4.0	18575	0.2
新华区	24101	−0.2	22701	−9.2	24617	2.0
裕华区	10246	0.1	9955	−4.5	10263	2.0
井陉矿区	11003	3.8	11934	−4.9	12728	3.8
藁城区	804046	2.7	862866	7.7	915425	5.0
鹿泉区	281382	2.3	285536	2.0	298478	2.5
栾城区	419778	2.2	436974	3.0	430713	−1.9
高新区	19763	1.3	22979	11.2	22681	−9.2
循环化工园区	35057	5.8	35451	6.0	36778	2.5
井陉县	144661	5.3	162185	4.2	183638	4.8
正定县	461648	1.3	480599	3.8	496728	2.7
行唐县	324409	6.2	327394	1.4	343111	1.5
灵寿县	199967	3.6	211136	5.3	212680	3.0
高邑县	132323	3.5	138365	1.7	159954	8.9
深泽县	185271	5.5	194133	5.4	209223	7.0
赞皇县	170240	8.7	183948	4.7	198260	0.6
无极县	352230	−1.1	372232	4.4	380532	0.9
平山县	291188	6.4	301018	0.1	292501	−1.8
元氏县	311676	3.6	324785	2.1	338077	2.4
赵　县	417601	3.3	443501	2.3	431318	−4.7
晋州市	363947	−0.4	375745	4.1	428377	7.2
新乐市	339391	1.5	366341	2.6	398913	6.0
辛集市	809687	0.3	835775	0.6	891897	0.5

1995—2020 年分县（市、区）农林牧渔业总产值（七）

14—4 续 6　　计量单位：万元、%

县（市、区）	2014 年	增长速度	2015 年	增长速度	2016 年	增长速度	2017 年	增长速度
石家庄市	**6830437**	**3.1**	**6703905**	**2.3**	**6318668**	**1.4**	**6345669**	**1.0**
长 安 区	30704	-2.8	31878	4.2	22280	-12.2	20170	-8.3
桥 西 区	14070	-14.2	16955	21.4	9167	7.3	7128	-21.2
新 华 区	22014	2.4	23223	3.4	8398	-9.6	6558	-21.6
裕 华 区	8498	-9.4	8628	1.3	6212	-36.4	977	-83.9
井陉矿区	12617	1.3	11062	-6.3	9255	-27.5	8282	-8.0
藁 城 区	882929	4.3	887573	1.3	603693	0.6	602014	2.8
鹿 泉 区	291998	2.7	282362	1.5	300269	3.0	291034	-1.6
栾 城 区	417183	-3.0	374895	-3.6	269535	-1.9	269730	2.9
高 新 区	21701	2.5	21920	0.8	8498	-3.1	6557	-21.7
循环化工园区	37644	3.5	39254	13.3	18910	-13.0	18797	1.9
井 陉 县	194489	4.4	188593	0.5	178945	-5.3	179474	1.0
正 定 县	504508	0.8	474629	0.4	545189	2.9	538201	2.0
行 唐 县	382141	12.8	370126	3.2	457786	5.9	472734	5.7
灵 寿 县	229181	8.3	239089	10.9	337742	3.8	362523	8.7
高 邑 县	161558	7.2	154988	1.0	160487	3.3	163434	4.0
深 泽 县	212032	4.7	209147	3.2	202874	2.2	210004	5.8
赞 皇 县	218321	9.7	218882	5.1	223639	0.9	239228	8.4
无 极 县	379804	0.1	376891	3.2	415555	1.2	416044	3.0
平 山 县	266114	-7.4	278009	6.2	228607	4.4	238440	3.8
元 氏 县	348818	5.4	325497	0.1	259282	2.9	256496	1.7
赵　　县	432386	0.6	434037	5.6	336518	1.0	338368	2.3
晋 州 市	440156	3.5	432740	3.0	458237	2.4	447658	-0.4
新 乐 市	415474	5.9	391878	-0.1	481651	1.5	482285	2.7
辛 集 市	906096	0.6	911649	1.6	775939	1.7	769533	1.8

1995—2020 年分县（市、区）农林牧渔业总产值（八）

14—4 续 7　　计量单位：万元、%

县（市、区）	2018 年	增长速度	2019 年	增长速度	2020 年	增长速度
石家庄市	**6739068**	**3.1**	**7259454**	**7.7**	**8101134**	**3.8**
长 安 区	16013	–22.8	14146	–11.7	12254	–12.9
桥 西 区	3760	–49.7	1507	–59.9	1325	–17.3
新 华 区	6446	–5.2	6488	0.7	6287	–6.9
裕 华 区	986	–0.3	1017	3.1	1103	4.3
井陉矿区	7145	–14.9	5991	–16.2	7277	–6.2
藁 城 区	657134	7.0	729650	11.0	791057	0.5
鹿 泉 区	287084	–4.0	278886	–2.9	301538	2.8
栾 城 区	287991	3.3	297531	3.3	308413	1.7
高 新 区	4502	–31.5	4254	–5.5	3407	–24.8
循环化工园区	16966	–12.6	17363	2.3	20719	14.2
井 陉 县	193330	1.4	158009	–18.3	184941	6.6
正 定 县	555250	1.4	625709	12.7	671733	1.0
行 唐 县	521094	5.5	578914	11.1	665877	9.3
灵 寿 县	382539	4.6	399867	4.5	463190	2.5
高 邑 县	173397	5.1	189608	9.3	221017	8.5
深 泽 县	228649	5.0	249497	9.1	274436	2.2
赞 皇 县	262934	3.6	298954	13.7	332872	4.2
无 极 县	443494	4.3	486331	9.7	540063	4.8
平 山 县	259908	4.5	276998	6.6	337824	9.7
元 氏 县	274061	4.3	319695	16.7	355288	3.0
赵　　县	346888	–0.5	367984	6.1	417058	11.0
晋 州 市	504194	6.1	520254	3.2	574481	1.0
新 乐 市	502901	2.8	546266	8.6	616665	2.6
辛 集 市	802402	1.9	884535	10.2	992309	3.0

1992—2020年分县(市、区)社会消费品零售额(一)

14—5 计量单位:万元、%

县(市、区)	1992年	1993年	1994年	1995年	1996年	1997年	1998年
石家庄市	**669631**	**827493**	**1177743**	**1484066**	**1719127**	**2008953**	**2213412**
长安区	5680	10101	19351	50358	44402	59805	352361
桥东区	2743	3830	6997	12918	10457	14183	54608
桥西区	3391	7159	15084	44706	37425	51436	114874
新华区	22536	31451	49883	90250	92995	117343	387337
裕华区	21618	30677	49337	90280	93947	119566	389320
井陉矿区	2440	2857	4825	5087	3686	4917	-842
藁城市	85869	104731	145262	181967	211379	241970	137897
鹿泉市	47577	58789	83070	105098	122861	142960	81151
栾城县	47608	58150	81239	44070	117260	134869	75403
井陉县	15172	18552	26665	22897	36601	42840	21562
正定县	75239	92336	128985	162497	189736	218669	125087
行唐县	24168	29174	40804	50025	56006	64122	33507
灵寿县	16498	19820	27926	33826	37009	42466	20849
高邑县	12817	15259	21550	25686	27325	31272	14215
深泽县	18067	21450	29789	35698	38663	43746	21249
赞皇县	15494	18174	25096	29578	31243	35024	16005
无极县	49036	58491	79804	97403	109634	123092	66739
平山县	19324	23704	33884	20538	23517	25199	29168
元氏县	22084	27332	39250	49328	56693	66652	36027
赵县	51382	61615	84454	103677	117473	132559	72572
晋州市	50666	61924	86496	108262	125200	144026	80819
新乐市	60222	71916	97992	119916	135615	152237	83504

注:1. 根据第四次全国经济普查数据对1992年以来社会消费品零售总额进行修正。
2. 本表数据不含辛集市。

1992—2020 年分县（市、区）社会消费品零售额（二）

14—5 续 1 计量单位：万元、%

县（市、区）	1999 年	2000 年	2001 年	2002 年	2003 年	2004 年
石家庄市	**2398923**	**2629692**	**2891192**	**3175585**	**3466584**	**3957299**
长安区	325013	355013	411980	453825	494885	588002
桥东区	58028	63317	80341	89407	97578	157821
桥西区	126360	128950	136412	150593	176202	289167
新华区	444919	489309	614688	674473	713566	740333
裕华区	443851	495975	563688	621256	665543	726419
井陉矿区	57	68	72	79	680	10385
藁城市	143903	155818	168058	180745	196601	214310
鹿泉市	94791	107319	122191	139141	159704	173400
栾城县	87104	95369	62252	70101	79542	88990
井陉县	24131	28515	31453	34936	40190	51865
正定县	137588	151392	106433	117504	132654	144810
行唐县	36625	40218	45083	49426	56077	61705
灵寿县	22944	25158	27784	30263	33715	36634
高邑县	16228	18450	19855	22389	25209	27694
深泽县	22143	23830	25322	26982	30085	33498
赞皇县	17411	18483	19580	21166	23431	26590
无极县	73820	79819	85593	91446	98996	106269
平山县	33539	37832	42479	48252	55467	65417
元氏县	41342	46743	54031	61058	70173	73706
赵县	81288	87614	92735	98129	103531	109600
晋州市	86916	94608	103041	112121	124283	137168
新乐市	80921	85890	78120	82293	88472	93516

1992—2020 年分县(市、区)社会消费品零售额(三)

14—5 续 2 计量单位:万元、%

县(市、区)	2005 年	2006 年	2007 年	2008 年	2009 年	2010 年
石家庄市	**4537638**	**5198294**	**6049500**	**7330014**	**8339155**	**9718518**
长安区	617285	710499	839824	951280	1028245	1254766
桥东区	244028	517352	612355	796511	826563	1096346
桥西区	406193	463337	549769	647190	678805	713476
新华区	793877	799235	886826	1010658	1116633	1253151
裕华区	791351	800388	993936	1297330	1459953	1220979
井陉矿区	14032	17819	21495	27354	32754	40048
藁城市	243019	273073	308284	365652	520479	570426
鹿泉市	202334	230751	264627	320911	475507	526148
栾城县	103994	118102	135030	162264	188131	217249
高新区	–	–	–	–	–	520369
井陉县	62301	72201	83641	102196	119770	140278
正定县	168865	191706	222199	267335	310364	359237
行唐县	71737	81166	91845	141987	163342	187299
灵寿县	43470	49748	56381	67745	78099	90045
高邑县	33045	37719	41903	49556	56133	64266
深泽县	39269	44413	49535	58481	66357	75209
赞皇县	31364	35425	39386	46360	52529	59647
无极县	120264	132684	146976	170128	191746	214372
平山县	78184	90255	104111	128986	152049	178579
元氏县	87590	101486	117198	143542	167069	194534
赵 县	121995	135367	151593	178251	201067	225275
晋州市	158427	179293	203555	244281	281673	323414
新乐市	105014	116273	129032	152016	171888	193407

1992—2020 年分县（市、区）社会消费品零售额（四）

14—5 续 3　　计量单位：万元、%

县（市、区）	2011 年	2012 年	2013 年	2014 年	2015 年	增长速度
石家庄市	**11291150**	**12798322**	**14334671**	**15861005**	**17151066**	**8.1**
长 安 区	1448022	1596070	1831424	2473594	2703966	9.3
桥 东 区	1640082	1724692	1900979	–	–	–
桥 西 区	775985	882644	1186106	3164657	3435541	8.6
新 华 区	1361743	1433030	1641151	1875979	2042053	8.9
裕 华 区	1379705	1472489	1695260	1962218	2164355	10.3
井陉矿区	52233	98461	67255	75575	84427	11.7
藁 城 区	575969	634981	843980	676269	711403	5.2
鹿 泉 区	532027	593676	660071	703974	755878	7.4
栾 城 区	247942	315005	346135	354907	375782	5.9
高 新 区	572578	666653	755509	865220	984809	13.8
循环化工园区	–	–	–	129999	113475	–12.7
井 陉 县	165541	224049	248988	250556	265534	6.0
正 定 县	447667	497107	548069	576751	612803	6.3
行 唐 县	163786	220057	197787	213684	227904	6.7
灵 寿 县	105625	156360	128994	161412	167605	3.8
高 邑 县	75841	122057	90173	97730	104968	7.4
深 泽 县	86247	132202	100880	108269	114773	6.0
赞 皇 县	69799	114491	81279	86717	91656	5.7
无 极 县	240764	299264	279337	297245	309962	4.3
平 山 县	207083	274543	303803	309037	328185	6.2
元 氏 县	227740	297719	330634	341869	365532	6.9
赵　县	254796	317128	344156	346055	358029	3.5
晋 州 市	405415	452131	499946	520840	551085	5.8
新 乐 市	254558	273513	252754	268448	281339	4.8

1992—2020 年分县（市、区）社会消费品零售额（五）

14—5 续 4　　　计量单位：万元、%

县（市、区）	2016 年	增长速度	2017 年	增长速度
石家庄市	**18611593**	**8.5**	**20310677**	**9.1**
长 安 区	2944852	8.9	3234077	9.8
桥 西 区	3702986	7.8	4036842	9.0
新 华 区	2206637	8.1	2463023	11.6
裕 华 区	2362076	9.1	2653992	12.4
井陉矿区	106139	25.7	104788	-1.3
藁 城 区	752991	5.8	804250	6.8
鹿 泉 区	815341	7.9	895130	9.8
栾 城 区	397336	5.7	420417	5.8
高 新 区	1126750	14.4	1305270	15.8
循环化工园区	109635	-3.3	81588	-25.6
井 陉 县	282977	6.6	303130	7.1
正 定 县	653205	6.6	693987	6.2
行 唐 县	254507	11.7	266003	4.5
灵 寿 县	173873	3.7	183388	5.5
高 邑 县	125088	19.2	121463	-2.9
深 泽 县	134591	17.3	131099	-2.6
赞 皇 县	109792	19.8	105262	-4.1
无 极 县	340817	10.0	355580	4.3
平 山 县	350335	6.7	379980	8.5
元 氏 县	392920	7.5	429276	9.3
赵　 县	370978	3.6	387124	4.4
晋 州 市	586769	6.5	627213	6.9
新 乐 市	310999	10.5	327795	5.4

1992—2020 年分县（市、区）社会消费品零售额（六）

14—5 续 5　　计量单位：万元、%

县（市、区）	2018 年	增长速度	2019 年	增长速度	2020 年	增长速度
石家庄市	**21808578**	**7.4**	**23586154**	**8.2**	**22795723**	**-3.4**
长 安 区	3484301	7.7	3762076	8.0	3622879	-3.7
桥 西 区	4305965	6.7	4658827	8.2	4513771	-3.1
新 华 区	2673783	8.6	2867622	7.2	2775858	-3.2
裕 华 区	2888591	8.8	3130456	8.4	3008368	-3.9
井陉矿区	114352	9.1	124987	9.3	122237	-2.2
藁 城 区	842116	4.7	901222	7.0	862470	-4.3
鹿 泉 区	955621	6.8	1048717	9.7	1028791	-1.9
栾 城 区	442394	5.2	477786	8.0	456286	-4.5
高 新 区	1511476	15.8	1625783	7.6	1557500	-4.2
循环化工园区	78811	-3.4	84140	6.8	80437	-4.4
井 陉 县	315478	4.1	347657	10.2	340356	-2.1
正 定 县	729263	5.1	799543	9.6	786750	-1.6
行 唐 县	270394	1.7	294729	9.0	286772	-2.7
灵 寿 县	187617	2.3	206003	9.8	201059	-2.4
高 邑 县	130857	7.7	142372	8.8	139810	-1.8
深 泽 县	139432	6.4	151284	8.5	147048	-2.8
赞 皇 县	112524	6.9	123889	10.1	121039	-2.3
无 极 县	365211	2.7	390776	7.0	377099	-3.5
平 山 县	404382	6.4	434306	7.4	419540	-3.4
元 氏 县	461304	7.5	506973	9.9	492271	-2.9
赵　县	395652	2.2	425722	7.6	412950	-3.0
晋 州 市	666932	6.3	715951	7.3	686597	-4.1
新 乐 市	332124	1.3	365337	10.0	355838	-2.6

1997—2020 年分县（市、区）金融机构人民币存款（一）

14—6 计量单位：万元、%

县（市、区）	1997 年	1998 年	增长速度	1999 年	增长速度	2000 年	增长速度
石家庄市	**8197859**	**9914433**	**20.9**	**12110368**	**22.1**	**13131544**	**8.4**
市　区	5025209	6148400	22.4	7691094	25.1	8493818	10.4
井 陉 县	191379	215788	12.8	231939	7.5	247259	6.6
正 定 县	313710	389673	24.2	462817	18.8	498586	7.7
栾 城 县	177334	205229	15.7	219680	7.0	234016	6.5
行 唐 县	121009	147173	21.6	160685	9.2	166336	3.5
灵 寿 县	99072	118041	19.1	135030	14.4	142748	5.7
高 邑 县	57225	65828	15.0	79496	20.8	86579	8.9
深 泽 县	147121	173069	17.6	202049	16.7	213251	5.5
赞 皇 县	79814	92932	16.4	99592	7.2	105755	6.2
无 极 县	187613	235926	25.8	265044	12.3	288630	8.9
平 山 县	159305	195618	22.8	214134	9.5	227082	6.0
元 氏 县	133462	149195	11.8	168143	12.7	176546	5.0
赵　县	151351	176390	16.5	192836	9.3	195676	1.5
藁 城 市	299102	347306	16.1	433007	24.7	441138	1.9
晋 州 市	273354	311559	14.0	402973	29.3	414103	2.8
新 乐 市	134890	160716	19.1	198527	23.5	200580	1.0
鹿 泉 市	275280	324944	18.0	363730	11.9	394449	8.4
辛 集 市	371629	456646	22.9	589592	29.1	604992	2.6

1997—2020 年分县（市、区）金融机构人民币存款（二）

14—6 续 1

计量单位：万元、%

县（市、区）	2001 年	增长速度	2002 年	增长速度	2003 年	增长速度	2004 年	增长速度
石家庄市	**14551507**	**10.8**	**16710618**	**14.8**	**19322801**	**15.6**	**22088668**	**14.3**
市 区	9562632	12.6	11311755	18.3	13310798	17.7	15331653	15.2
井陉县	260281	5.3	280407	7.7	302764	8.0	341850	12.9
正定县	532530	6.8	572815	7.6	623868	8.9	702302	12.6
栾城县	249706	6.7	264920	6.1	299586	13.1	351679	17.4
行唐县	174296	4.8	181559	4.2	185398	2.1	215436	16.2
灵寿县	156942	9.9	175513	11.8	193084	10.0	218317	13.1
高邑县	92339	6.7	101114	9.5	115898	14.6	130076	12.2
深泽县	222231	4.2	231762	4.3	250770	8.2	273089	8.9
赞皇县	110260	4.3	119888	8.7	137210	14.4	155865	13.6
无极县	311539	7.9	339969	9.1	382617	12.5	403541	5.5
平山县	243371	7.2	257059	5.6	295394	14.9	358449	21.3
元氏县	195650	10.8	215149	10.0	247578	15.1	279073	12.7
赵 县	204950	4.7	221827	8.2	249063	12.3	275234	10.5
藁城市	489755	11.0	549320	12.2	602771	9.7	711798	18.1
晋州市	440922	6.5	471035	6.8	519084	10.2	573267	10.4
新乐市	220957	10.2	241391	9.2	268222	11.1	294824	9.9
鹿泉市	425288	7.8	453453	6.6	515257	13.6	584191	13.4
辛集市	657860	8.7	721676	9.7	823439	14.1	888022	7.8

1997—2020 年分县（市、区）金融机构人民币存款（三）

14—6 续 2　　计量单位：万元、%

县（市、区）	2005 年	增长速度	2006 年	增长速度	2007 年	增长速度	2008 年	增长速度
石家庄市	**25741536**	**16.5**	**29684213**	**15.3**	**33313230**	**12.2**	**41115628**	**23.4**
市　　区	18216740	18.8	21112978	15.9	23677068	12.1	29354583	24.0
井 陉 县	378824	10.8	436511	15.2	505895	15.9	633495	25.2
正 定 县	783093	11.5	890514	13.7	954551	7.2	1166436	22.2
栾 城 县	421827	19.9	456182	8.1	498696	9.3	570405	14.4
行 唐 县	232852	8.1	281331	20.8	343051	21.9	447880	30.6
灵 寿 县	244801	12.1	278099	13.6	334197	20.2	437876	31.0
高 邑 县	143045	10.0	168780	18.0	186227	10.3	248267	33.3
深 泽 县	274105	0.4	312537	14.0	344208	10.1	426028	23.8
赞 皇 县	151546	–2.8	172826	14.0	224108	29.7	268114	19.6
无 极 县	434532	7.7	477904	10.0	529512	10.8	655358	23.8
平 山 县	422679	17.9	474505	12.3	565302	19.1	682337	20.7
元 氏 县	297686	6.7	360227	21.0	406201	12.8	536028	32.0
赵　　县	311499	13.2	359549	15.4	408068	13.5	482435	18.2
藁 城 市	747432	5.0	838214	12.1	930715	11.0	1124310	20.8
晋 州 市	641986	12.0	733340	14.2	826082	12.6	993135	20.2
新 乐 市	321220	9.0	386121	20.2	438083	13.5	535167	22.2
鹿 泉 市	649511	11.2	755617	16.3	856353	13.3	1001544	17.0
辛 集 市	1008502	13.6	1158499	14.9	1284911	10.9	1552231	20.8

1997—2020 年分县（市、区）金融机构人民币存款（四）

14—6 续 3　　　　计量单位：万元、%

县（市、区）	2009 年	增长速度	2010 年	增长速度	2011 年	增长速度	2012 年	增长速度
石家庄市	**51630561**	**25.6**	**61155028**	**18.5**	**67153408**	**9.8**	**76407468**	**13.8**
市　　区	37950523	29.3	42992706	13.3	48787267	13.5	55355537	13.5
井 陉 县	722930	14.1	786016	8.7	960502	22.2	1073757	11.8
正 定 县	1474407	26.4	1800211	22.1	2206751	22.6	2501722	13.4
栾 城 县	716579	25.6	849075	18.5	986233	16.2	1125133	14.1
行 唐 县	499390	11.5	591024	18.3	690583	16.8	806722	16.8
灵 寿 县	497998	13.7	582058	16.9	681355	17.1	782289	14.8
高 邑 县	301969	21.6	353955	17.2	422097	19.3	488820	15.8
深 泽 县	493897	15.9	566576	14.7	661251	16.7	748395	13.2
赞 皇 县	314729	17.4	387313	23.1	454469	17.3	503862	10.9
无 极 县	731779	11.7	841076	14.9	972318	15.6	1117475	14.9
平 山 县	819265	20.1	964011	17.7	1126485	16.9	1284761	14.1
元 氏 县	595994	11.2	686310	15.2	757197	10.3	904145	19.4
赵　　县	569681	18.1	658086	15.5	775544	17.8	910225	17.4
藁 城 市	1278988	13.8	1464389	14.5	1670952	14.1	1965857	17.6
晋 州 市	1100914	10.9	1248525	13.4	1399499	12.1	1607327	14.9
新 乐 市	612333	14.4	701097	14.5	805741	14.9	947355	17.6
鹿 泉 市	1266154	26.4	1489307	17.6	1711680	14.9	1894316	10.7
辛 集 市	1683032	8.4	1868340	11.0	2083484	11.5	2389770	14.7

1997—2020 年分县（市、区）金融机构人民币存款（五）

14—6 续 4　　计量单位：万元、%

县（市、区）	2013 年	增长速度	2014 年	增长速度	2015 年	增长速度
石家庄市	**85933883**	**12.7**	**91246125**	**6.0**	**98001484**	**7.4**
市　　区	61930954	12.0	70907525		74957487	5.7
井 陉 县	1190867	10.9	1282311	7.7	1351801	5.4
正 定 县	2970746	18.8	3185485	7.2	3742747	17.5
栾 城 县	1243735	10.5				
行 唐 县	940978	16.6	1146979	21.9	1349933	17.7
灵 寿 县	857459	9.6	955591	11.4	1056083	10.5
高 邑 县	561271	14.8	584413	4.1	650014	11.2
深 泽 县	835547	11.7	939940	12.5	1034662	10.1
赞 皇 县	584458	16.0	704061	20.5	764244	8.6
无 极 县	1247000	11.6	1353243	8.5	1579787	16.7
平 山 县	1436544	11.8	1608029	11.9	1781347	10.8
元 氏 县	982430	8.7	1188834	21.0	1447346	21.7
赵　　县	1040582	14.3	1203414	15.7	1349501	12.1
藁 城 市	2323886	18.2				
晋 州 市	1735599	8.0	1879990	8.3	2045300	8.8
新 乐 市	1088235	14.9	1222596	12.4	1403781	14.8
鹿 泉 市	2196260	15.9				
辛 集 市	2767332	15.8	3083713	11.4	3282352	6.4

注：2014 年起，市区包括市辖区、藁城区、鹿泉区、栾城区。

1997—2020 年分县（市、区）金融机构人民币存款（六）

14—6 续 5　　计量单位：万元、%

县（市、区）	2016 年	增长速度	2017 年	增长速度	2018 年	增长速度
石家庄市	**110779001**	**13.0**	**117029683**	**5.6**	**132251558**	**13.0**
市　　区	83929973	12.0	88079822	4.9	99714034	13.2
井 陉 县	1541938	14.1	1623466	5.3	1882772	16.0
正 定 县	5243466	40.1	5024567	–4.2	5331738	6.1
行 唐 县	1538712	14.0	1730060	12.4	1946355	12.5
灵 寿 县	1238752	17.3	1365156	10.2	1605501	17.6
高 邑 县	726016	11.7	810717	11.7	922121	13.7
深 泽 县	1130884	9.3	1235802	9.3	1369300	10.8
赞 皇 县	933320	22.1	1068860	14.5	1163203	8.8
无 极 县	1738956	10.1	1960881	12.8	2221046	13.3
平 山 县	2065119	15.9	2243018	8.6	2512778	12.0
元 氏 县	1695509	17.1	1865704	10.0	2211361	18.5
赵　　县	1469252	8.9	1620594	10.3	1839709	13.5
晋 州 市	2355029	15.1	2634639	11.9	3037241	15.3
新 乐 市	1615867	15.1	1806677	11.8	2074165	14.8
辛 集 市	3556209	8.3	3959718	11.3	4420233	11.6

注：市区包括市辖区、藁城区、鹿泉区、栾城区。

1997—2020 年分县（市、区）金融机构人民币存款（七）

14—6 续 6　　　　计量单位：万元、%

县（市、区）	2019 年	增长速度	2020 年	增长速度
石家庄市	**149567778**	**13.1**	**164882790**	**10.2**
市　区	112540843	12.9	123562695	9.8
井陉县	1989156	5.7	2207352	11.0
正定县	6193581	16.2	6878262	11.1
行唐县	2207786	13.4	2372837	7.5
灵寿县	1865779	16.2	2100113	12.6
高邑县	1044528	13.3	1151252	10.2
深泽县	1526182	11.5	1706652	11.8
赞皇县	1307162	12.4	1422764	8.8
无极县	2614184	17.7	2852155	9.1
平山县	2856525	13.7	3102626	8.6
元氏县	2497843	13.0	2854296	14.3
赵　县	2101857	14.2	2341741	11.4
晋州市	3456779	13.8	3965202	14.7
新乐市	2387016	15.1	2660511	11.5
辛集市	4978557	12.6	5704332	14.6

注：市区包括市辖区、藁城区、鹿泉区、栾城区。

1997—2020 年分县（市、区）金融机构人民币贷款（一）

14—7 计量单位：万元、%

县（市、区）	1997 年	1998 年	增长速度	1999 年	增长速度
石家庄市	**5656900**	**6637592**	**17.3**	**9107667**	**37.2**
市 区	3292109	4053042	23.1	6237687	53.9
井陉县	101119	98918	–2.2	104284	5.4
正定县	206600	234528	13.5	276178	17.8
栾城县	159604	171165	7.2	182019	6.3
行唐县	80853	88229	9.1	91776	4.0
灵寿县	93162	98933	6.2	95962	–3.0
高邑县	64856	76786	18.4	86454	12.6
深泽县	78191	86178	10.2	102750	19.2
赞皇县	83167	88121	6.0	88532	0.5
无极县	144588	152741	5.6	162667	6.5
平山县	126540	142997	13.0	151675	6.1
元氏县	134209	145234	8.2	155686	7.2
赵 县	163922	181592	10.8	193445	6.5
藁城市	244997	266150	8.6	330137	24.0
晋州市	151278	158429	4.7	202921	28.1
新乐市	118745	123732	4.2	153769	24.3
鹿泉市	165986	186975	12.6	196499	5.1
辛集市	246974	283842	14.9	295226	4.0

1997—2020 年分县（市、区）金融机构人民币贷款（二）

14—7 续 1　　计量单位：万元、%

县（市、区）	2000 年	增长速度	2001 年	增长速度	2002 年	增长速度
石家庄市	**9738267**	**6.9**	**10350991**	**6.3**	**13059556**	**26.2**
市　　区	6939550	11.3	7450288	7.4	9981918	34.0
井 陉 县	97820	−6.2	103070	5.4	120950	17.3
正 定 县	271938	−1.5	279662	2.8	295437	5.6
栾 城 县	149602	−17.8	159284	6.5	173688	9.0
行 唐 县	91345	−0.5	102512	12.2	111165	8.4
灵 寿 县	89625	−6.6	92791	3.5	101323	9.2
高 邑 县	89803	3.9	91504	1.9	94887	3.7
深 泽 县	99741	−2.9	102128	2.4	109357	7.1
赞 皇 县	79156	−10.6	79181	0	87387	10.4
无 极 县	163742	0.7	175680	7.3	191869	9.2
平 山 县	144646	−4.6	149875	3.6	163959	9.4
元 氏 县	161580	3.8	159813	−1.1	172984	8.2
赵　　县	200388	3.6	206674	3.1	211211	2.2
藁 城 市	307626	−6.8	317394	3.2	301448	−5.0
晋 州 市	206264	1.6	212452	3.0	225886	6.3
新 乐 市	148917	−3.2	148668	−0.2	155049	4.3
鹿 泉 市	214628	9.2	236676	10.3	256130	8.2
辛 集 市	281896	−4.5	283339	0.5	306937	8.3

1997—2020 年分县（市、区）金融机构人民币贷款（三）

14—7 续 2　　计量单位：万元、%

县（市、区）	2003 年	增长速度	2004 年	增长速度	2005 年	增长速度
石家庄市	**13774386**	**5.5**	**14748123**	**7.1**	**15610128**	**5.8**
市　区	10547366	5.7	11352218	7.6	12446474	9.6
井 陉 县	126161	4.3	155372	23.2	151840	-2.3
正 定 县	311211	5.3	320787	3.1	279590	-12.8
栾 城 县	178549	2.8	200213	12.1	217991	8.9
行 唐 县	109102	-1.9	112476	3.1	96020	-14.6
灵 寿 县	100578	-0.7	109515	8.9	95452	-12.8
高 邑 县	94670	-0.2	101655	7.4	90442	-11.0
深 泽 县	107209	-2.0	105555	-1.5	101941	-3.4
赞 皇 县	91839	5.1	100934	9.9	79871	-20.9
无 极 县	192568	0.4	193203	0.3	174697	-9.6
平 山 县	188322	14.9	202902	7.7	193996	-4.4
元 氏 县	186632	7.9	188193	0.8	175843	-6.6
赵　县	197051	-6.7	198044	0.5	186565	-5.8
藁 城 市	319196	5.9	332015	4.0	287035	-13.5
晋 州 市	226804	0.4	229126	1.0	214745	-6.3
新 乐 市	172388	11.2	184310	6.9	222816	20.9
鹿 泉 市	311751	21.7	343173	10.1	318169	-7.3
辛 集 市	312989	2.0	318432	1.7	276641	-13.1

1997—2020 年分县（市、区）金融机构人民币贷款（四）

14—7 续 3　　计量单位：万元、%

县（市、区）	2006 年	增长速度	2007 年	增长速度	2008 年	增长速度
石家庄市	**17315169**	**10.9**	**18393687**	**6.2**	**20799327**	**13.1**
市　区	13784691	10.8	14501558	5.2	17299183	19.3
井 陉 县	175806	15.8	189990	8.1	161771	-14.9
正 定 县	288082	3.0	346620	20.3	361448	4.3
栾 城 县	225670	3.5	230339	2.1	211095	-8.4
行 唐 县	105693	10.1	113085	7.0	101310	-10.4
灵 寿 县	107739	12.9	121263	12.6	117595	-3.0
高 邑 县	102023	12.8	101131	-0.9	81409	-19.5
深 泽 县	108902	6.8	113081	3.8	102782	-9.1
赞 皇 县	90723	13.6	100870	11.2	85514	-15.2
无 极 县	168688	-3.4	175450	4.0	153798	-12.3
平 山 县	213556	10.1	242021	13.3	175793	-27.4
元 氏 县	197353	12.2	197678	0.2	190986	-3.4
赵　县	222898	19.5	201686	-9.5	200139	-0.8
藁 城 市	376522	31.2	457561	21.5	350154	-23.5
晋 州 市	227574	6.0	247896	8.9	257046	3.7
新 乐 市	244828	9.9	266960	9.0	215661	-19.2
鹿 泉 市	368902	15.9	424832	15.2	427200	0.6
辛 集 市	305519	10.4	361664	18.4	306443	-15.3

1997—2020 年分县（市、区）金融机构人民币贷款（五）

14—7 续 4 计量单位：万元、%

县（市、区）	2009 年	增长速度	2010 年	增长速度
石家庄市	**28865696**	**38.8**	**32720979**	**13.4**
市 区	24231048	40.1	26219403	8.2
井陉县	267119	65.1	331011	23.9
正定县	478347	32.3	710170	48.5
栾城县	262050	24.1	314539	20.0
行唐县	125929	24.3	178851	42.0
灵寿县	148897	26.6	168737	13.3
高邑县	108653	33.5	142801	31.4
深泽县	116809	13.6	151307	29.5
赞皇县	106962	25.1	153612	43.6
无极县	186955	21.6	226115	20.9
平山县	218361	24.2	275416	26.1
元氏县	210053	10.0	251238	19.6
赵 县	230460	15.1	297605	29.1
藁城市	478186	36.6	630210	31.8
晋州市	336320	30.8	441472	31.3
新乐市	265734	23.2	278099	4.7
鹿泉市	647678	51.6	808933	24.9
辛集市	446132	45.6	553523	24.1

1997—2020 年分县（市、区）金融机构人民币贷款（六）

14—7 续 5　　计量单位：万元、%

县（市、区）	2011 年	增长速度	2012 年	增长速度	2013 年	增长速度
石家庄市	**36597860**	**11.8**	**39950667**	**9.2**	**45004998**	**12.9**
市　区	29296795	11.7	31519723	7.6	34884903	11.1
井陉县	351469	6.2	384027	9.3	466201	21.4
正定县	1121021	57.9	1465645	30.7	1946043	32.8
栾城县	385572	22.6	458521	18.9	548003	19.5
行唐县	219346	22.6	269156	22.7	301164	11.9
灵寿县	214281	27.0	257701	20.3	293962	14.1
高邑县	175698	23.0	214111	21.9	256139	19.6
深泽县	172584	14.1	179854	4.2	212115	17.9
赞皇县	208548	35.8	235289	12.8	258001	9.7
无极县	262898	16.3	249866	–5.0	288434	15.4
平山县	374274	35.9	441486	18.0	458558	3.9
元氏县	282462	12.4	372368	31.8	358350	–3.8
赵　县	336898	13.2	427802	27.0	464298	8.5
藁城市	719903	14.2	769641	6.9	888714	15.5
晋州市	504791	14.3	558213	10.6	693827	24.3
新乐市	320353	15.2	359065	12.1	455719	26.9
鹿泉市	959847	18.7	1047934	9.2	1199306	14.4
辛集市	691120	24.9	740265	7.1	1031262	39.3

1997—2020 年分县（市、区）金融机构人民币贷款（七）

14—7 续 6　　计量单位：万元、%

县（市、区）	2014 年	增长速度	2015 年	增长速度	2016 年	增长速度
石家庄市	**50989203**	**13.0**	**61211043**	**20.1**	**71758899**	**17.2**
市　　区	42469849		50863730	19.8	60051608	18.1
井 陉 县	458848	-1.6	531196	15.8	607906	14.4
正 定 县	2138083	9.9	2313868	8.2	2649250	14.5
行 唐 县	368116	22.2	401376	9.0	511926	27.5
灵 寿 县	334062	13.6	361830	8.3	477075	31.9
高 邑 县	247682	-3.3	288756	16.6	297038	2.9
深 泽 县	265753	25.3	300112	12.9	339326	13.1
赞 皇 县	302560	17.3	341265	12.8	385942	13.1
无 极 县	370323	28.4	426734	15.2	545970	27.9
平 山 县	518217	13.0	897015	73.1	989526	10.3
元 氏 县	481806	34.5	626558	30.0	744523	18.8
赵　　县	511317	10.1	564590	10.4	673733	19.3
晋 州 市	766372	10.5	918986	19.9	1051009	14.4
新 乐 市	593940	30.3	711508	19.8	736758	3.5
辛 集 市	1162275	12.7	1490896	28.3	1697309	13.8

注：2014 年起，市区包括市辖区、藁城区、鹿泉区、栾城区。

1997—2020 年分县（市、区）金融机构人民币贷款（八）

14—7 续 7　　计量单位：万元、%

县（市、区）	2017 年	增长速度	2018 年	增长速度
石家庄市	**89249839**	**24.4**	**100950559**	**13.1**
市　区	76364405	27.2	86660986	13.5
井 陉 县	611389	0.6	654588	7.1
正 定 县	2631730	–0.7	2818724	7.1
行 唐 县	588028	14.9	641295	9.1
灵 寿 县	533364	11.8	765028	43.4
高 邑 县	318263	7.1	298580	–6.2
深 泽 县	433115	27.6	460105	6.2
赞 皇 县	420598	9.0	484830	15.3
无 极 县	632082	15.8	692117	9.5
平 山 县	1113811	12.6	1219620	9.5
元 氏 县	896472	20.4	1059624	18.2
赵　县	766022	13.7	820691	7.1
晋 州 市	1153124	9.7	1222360	6.0
新 乐 市	848199	15.1	971367	14.5
辛 集 市	1939237	14.3	2180645	12.4

注：2014 年起，市区包括市辖区、藁城区、鹿泉区、栾城区。

1997—2020 年分县（市、区）金融机构人民币贷款（九）

14—7 续 8　　计量单位：万元、%

县（市、区）	2019 年	增长速度	2020 年	增长速度
石家庄市	**113418631**	**12.4**	**130752743**	**15.3**
市　区	96798956	11.7	111769223	15.5
井陉县	731059	11.7	815950	11.6
正定县	3261946	15.7	3836662	17.6
行唐县	711443	10.9	724601	1.8
灵寿县	940638	23.0	1086175	15.5
高邑县	353118	18.3	450894	27.7
深泽县	482284	4.8	586793	21.7
赞皇县	543344	12.1	613788	13.0
无极县	835922	20.8	1080172	29.2
平山县	1373873	12.6	1355969	-1.3
元氏县	1367495	29.1	1567801	14.6
赵　县	995916	21.4	1090191	9.5
晋州市	1393420	14.0	1584823	13.7
新乐市	1121813	15.5	1255253	11.9
辛集市	2507405	15.0	2934450	17.0

注：2014 年起，市区包括市辖区、藁城区、鹿泉区、栾城区。

1996—2020 年分县（市、区）城乡居民人民币储蓄存款（一）

14—8　　　　计量单位：万元、%

县（市、区）	1996 年	1997 年	增长速度	1998 年	增长速度	1999 年	增长速度
石家庄市	**4223768**	**4857888**	**15.0**	**5941832**	**22.3**	**7092875**	**19.4**
市　区	1892453	2169085	14.6	2716587	25.2	3259295	20.0
井陉县	129507	150462	16.2	172827	14.9	192385	11.3
正定县	220307	256426	16.4	338198	31.9	411828	21.8
栾城县	130261	149094	14.5	173095	16.1	188394	8.8
行唐县	98437	112086	13.9	132786	18.5	145034	9.2
灵寿县	80690	87309	8.2	102662	17.6	118505	15.4
高邑县	43392	51315	18.3	60107	17.1	72029	19.8
深泽县	114732	132749	15.7	162650	22.5	191996	18.0
赞皇县	60793	68023	11.9	77969	14.6	85520	9.7
无极县	144437	175845	21.7	221033	25.7	243197	10.0
平山县	123624	141770	14.7	171660	21.1	180441	5.1
元氏县	107729	115407	7.1	132304	14.6	145923	10.3
赵　县	105390	125068	18.7	142532	14.0	174475	22.4
藁城市	213575	244522	14.5	288149	17.8	377022	30.8
晋州市	197558	238395	20.7	266911	12.0	354866	33.0
新乐市	101655	116710	14.8	144509	23.8	178144	23.3
鹿泉市	206700	232754	12.6	274596	18.0	307399	11.9
辛集市	252528	290868	15.2	363257	24.9	469422	29.2

1996—2020 年分县（市、区）城乡居民人民币储蓄存款（二）

14—8 续 1 计量单位：万元、%

县（市、区）	2000 年	增长速度	2001 年	增长速度	2002 年	增长速度
石家庄市	**7514860**	**5.9**	**8235602**	**9.6**	**9251029**	**12.3**
市 区	3929041	20.5	3943653	0.4	4658726	18.1
井 陉 县	202493	5.3	217003	7.2	233408	7.6
正 定 县	434413	5.5	459898	5.9	487313	6.0
栾 城 县	193949	2.9	204920	5.7	218220	6.5
行 唐 县	152711	5.3	161879	6.0	165108	2.0
灵 寿 县	127083	7.2	138584	9.0	155788	12.4
高 邑 县	78389	8.8	83705	6.8	92091	10.0
深 泽 县	201044	4.7	209272	4.1	220508	5.4
赞 皇 县	91669	7.2	97763	6.6	105805	8.2
无 极 县	266499	9.6	288318	8.2	311136	7.9
平 山 县	190674	5.7	200881	5.4	209772	4.4
元 氏 县	155133	6.3	169937	9.5	184328	8.5
赵 县	174653	0.1	184425	5.6	200265	8.6
藁 城 市	382872	1.6	415056	8.4	433776	4.5
晋 州 市	366679	3.3	391400	6.7	419175	7.1
新 乐 市	178555	0.2	192290	7.7	200237	4.1
鹿 泉 市	326028	6.1	325849	–0.1	364993	12.0
辛 集 市	497188	5.9	550769	10.8	590380	7.2

1996—2020 年分县（市、区）城乡居民人民币储蓄存款（三）

14—8 续 2　　计量单位：万元、%

县（市、区）	2003 年	增长速度	2004 年	增长速度	2005 年	增长速度
石家庄市	**10444919**	**12.9**	**11894588**	**13.9**	**13551916**	**13.9**
市　　区	5436477	16.7	6314369	16.1	7418651	17.5
井 陉 县	249483	6.9	275542	10.4	303792	10.3
正 定 县	527629	8.3	579859	9.9	633812	9.3
栾 城 县	245869	12.7	285131	16.0	310090	8.8
行 唐 县	165202	0.1	191407	15.9	208053	8.7
灵 寿 县	169063	8.5	186813	10.5	209050	11.9
高 邑 县	104068	13.0	116106	11.6	130750	12.6
深 泽 县	235009	6.6	252784	7.6	254864	0.8
赞 皇 县	120014	13.4	134628	12.2	132516	–1.6
无 极 县	337044	8.3	365607	8.5	383987	5.0
平 山 县	232835	11.0	273447	17.4	310792	13.7
元 氏 县	205982	11.7	235231	14.2	255387	8.6
赵　　县	213825	6.8	237835	11.2	261973	10.1
藁 城 市	467139	7.7	530680	13.6	599963	13.1
晋 州 市	454340	8.4	503031	10.7	561204	11.6
新 乐 市	218368	9.1	237909	8.9	260700	9.6
鹿 泉 市	395003	8.2	438670	11.1	483864	10.3
辛 集 市	667569	13.1	735539	10.2	832469	13.2

1996—2020 年分县（市、区）城乡居民人民币储蓄存款（四）

14—8 续 3　　计量单位：万元、%

县（市、区）	2006 年	增长速度	2007 年	增长速度	2008 年	增长速度
石家庄市	**15532428**	**14.6**	**16947183**	**9.1**	**21801690**	**28.6**
市　区	8549036	15.2	9115834	6.6	11982365	31.4
井陉县	339911	11.9	390372	14.8	499922	28.1
正定县	685058	8.1	736921	7.6	941836	27.8
栾城县	342677	10.5	371001	8.3	434484	17.1
行唐县	248660	19.5	303252	22.0	400343	32.0
灵寿县	235175	12.5	282455	20.1	382554	35.4
高邑县	149486	14.3	161695	8.2	216960	34.2
深泽县	283158	11.1	311422	10.0	391938	25.9
赞皇县	150544	13.6	177775	18.1	220247	23.9
无极县	432280	12.6	480424	11.1	598436	24.6
平山县	357692	15.1	417592	16.7	537691	28.8
元氏县	299038	17.1	335513	12.2	438137	30.6
赵　县	300836	14.8	335322	11.5	400258	19.4
藁城市	686323	14.4	763798	11.3	950779	24.5
晋州市	640164	14.1	716995	12.0	888400	23.9
新乐市	313728	20.3	356947	13.8	452934	26.9
鹿泉市	545007	12.6	603573	10.7	727853	20.6
辛集市	973656	17.0	1086292	11.6	1336554	23.0

1996—2020 年分县（市、区）城乡居民人民币储蓄存款（五）

14—8 续 4 计量单位：万元、%

县（市、区）	2009 年	增长速度	2010 年	增长速度
石家庄市	**25674597**	**17.8**	**29203989**	**13.8**
市 区	14674605	22.5	16736357	14.0
井陉县	564372	12.9	611986	8.4
正定县	1119251	18.8	1301585	16.3
栾城县	480253	10.5	550039	14.5
行唐县	441452	10.3	517478	17.2
灵寿县	427193	11.7	479517	12.2
高邑县	257563	18.7	291375	13.1
深泽县	437578	11.6	487103	11.3
赞皇县	250941	13.9	301049	20.0
无极县	631828	5.6	721112	14.1
平山县	613920	14.2	700174	14.0
元氏县	476693	8.8	543225	14.0
赵 县	470748	17.6	539746	14.7
藁城市	1034815	8.8	1136136	9.8
晋州市	958566	7.9	1041133	8.6
新乐市	514730	13.6	600659	16.7
鹿泉市	871114	19.7	1018725	16.9
辛集市	1448975	8.4	1565905	8.1

1996—2020 年分县（市、区）城乡居民人民币储蓄存款（六）

14—8 续 5　　计量单位：万元、%

县（市、区）	2011 年	增长速度	2012 年	增长速度	2013 年	增长速度
石家庄市	**32435792**	**11.1**	**37354986**	**15.2**	**41565885**	**11.3**
市　区	18196341	8.7	21037653	15.6	23454418	11.5
井陉县	713976	16.7	817042	14.4	900342	10.2
正定县	1540692	18.4	1763733	14.5	2002068	13.5
栾城县	649548	18.1	756934	16.5	867700	14.6
行唐县	606989	17.3	699885	15.3	805753	15.1
灵寿县	546620	14.0	621350	13.7	666850	7.3
高邑县	342282	17.5	399471	16.7	439681	10.1
深泽县	561101	15.2	643798	14.7	702937	9.2
赞皇县	347289	15.4	379686	9.3	413503	8.9
无极县	832315	15.4	956281	14.9	1060818	10.9
平山县	842290	20.3	962398	14.3	1077958	12.0
元氏县	579652	6.7	697945	20.4	736387	5.5
赵　县	637962	18.2	744525	16.7	840116	12.8
藁城市	1303369	14.7	1487914	14.2	1675704	12.6
晋州市	1143758	9.9	1305811	14.2	1389979	6.5
新乐市	685595	14.1	798884	16.5	913601	14.4
鹿泉市	1149565	12.8	1288619	12.1	1418660	10.1
辛集市	1756448	12.2	1993059	13.5	2199412	10.4

1996—2020 年分县（市、区）城乡居民人民币储蓄存款（七）

14—8 续6 计量单位：万元、%

县（市、区）	2014 年	增长速度	2015 年	增长速度	2016 年	增长速度
石家庄市	**43891354**	**5.6**	**48689313**	**10.9**	**53482021**	**9.8**
市 区	27983378		30402326	8.6	33072117	8.8
井 陉 县	972539	8.0	1078459	10.9	1154254	7.0
正 定 县	2196246	9.7	2569788	17.0	2895159	12.7
行 唐 县	935307	16.1	1090531	16.6	1213058	11.2
灵 寿 县	760063	14.0	879883	15.8	990920	12.6
高 邑 县	481446	9.5	547638	13.8	618211	12.9
深 泽 县	784023	11.5	877627	11.9	960936	9.5
赞 皇 县	492061	19.0	563323	14.5	645182	14.5
无 极 县	1172975	10.6	1394748	18.9	1519723	9.0
平 山 县	1216285	12.8	1372690	12.9	1518577	10.6
元 氏 县	896479	21.7	1080962	20.6	1264907	17.0
赵 县	965880	15.0	1133397	17.3	1235074	9.0
晋 州 市	1531638	10.2	1773840	15.8	2059003	16.1
新 乐 市	1018484	11.5	1137324	11.7	1285657	13.0
辛 集 市	2484550	13.0	2781329	11.9	3049245	9.6

注：市区包括市辖区、藁城区、鹿泉区、栾城区。

1996—2020 年分县（市、区）城乡居民人民币储蓄存款（八）

14—8 续 7　　计量单位：万元、%

县（市、区）	2017 年	增长速度	2018 年	增长速度
石家庄市	**56416175**	**5.5**	**64732492**	**14.7**
市　　区	34185661	3.4	39316172	15.0
井 陉 县	1237962	7.3	1372573	10.9
正 定 县	3254139	12.4	3677367	13.0
行 唐 县	1329066	9.6	1532992	15.3
灵 寿 县	1069160	7.9	1286467	20.3
高 邑 县	663166	7.3	773206	16.6
深 泽 县	1036393	7.9	1146848	10.7
赞 皇 县	734844	13.9	868663	18.2
无 极 县	1644484	8.2	1889968	14.9
平 山 县	1677793	10.5	1939261	15.6
元 氏 县	1394497	10.2	1619283	16.1
赵　　县	1340761	8.6	1530310	14.1
晋 州 市	2261616	9.8	2581885	14.2
新 乐 市	1436781	11.8	1685351	17.3
辛 集 市	3149854	3.3	3512147	11.5

注：市区包括市辖区、藁城区、鹿泉区、栾城区。

1996—2020 年分县（市、区）城乡居民人民币储蓄存款（九）

14—8 续 8　　　　计量单位：万元、%

县（市、区）	2019 年	增长速度	2020 年	增长速度
石家庄市	**76300235**	**17.9**	**87745821**	**15.0**
市　　区	47205530	20.1	54656312	15.8
井 陉 县	1510018	10.0	1694889	12.2
正 定 县	4414316	20.0	5024922	13.8
行 唐 县	1741805	13.6	1997469	14.7
灵 寿 县	1464941	13.9	1692660	15.5
高 邑 县	879638	13.8	988342	12.4
深 泽 县	1302213	13.5	1477995	13.5
赞 皇 县	1023685	17.8	1181642	15.4
无 极 县	2195054	16.1	2494879	13.7
平 山 县	2176861	12.3	2449322	12.5
元 氏 县	1833459	13.2	2060527	12.4
赵　　县	1738592	13.6	1981801	14.0
晋 州 市	2902950	12.4	3319926	14.4
新 乐 市	1912601	13.5	2197769	14.9
辛 集 市	3998571	13.8	4527368	13.2

注：市区包括市辖区、藁城区、鹿泉区、栾城区。

1995—2020 年分县（市、区）农村居民人均可支配收入（一）

14–9　　计量单位：元、%

县（市、区）	1995 年	1996 年	增长速度	1997 年	增长速度	1998 年	增长速度
石家庄市	**1995**	**2502**	**25.4**	**2837**	**13.4**	**2988**	**5.3**
井陉矿区	2511	3069	22.2	3481	13.4	3665	5.3
井 陉 县	1574	1821	15.7	2172	19.3	2410	11.0
正 定 县	2308	3004	30.2	3207	6.8	3335	4.0
栾 城 县	1998	2686	34.4	2900	8.0	3045	5.0
行 唐 县	1248	1850	48.2	2163	16.9	2361	9.2
灵 寿 县	998	1499	50.2	2016	34.5	2250	11.6
高 邑 县	1901	2366	24.5	2598	9.8	2800	7.8
深 泽 县	1863	2582	38.6	2789	8.0	2988	7.1
赞 皇 县	970	1203	24.0	1134	-5.7	1306	15.2
无 极 县	1863	2672	43.4	3045	14.0	3170	4.1
平 山 县	1554	1232	-20.7	2202	78.7	2371	7.7
元 氏 县	1759	2321	31.9	2552	10.0	2570	0.7
赵　县	1825	2579	41.3	2802	8.6	2942	5.0
藁 城 市	2407	3048	26.6	3513	15.3	3508	-0.1
晋 州 市	2498	3001	20.1	3300	10.0	3386	2.6
新 乐 市	2497	3012	20.6	3418	13.5	3506	2.6
鹿 泉 市	2585	2121	-17.9	3566	68.1	3678	3.1
辛 集 市	2579	2961	14.8	3207	8.3	3354	4.6

注：1.2013 年以前农村居民家庭为纯收入，2013 年以后为新口径可支配收入。
　　2.2014 年起，农村居民人均可支配收入数据不含辛集市。

1995—2020年分县（市、区）农村居民人均可支配收入（二）

14–9 续 1　　计量单位：元、%

县（市、区）	1999年	增长速度	2000年	增长速度	2001年	增长速度
石家庄市	**3071**	**2.8**	**3158**	**2.8**	**3149**	**–0.3**
井陉矿区	3736	1.9	3886	4.0	4019	3.4
井 陉 县	2506	4.0	2602	3.8	2680	3.0
正 定 县	3465	3.9	3605	4.0	3621	0.4
栾 城 县	3174	4.2	3305	4.1	3421	3.5
行 唐 县	2428	2.8	2468	1.6	2542	3.0
灵 寿 县	2308	2.6	2396	3.8	2397	0
高 邑 县	2860	2.1	3001	4.9	3125	4.1
深 泽 县	3060	2.4	3182	4.0	3308	4.0
赞 皇 县	1370	4.9	1652	20.6	1706	3.3
无 极 县	3240	2.2	3310	2.2	3429	3.6
平 山 县	2472	4.3	1992	–19.4	1999	0.4
元 氏 县	2617	1.8	2701	3.2	2812	4.1
赵 县	3059	4.0	3086	0.9	3049	–1.2
藁 城 市	3576	1.9	3656	2.2	3805	4.1
晋 州 市	3449	1.9	3539	2.6	3667	3.6
新 乐 市	3574	1.9	3616	1.2	3688	2.0
鹿 泉 市	3747	1.9	3852	2.8	4008	4.0
辛 集 市	3485	3.9	3235	–7.2	3365	4.0

1995—2020 年分县（市、区）农村居民人均可支配收入（三）

14-9 续 2　　计量单位：元、%

县（市、区）	2002 年	增长速度	2003 年	增长速度	2004 年	增长速度
石家庄市	**3245**	**3.0**	**3394**	**4.6**	**3799**	**11.9**
井陉矿区	4140	3.0	4265	3.0	4854	13.8
井 陉 县	2787	4.0	2941	5.5	3342	13.6
正 定 县	3770	4.1	3885	3.1	4375	12.6
栾 城 县	3558	4.0	3755	5.5	4247	13.1
行 唐 县	2619	3.0	2698	3.0	2836	5.1
灵 寿 县	2428	1.3	2477	2.0	2599	4.9
高 邑 县	3250	4.0	3407	4.8	3680	8.0
深 泽 县	3408	3.0	3579	5.0	3956	10.5
赞 皇 县	1785	4.6	1878	5.2	2133	13.6
无 极 县	3497	2.0	3619	3.5	4107	13.5
平 山 县	2019	1.0	2080	3.0	2298	10.5
元 氏 县	2897	3.0	3021	4.3	3431	13.6
赵　 县	3141	3.0	3283	4.5	3730	13.6
藁 城 市	3919	3.0	4086	4.3	4621	13.1
晋 州 市	3777	3.0	3892	3.0	4429	13.8
新 乐 市	3800	3.0	3961	4.2	4461	12.6
鹿 泉 市	4170	4.0	4387	5.2	4913	12.0
辛 集 市	3470	3.1	3609	4.0	4061	12.5

1995—2020 年分县（市、区）农村居民人均可支配收入（四）

14-9 续 3　　　　计量单位：元、%

县（市、区）	2005 年	增长速度	2006 年	增长速度	2007 年	增长速度
石家庄市	**4118**	**8.4**	**4456**	**8.2**	**4954**	**11.2**
井陉矿区	5267	8.5	5740	9.0	6328	10.2
井 陉 县	3643	9.0	3993	9.6	4527	13.4
正 定 县	4797	9.7	5253	9.5	5952	13.3
栾 城 县	4667	9.9	5006	7.3	5788	15.6
行 唐 县	2929	3.3	3076	5.0	3287	6.9
灵 寿 县	2681	3.2	2787	4.0	2898	4.0
高 邑 县	3975	8.0	4293	8.0	4551	6.0
深 泽 县	4155	5.0	4350	4.7	4611	6.0
赞 皇 县	2316	8.6	2584	11.6	2798	8.3
无 极 县	4476	9.0	4875	8.9	5321	9.1
平 山 县	2430	5.7	2588	6.5	2842	9.8
元 氏 县	3726	8.6	4076	9.4	4658	14.3
赵　 县	4110	10.2	4282	4.2	5005	16.9
藁 城 市	5060	9.5	5465	8.0	6184	13.2
晋 州 市	4828	9.0	5320	10.2	6012	13.0
新 乐 市	4872	9.2	5391	10.7	5984	11.0
鹿 泉 市	5313	8.1	5866	10.4	6460	10.1
辛 集 市	4467	10.0	4874	9.1	5514	13.1

1995—2020 年分县（市、区）农村居民人均可支配收入（五）

14-9 续 4　　　　计量单位：元、%

县（市、区）	2008 年	增长速度	2009 年	增长速度	2010 年	增长速度
石家庄市	**5469**	**10.4**	**5977**	**9.3**	**6577**	**10.0**
井陉矿区	7025	11.0	7657	9.0	8461	10.5
井 陉 县	5051	11.6	5557	10.0	6006	8.1
正 定 县	6726	13.0	7399	10.0	8139	10.0
栾 城 县	6541	13.0	7215	10.3	7938	10.0
行 唐 县	3468	5.5	3470	0.1	3647	5.1
灵 寿 县	2956	2.0	2960	0.1	3167	7.0
高 邑 县	4970	9.2	5448	9.6	6105	12.1
深 泽 县	4920	6.7	5316	8.0	5745	8.1
赞 皇 县	2886	3.2	2910	0.8	3082	5.9
无 极 县	5806	9.1	6272	8.0	6790	8.3
平 山 县	2945	3.6	3312	12.5	3681	11.1
元 氏 县	5226	12.2	5878	12.5	6600	12.3
赵 　 县	5553	11.0	6116	10.1	6815	11.4
藁 城 市	6990	13.0	7731	10.6	8603	11.3
晋 州 市	6794	13.0	7495	10.3	8327	11.1
新 乐 市	6642	11.0	7360	10.8	8169	11.0
鹿 泉 市	7106	10.0	7834	10.2	8638	10.3
辛 集 市	6291	14.1	6890	9.5	7652	11.1

1995—2020 年分县（市、区）农村居民人均可支配收入（六）

14-9 续 5 计量单位:元、%

县（市、区）	2011 年	增长速度	2012 年	增长速度	2013 年	增长速度
石家庄市	**7822**	**18.9**	**8993**	**15.0**	**9546**	**12.6**
长安区	10199	20.3	12390	21.5		
桥东区	11525	27.7	14199	23.2		
桥西区	14553	31.0	17888	22.9		
新华区	10762	30.2	13125	22.0		
裕华区	13247	31.0	16432	24.0		
井陉矿区	9817	16.0	11270	14.8	12482	
井陉县	6961	15.9	7968	14.5	8688	
正定县	9459	16.2	10996	16.3	12004	
栾城县	9226	16.2	10619	15.1	11442	
行唐县	3995	9.5	4038	1.1	4723	
灵寿县	3455	9.1	3804	10.1	4417	
高邑县	7204	18.0	8346	15.9	9142	
深泽县	6671	16.1	7586	13.7	8666	
赞皇县	3405	10.5	3780	11.0	4487	
无极县	7876	16.0	9097	15.5	9955	
平山县	4168	13.2	4714	13.1	5137	
元氏县	7656	16.0	8819	15.2	9618	
赵县	7910	16.1	9079	14.8	10100	
藁城市	9999	16.2	11714	17.2	12846	
晋州市	9675	16.2	11555	19.4	12683	
新乐市	9035	10.6	10059	11.3	11575	
鹿泉市	10063	16.5	11245	11.7	12666	
辛集市	8789	14.9	10073	14.6	11115	

1995—2020 年分县（市、区）农村居民人均可支配收入（七）

14-9 续 6 计量单位：元、%

县（市、区）	2014 年	增长速度	2015 年	增长速度	2016 年	增长速度
石家庄市	**10542**	**10.4**	**11442**	**8.5**	**12345**	**7.9**
井陉矿区	13605	9.0	14762	8.5	15943	8.0
藁 城 区	13951	8.6	15095	8.2	16318	8.1
鹿 泉 区	13933	10.0	15106	8.4	16314	8.0
栾 城 区	12723	11.2	13792	8.4	14895	8.0
井 陉 县	9595	10.4	10449	8.9	11253	7.7
正 定 县	13372	11.4	14508	8.5	15669	8.0
行 唐 县	5420	14.8	6068	12.0	6809	12.2
灵 寿 县	5049	14.3	5528	9.5	6164	11.5
高 邑 县	9984	9.2	10978	10.0	11878	8.2
深 泽 县	9758	12.6	10540	8.0	11393	8.1
赞 皇 县	4509	0.5	5084	12.8	5729	12.7
无 极 县	11079	11.3	11999	8.3	12922	7.7
平 山 县	5885	14.6	6615	12.4	7270	9.9
元 氏 县	10547	9.7	11604	10.0	12590	8.5
赵　 县	11165	10.5	12181	9.1	13143	7.9
晋 州 市	13881	9.5	15045	8.4	16264	8.1
新 乐 市	12285	6.1	13337	8.6	14410	8.0

1995—2020 年分县（市、区）农村居民人均可支配收入（八）

14–9 续 7　　计量单位：元、%

县（市、区）	2017 年	增长速度	2018 年	增长速度	2019 年	增长速度	2020 年	增长速度
石家庄市	**13345**	**8.1**	**14518**	**8.8**	**15853**	**9.2**	**16947**	**6.9**
井陉矿区	17254	8.2	18807	9.0	20556	9.3	21974	6.9
藁 城 区	17626	8.0	19159	8.7	20903	9.1	22261	6.5
鹿 泉 区	17636	8.1	19171	8.7	20915	9.1	22317	6.7
栾 城 区	16088	8.0	17487	8.7	19096	9.2	20356	6.6
井 陉 县	12176	8.2	13259	8.9	14506	9.4	15550	7.2
正 定 县	17001	8.5	18531	9.0	20310	9.6	21772	7.2
行 唐 县	7626	12.0	8694	14.0	9667	11.2	10508	8.7
灵 寿 县	7373	12.0	8398	13.9	9313	10.9	10096	8.4
高 邑 县	12842	8.1	13960	8.7	15286	9.5	16371	7.1
深 泽 县	12351	8.4	13462	9.0	14714	9.3	15759	7.1
赞 皇 县	7046	12.0	8054	14.3	8980	11.5	9771	8.8
无 极 县	13984	8.2	15214	8.8	16569	8.9	17662	6.6
平 山 县	8165	12.3	9324	14.2	10350	11.0	11229	8.5
元 氏 县	13635	8.3	14848	8.9	16214	9.2	17349	7.0
赵　 县	14169	7.8	15401	8.7	16787	9.0	17912	6.7
晋 州 市	17568	8.0	19096	8.7	20815	9.0	22230	6.8
新 乐 市	15569	8.0	16954	8.9	18514	9.2	19736	6.6